中国城市成长
管理研究

ZHONGGUO CHENGSHI CHENGZHANG
GUANLI YANJIU

张 波·著

吉林出版集团股份有限公司

图书在版编目（CIP）数据

中国城市成长管理研究 / 张波著. -- 长春：吉林出版集团股份有限公司，2015.12（2024.1重印）

ISBN 978-7-5534-9828-7

Ⅰ. ①中… Ⅱ. ①张… Ⅲ. ①城市管理—研究—中国 Ⅳ. ①F299.2

中国版本图书馆 CIP 数据核字（2016）第 006738 号

中国城市成长管理研究
ZHONGGUO CHENGSHI CHENGZHANG GUANLI YANJIU

著　　者：	张　波
责任编辑：	杨晓天　张兆金
封面设计：	韩枫工作室
出　　版：	吉林出版集团股份有限公司
发　　行：	吉林出版集团社科图书有限公司
电　　话：	0431-86012746
印　　刷：	三河市佳星印装有限公司
开　　本：	710mm×1000mm　1/16
字　　数：	249 千字
印　　张：	14.5
版　　次：	2016 年 4 月第 1 版
印　　次：	2024 年 1 月第 2 次印刷
书　　号：	ISBN 978-7-5534-9828-7
定　　价：	63.00 元

如发现印装质量问题，影响阅读，请与印刷厂联系调换。

前　言

城市成长和城市成长管理已经成为全球区域经济和公共管理领域研究的热点问题，但中国的城市成长管理理论研究还处在起步阶段。借鉴国际经验，从问题入手分析和评价中国城市成长管理的变化过程，并基于新时期的发展机遇对城市成长管理进行制度和经济层面上的深刻解析，从而阐述中国城市成长管理实践的改进方向和措施是本研究的目的所在。

在西方，城市成长管理主要指向的是城市实体空间的拓展模式管理，近年来也有一些学者和城市工作者将西方的理论与经验介绍到国内，而对于中国城市的成长管理研究却始终处于相对的空白阶段。众所周知，中国正在进入一个城市化高速发展的阶段，"城市—土地—空间—效率"这样一个研究的客体群，对中国的发展具有更高的实践价值和理论意义。

本书主要运用演绎推理的分析方法，将中国的城市成长管理作为研究的主体内容，以新制度经济学、规制经济理论和可持续发展理论为根基，以空间为基本着眼点对城市成长管理这一政府主导的行为进行综合分析。全书分为三个大的部分。

第一部分总结了以美国为代表的西方城市成长管理的产生背景、概念表述和问题导向的研究进展，特别注重对城市成长管理的经济学思辨。从西方，主要是美国城市成长管理产生的背景考察入手，对城市成长管理这一政府行为的深刻的经济制度原因进行分析，阐明城市成长管理的实质是政府为了推动城市发展，在公的利益、政府意志和选众（选民、利益集团和上级政府）利益下对城市空间发展战略的动态选择。

第二部分分阶段对1949年以来中国的城市成长与城市成长管理实践进行了以制度经济学为基础的历史分析，对改革开放前和改革开放后两个时期的城市管理和城市成长进行了新的诠释，指出与西方的市场主导模式不同，政府（中央和地方）的利益取向对中国城市成长的关联最大。改革开放前重工业优先的赶超发展战略，并行得出城市既得利益优先和限制城市成长的成长管理战略取向，城市成长管理以中央政府为主导。改革开放以后，以土地使用制度为主要表征的城市成长管理制度演进又可以划分为两个阶段：1990年之前的启蒙阶段（城市成长管理仍然以国家为主导）和1990年以来的市场化导入阶段。改革以来，随着以宪法为保障的法制体系的完善和社会经济发展，地方政府对城市成长的控制能力逐步增强。在新问题产生的同时，旧有的城市成长中的问题由于制度的路径依赖效应仍然存在。以此为基础，作者指出中国城市成长管理的演进是国家和地方两条路径并行的过程。国家基于自身战略取向，以控制城市成长为要旨；地方政府在逐步掌控土地使用权力的基础上，基于个体理性，则通过多重手段实施高速扩张导向的城市成长管理。在国家和地方城市成长管理的冲突中，由于信息不对称、监控成本高、反馈存在时滞等原因，造成转型时期城市成长管理主体实质上以地方政府为主导，城市成长则呈现外延式特征。随着改革的深入，政府之外的其他主体在城市成长的过程中所起的作用不断加强。空间规划不单是主要的成长管理工具，同时也成为城市成长管理多元利益主体博弈的关注点。

第三部分探索了今后中国城市成长管理潜在的改进方向。认为城市成长管理的出发点应当从既往的经济成长转换到全要素整合能力的提升；城市成长管理主体也应当打破目前城市政府一维主导的状况。中央政府应当逐步成为市场导向的城市成长外部规制制订者和基础性建设的实施者；跨城市区域政府应当被赋予更大权力，来降低地方政府出于个体理性的盲目扩张倾向和负外部性；地方政府掌控的城市土地使用权应当以市场化运作为基础，改变目前城市政府身兼"球员和裁判"双重角色的状况。

呈现给读者的书稿是经过多次再充实与再删减的修订成果，本书从更多地强调理论分析到强调实证研究，经过否定之否定的过程后，最终又基本回归于文章的原型，原本吸收的大量案例和一些难度较大的推导也基本导出，只是在一些地方以最近两年间发生的新闻事件以新闻链接的形式对笔者的观点进行佐证，希望能为读者留下空间去质疑和反思这些问题。

目 录

第1章 绪 论 ·· 1
  1.1 问题的提出 ·· 1
  1.2 本研究的视角与关注重点 ·· 12
  1.3 本书的概念构架 ·· 18
  1.4 本书的创新性工作与难点 ·· 20

第2章 城市成长管理实践与研究进展 ·· 22
  2.1 城市成长管理的产生与实质 ··· 22
  2.2 城市成长涉及的利益主体 ·· 36
  2.3 主体之间的利益博弈 ·· 40
  2.4 国外城市成长管理理论研究 ··· 43
  2.5 中国城市成长管理研究进展 ··· 59

第3章 计划经济时期的中国城市成长管理 ····································· 66
  3.1 控制论成长管理政策的形成 ··· 66
  3.2 城市成长中的利益主体定位 ··· 71
  3.3 上述城市成长管理模式造成的问题和制约 ·························· 79
  3.4 株洲:一个典型案例的简要分析 ·· 84

第4章 转型时期城市成长管理演进过程 ·· 92
  4.1 城市成长管理制度变迁的宏观背景 ···································· 92
  4.2 土地制度变迁与城市住房分配制度改革 ····························· 95
  4.3 城市成长管理的转型阶段 ·· 102
  4.4 小 结 ·· 112

第5章　城市成长管理制度变迁的理论分析 ·················· 115
　5.1　制度变迁与路径依赖 ·· 115
　5.2　国家城市成长管理政策分析 ···································· 118
　5.3　地方政府的城市成长管理决策分析 ······························ 124
　5.4　其他利益主体的意向与举措 ···································· 139
　5.5　国家与地方城市成长管理博弈 ·································· 143
　5.6　规划成为利益博弈之工具 ······································ 154
　5.7　小　结 ·· 164

第6章　中国城市成长管理改革探讨 ·································· 169
　6.1　发展观：实现从经济成长到成长经济 ···························· 169
　6.2　破解博弈悖论 ·· 174
　6.3　正确处理产权与竞争关系 ······································ 186
　6.4　竞争导向下城市成长管理的主导工具构建 ························ 191

结　语 ·· 199

参考文献 ·· 201

第1章 绪 论

城市成长问题是一个全球性话题,无论是进入后城市化阶段的西方发达国家还是城市化进程方兴未艾的中国,城市的健康持续成长都是各界关注的热点,是关系到国计民生的重大问题。新中国成立 50 多年来,中国城市发展有了长足的进步,城市化水平有较大提升。改革开放以来,特别是 20 世纪 90 年代以来,城市化进程更具有加快趋势。1990 年,中国的城市化水平只有 18.9%,到 2000 年,据第五次人口普查的资料,中国的城市化水平已经达到 36.1%,2001 年统计资料表明,中国城市化水平已达到 37.7%。按照国际上城市化发展的一般经验,中国已经进入加速城市化时期。与之相伴,中国城市化水平的提升伴随着城市实体空间的成长。

在这样的大背景下,本研究所界定的城市成长主要是从城市空间的角度对城市的发展进行考察。当然,从空间角度考量城市成长的视点并不是要忽略或者放弃经济基础,与之相反,本书正是以制度经济学和区域经济学为理论根基,以空间为着眼点对城市成长进行综合分析。

1.1 问题的提出

1.1.1 空间成长是城市发展的必然走向

1. 城市发展的一般进程

城市是人类社会的最大成就之一,从位于死海北岸的"古里乔"算起,城市在人类社会已经存在了约 9000 年。史学界公认的"城市革命"发生在公元前 5000 年左右,随着农业生产力的提高,在新石器时代后期一些地方出现了人口相对聚集的城镇和城市。城市的产生是人类文明进步的重要标志，城市的发展和建设集中了一定历史时期社会、经济、技术的主要成就。从当今全球发展的格局来看，许多经济的、政治的、文化的等等平常的或者重大的活动大都选择在城市中进行，城市已经成为各种活动的"中心地"。

城市作为一种人类聚落的高级形态，从其产生开始，就走上了一条逐步强化的道路。在奴隶社会和封建社会，城市的发展一直比较缓慢；自18世纪欧洲产业革命以来，伴随工业化的突飞猛进，城市的发展也迅速加快。世界范围的关于城市发展规模的数据最早可以追溯到19世纪初，据估算，当时全世界生活在城市中的人口只占世界人口比重的3%，到20世纪初这一比重就提高到13.6%。以工业化发端的英国为例，1700年时只有不到2%的城市人口，到1821年，英国的城市人口已经超过50%，1921年达到77%，目前，英国城市化水平已经达到90%左右[1]。除非重大灾荒、资源枯竭和毁灭性战争，城市的发展基本上是正向前行的，这种正向发展不仅表现在全球范围内城市总体数量的增多，也包括城市个体的成长壮大。伦敦在公元2世纪只有3万人口，1500年人口不过5万，1600年增至20万，1700年增至70万，1900年增加到100万，目前已经发展成为一个人口超过700万，面积超过1500km^2的国际性大都市。虽然从国家和城市的例证来看，英国以及伦敦在国际上属于领先级的行列，但不能否认在这种领导力量的引领下，城市的发展与壮大是一个全球范围的历史潮流。

2. 城市成长的概念界定

城市个体的壮大可以从很多侧面进行衡量，经济总量的增长、城市人口的增加等都可以表达城市的发展，但是任何经济的和人口的增长都不可能在一个虚幻的异度空间中实现，必须依托一定的空间实体才能最终体现其价值和影响。从空间上来看，这些经济和人口都同时存在于城市空间实体之中，更确切地说是负载于城市范围内的土地资源之上。以近百年来北京市城市发展历程来看，1913年其核心区面积为47.1km^2，1955年增加到55.4km^2，1984年拓展到168.1km^2，1996年进一步增加到307.5km^2，[2]按照建设部城市建设统计年报数据，2000年底北京市建成区面积已经达到490.1km^2，2002年更是达到654.5km^2。[3]所以，可以说城市空间实体的成长是城市成长最基础、最直接也是最直观的方面，是众多研究城市问题的学科所重点关注的问题。

在城市研究领域中，由于城市空间成长的基础性和关键性地位，虽然从不同的方面出发认为城市的成长与发展包括众多方面，但是当提到"城市成长"一词时，学界已经将其默认为是指向"城市空间成长"的特定语汇。城市成长英文原文为 Urban Growth，虽然在不同的中文文献中有"城市增长""城市生长"和"城市成长"等翻译方式，但均指城市空间的扩大和增长：包含占地规模的增长速度与方向，利用强度等多个维度，但主要仍指空间的规模扩展。从中文字面的意思出发，增长一词更容易与经济方面的数量或者规模相联系；生长一词更容易让人联想到生命周期，包括一个从无到有以致衰老、消亡的过程；而成长更能够表达一种稳态的、实体的概念，所以本书在此选用"城市成长"这一译法。

如前所述，城市成长一般而言是一个正向的和优化的过程，即正常的社会经济环境中，在城市化发展达到饱和状态之前，城市个体的空间范围是不断增大和外扩的，空间的利用效率也将在总体上有所提升。虽然近些年来在西方后工业化社会中出现了城市内城人口缩减的郊区化过程，但迁往郊区的城市要素则扩散到了更广泛的地域。城市空间的扩张，即城市实体要素在土地这一载体上的扩散过程，表现为农业用地或者未开发土地转变为城市建设用地。这一过程的速度、幅度和发生区位都直接影响到城市的空间形态。另外，城市成长所指的城市空间发展虽然主要是指城市用地范围的拓展，但在这一以外向扩展为主导的发展过程中，仍然包括原有的城市内部空间的调整利用。内涵和外延有着内部的统一性。

正是由于城市空间是一切城市社会经济活动的载体，城市成长同社会经济发展有着密切的关系，一方面，不同的经济技术条件和制度环境将造成不同的城市成长方式和过程；另一方面，城市成长的特征将反作用于城市社会经济发展的其他方面。良好的城市成长可能使社会经济的发展更加协调，欠佳的城市成长很可能成为城市社会经济发展的障碍，所以，研究城市成长问题对于城市的社会经济发展具有非常重要的意义。在当前经济技术条件和制度环境中，选择适当的城市成长路径，用以促进城市和社会经济整体的良性发展，是城市成长管理研究的主旨所在。

1.1.2 中国城市成长中出现的问题

在中国的历史长河中，城市的繁荣往往表征着社会的稳定和政治的开明，战国迄秦、前唐盛世和明朝前期是中国历史上三次城市发展的黄金时代，有研究认为，目前中国城市发展正处在第四次黄金时代的孕育之中[4]。仅从新中国成立以来半个多世纪的历史进程考察，中国的城市发展已经取得了重大的进步，特别是改革开放以来，随着中国以经济建设为中心的各项改革的实施，推动了伴随工业化发展的城市建设，城市数量大大增加，城市人口相对数量和绝对数量都逐步提高。从1949年到2002年，中国设市城市由136个增加到662个，城镇人口由不足6000万上升到4.5亿以上，城镇化水平由10.6%上升至37%以上。纵观世界历史，一个国家工业化、现代化的过程，也是逐步实现城市化的过程，城市化是中国实现工业化和现代化的必然路径。而且，根据国际经验，当城市化水平达到30%以后，城市化将步入高速发展的阶段，直至达到70%左右才逐渐减速至平稳发展，中国正处在这样一个城市化高速发展的区间之中，城市的健康持续发展对于国民经济和社会发展有着至关重要的作用。

在中国的城市发展中，城市的空间成长一直是一个备受关注的话题。这一点同中国人多地少、耕地资源短缺的基本国情密切相关，也与资金缺乏、建设能力有限有关。节约用地的思想一直是城市规划和城市建设中遵循的基本原则，以这一思想为指导的各项政策规范，在不同程度上影响和限制着中国城市空间成长的方式和结果。但现实中的城市成长仍然存在这样那样的问题，尤其是在改革开放以来，伴随城市发展步伐的加快，城市空间成长中的一些问题已经逐步凸现出来，成为理论界和实践者不得不重视的课题。归纳起来，这些问题主要表现在以下几个方面：

1. 城市用地数量增长过快

城市用地的增长是城市成长的必然结果，但是如果城市用地数量增长速度过快，城市增长方式过于粗放，土地投放过于强调经济产出，则会造成土地资源的浪费和集聚效应低下。城市用地绝对数量的增长是城市成长面临的普遍问题，适度的城市用地扩张并不会造成对耕地资源的恶性侵吞，同时由于城市相对于农村居民点是一种更为集约的聚落形式，还有可能节约一定的土地。但是如果城市用地的相对数量过度增长，即相对于城市所负载的产业、人口等经济要素而言城市用地扩张过快，则表明城市成长方式的不经济。这种不经济的城市成长方式在耕地资源短缺的中国必然带来巨大的矛盾。

我们通常用城市人均建设用地指标来衡量城市用地的相对数量。应该说，在计划经济时期，以人均建设用地指标衡量的中国城市建设用地的集约程度还是比较高的，这种高容量的城市用地状况一直延续到20世纪90年代初。据有关资料，1980 年世界城市人均建设用地为 83.3m²，而中国 1981 年的城市人均建设用地仅有 72.7m²，到 1990 年增至 78.68m²。[5] 这种状况同中国对城市用地一贯实行严格的控制有关，总体上来讲，这种控制的效果是比较明显的，尤其是在计划经济时期。

但是，近些年来，中国城市用地迅速扩张的现状也是不容忽视的。在 1981—2000 年的 20 年间，中国的城市建设用地面积从 7415km² 增加至 22439km²，增长了 200% 以上，从统计数字来看，改革以来中国城市人口和城市建设用地都在快速增加，但是城市建设用地的扩张速度远远超过城市人口的增长速度。到 2000 年底，中国城市人均建设用地面积已经从 1980 年的 72.7m² 上升到 105.5m²，而且近些年来还有进一步上升的趋势，尤其是 20 世纪 90 年代以后，城市人均建设用地在 11 年中提高了 26.82m²，增幅达到 34.09%（据袁利平，2002），增长速度明显加快[6]。

当然，在提及中国城市人均用地指标增长过快的同时，还必须考虑到中国城市人均用地一直偏低的事实；这样数量指标的增长在很大程度上是补偿性的上涨。同时，在指标计算的时候基本上是用市区非农业人口即户籍人口作为分母，但是这种指标核算方式在中国很多发展迅速的城市已经显得不合时宜，这种指标根本没有办法反映深圳、北京等一批城市的真实用地水平。尽管如此，必须看到的是，这种人均城市建设用地增长中还存在与城市规模等级相联系的结构不均衡问题。人均城市建设用地与城市规模之间存在反相关，城市规模越大，用地越集约，反之则越粗放；而且，近些年来小城市人均建设用地扩张的速度较大城市相比更是有增无减。这一结论可以从表 1-1 的统计数据中很明显地得出。

表 1-1 中国各规模等级城市人均用地情况（1986、1995、2000）

年份 城市规模 等级	人均城市建设用地面积（平方米/人）					
	1986 年	1995 年	2000 年	1986—1995 年增加	1995—2000 年增加	1986—2000 年增加
特大及超大	66.0	77.3	85.9	11.3	8.6	19.9
大	75.7	92.5	100.9	16.8	8.4	25.2
中	81.5	106.5	112.0	25	5.5	30.5
小	104.6	152.1	140.6	47.4	−11.8	36

数据来源：1986、1995 年数据来自丁小强．不同规模城市的用地状况分析．北京大学学士学位论文，1997，p5；2000 年数据来自建设部编城市建设统计年报，城市建设用地面积与城市非农业人口之商，作者整理[7]。

从上述内容以及其他学者通过城市建设用地增量、增幅与经济发展速度关联等的分析，可以判明中国城市建设用地数量的增长幅度已经超过城市用地负载的城市经济要素的增长，尤其是在规模较小的城市，用地扩张过快的现象十分突出，而小城市的土地收益又远远低于大城市，这种状况客观上反映了中国城市成长方式的不均衡和不经济。

2. 城市土地利用效率低下

在城市空间过度扩张的同时，由于没有足够经济内容的充实和支撑，使得城市成长方式不经济的问题表现为城市土地利用效率的低下。土地利用效率的低下主要表现在两个方面：一方面土地的经济产出率较低，另一方面土地的开发利用程度较低。

关于中国城市土地经济产出效率的低下问题，有很多学者进行过专门的论证，还有的学者建立了中国城市土地利用效率评价指标体系。这方面研究的一般结论是中国城市土地利用产出水平较低，即每单位面积城市土地所负载和能够产生的经济内容与产出低于一定的标准，而这种标准往往是通过横向的国际比较确定的。据统计1998年中国城市建成区单位面积土地所创造的GDP为686.5万元/km^2，其中深圳市单位建成区面积的GDP为99690.6万元/km^2，仅相当于1996年我国香港单位土地产出水平的1/9[8]。应该说，中国经济基础比较薄弱，社会经济发展的整体水平还比较低，虽然改革开放后经济建设的各个方面取得了很多举世瞩目的成就，但毕竟还属于发展中国家，城市空间的经济负载与产出水平同一些先进国家和地区相比较低属于正常。但必须提起注意的是，在中国内部各级各类城市的土地利用效率对比中，地均产出水平较低的中小城市往往占地规模更大。

中国的城市土地开发利用程度也比较低，据测算1998年中国城市的总体平均容积率仅有0.35，距离比较合理的总体平均容积率水平0.4~0.5还有较大的空间[9]。在传统的计划经济体制下，城市土地基本上由行政划拨方式无偿取得使用权，由于其无偿性，也就造成了在开发利用的成本计量中对土地价值的忽略，闲置和低效使用的现象在所难免。在改革开放以后，城市土地实行了有偿有限期和有流动的使用制度改革，在改革的过程中由于市场的不成熟，也造成了一定范围内城市土地开发过热，遗留下诸如开发区土地闲置的"显性浪费"和建成物业空置的"隐性浪费"。城市土地利用效率的低下决定了中国城市成长的空间外拓倾向十分突出。

3. 城市新区开发的倾向严重

多年以来,由于过分倚重工业企业在城市经济中的作用,中国城市的服务设施、基础设施、生活设施等建设在很大程度上处于欠账状态,基本建设环境总体上欠佳。在城市土地使用权市场没有完善之前,城市内部的更新改造由于成本过高和补偿机制不完善且没有有效的收益保证而举步维艰,相比之下,在现有城区之外进行新的征地开发,建设新的城市发展空间,成本倒是可以低很多。为此,有很多新的城市功能被安排在城市边缘地区,这种情况在很多城市都有发生。

但是自城市土地有偿使用制度逐步推行以来,国内一些城市有一种大规模、成体系、与旧城不连续的新区开发倾向,这种城市新区开发一般都以一些特定城市职能的外迁为主导力量,并吸引其他的城市功能随迁,达到城市空间的大规模、跳跃式成长。这种新区开发中最多的要算20世纪90年代风行全国的开发区热,这些开发区最初往往打着高新技术的招牌,但最终很多没有相关条件支撑的高新区的土地被开发成了住宅区甚至长时间撂荒闲置,有关中国开发区过热的相关论述可以说多如牛毛,这里就不再赘述。近些年来,在工业之外,教育产业也成为新区建设的新主角,北京东邻的廊坊东方大学城已经在2000年投入使用,计划建成"中国极具投资价值的生态型教育科技城市"。另外,还有一些以政府职能部门作为主要吸引力量的综合性城市新区开发,如河南郑州的郑东新区开发、山东淄博的新城开发等。这些新区开发虽然在一定程度上可以成为城市建设和发展的增长和带动轴心,但是如果不能在新区开发的同时积极推动老城的更新升级,很有可能出现类似西方内城衰退的不良后果;而且,一旦新区开发的资金不能到位运转,后续的利用没有保障,也很可能造成土地的闲置和浪费。

新区开发存在很大的风险,如果在没有完善的融资方案和开发计划的前提下急功近利或者盲目效仿,必然会对城市成长造成不良影响。这一点教训,很多城市已经在开发区建设中领教过了,但是面对新的形势,我们不得不再次重申。

4. 城市空间结构不合理

在中国城市成长的过程中,城市空间结构还存在一些不合理的状况,某种程度上,这些不合理的现象还在继续产生。城市成长中的空间结构不合理,主要表现为土地利用总体结构的失衡和空间利用方式违背城市地租规律。

一般而言，作为人类聚居地的城市，其居住用地的比重是最大的，往往占到各类用地总量的1/3以上，中国城市空间结构中居住用地比例也大致如此。但是，中国城市工业用地比重达到22%，即便考虑到中国工业化处于较低阶段的现实，这个高于西方发达国家（8%～10%）两到三倍的结果仍然值得我们反思。实际上，工业用地比重大的现状是同新中国成立以来推行的重工业赶超战略直接相关的，在这一战略指导下，城市被作为工业化的直接载体，加上改革开放前工业企业自己办社会的大院模式普遍存在，在无偿划拨的条件下，工业企业的用地需求很少受到限制，很多企业尽量多要地、多占地。在这种条件下，工业用地比重偏大也就很自然。而且，这些当时多占的土地往往也是现今城市内部利用效率比较低下的空间。

按照西方城市经济学中经典的城市地租理论，城市中心区是能够担负最高地租（地价）的CBD，由中心区向城市边缘，由各种地租负担能力依次降低的用地方式的包络线构成城市内部的地租竞标曲线，竞标曲线中依次排列的用地类型代表了最为经济合理的城市土地区位选择（如图1-1所示）。

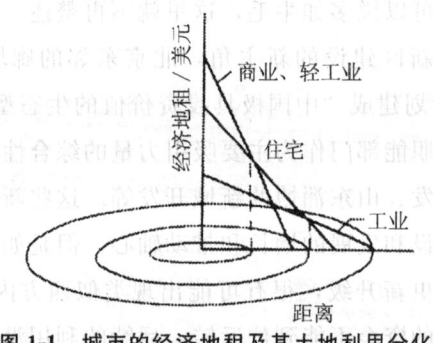

图1-1 城市的经济地租及其土地利用分化

以上的城市用地结构分布基本上可以解释和指导市场条件下的城市土地利用区位选择，但是中国的城市成长过程却同这一模式有很大的距离。通常，居于中国城市中心的是行政中心，工业、仓储、机关等用地占据着城市内部很多区位优越的地段。这种状况是长期以来否定地租（地价）的存在，实行城市土地行政划拨无偿、无流动使用的遗留问题。在城市以企事业单位用地为基本单元进行斑块状外拓的过程中，既不考虑土地收益，也不考虑利用方式的升级，于是"先到就先得，占到就不挪"。这样，在城市土地市场机制逐步确立之后，一些原本应当位于城市中心的高级用地类型也只能在偏位设立，例如，北京的

CBD 就规划在朝阳建外，西距天安门约 5.8km，另外一个具有 CBD 职能的区域布局在西二环的金融街东距天安门广场 3.5km，两个区域虽然都地处长安街沿线，但是显然同城市的几何中心存在偏离，而且两者之间的相互联系不是很便利。

综上所述，在中国城市成长的过程中，已经表现出了城市成长模式以外延型为主，城市成长速度过快，城市成长空间结构失衡，城市土地利用效率低下，不同规模等级城市的土地利用效率差别较大等问题。其中一些问题已经引起了政府和学界的重视，特别是对于城市成长外延过程中占用农业用地过多的现象，以及城市内部空间集约利用和更新改造的问题正在成为全社会普遍关注的热点问题之一。

实际上，对一个城市空间问题的划分不可能仅仅考虑增长的内涵、外延增长模式的差异和城市空间扩张的速度，从更一般化的研究来看，还应当包括城市发展方向在空间上的选择、城市内部空间结构的复合使用程度和混杂程度、城市土地使用效率效益等多个方面。为了构架一个与西方发达国家对称的研究平台，笔者在前两个部分的分析中将主要考虑城市成长的空间投入量的选择和土地利用方私选择，对于涉及的城市发展方向等问题，将在第 5 章中以较短的篇幅加以分析。

1.1.3 国外解决城市成长中的问题的一般做法

城市空间成长在世界范围内是一个非常普遍的现象，对正处于工业化快速发展阶段的发展中国家，由于快速提升的城市化进程对于城市空间的要求越来越多，对已经处于后工业化阶段的发达国家，其城市化水平已经基本稳定在一个高限之后，城市空间实体的扩展现象也依然存在。可以说，中国现阶段面临的是一个高速低水平城市化阶段的城市成长问题，而西方发达国家已经完成了这一阶段，目前正处于低速高水平城市化（或郊区化）阶段，在这样的阶段中，面临的城市成长问题虽然主要由城市郊区化产生的空间扩散为主要推动因素，但是其直接表征仍然是城市周边农业用地的非农型转化，在这个意义上，中西方面临的城市成长问题是统一的。

西方城市空间的过度扩张造成的后果，包括农业用地的减少、隔离绿带的破坏、交通负担的加重以及内城税源的减少等等。在西方国家，由于土地资源丰度的差异，对于城市成长问题的关注点也有所不同。在一些国土面积狭小，人口相对密集的国家，对于农业用地的保护是处理城市成长问题的基本出发点，比如英国和日本；而对于像美国这样国土面积广阔，农业产出率高的国家，对于农业用地的保护就没有那么迫切，但是出于对生态环境保护和内城活力保持的呼声，也要求政府对过度的城市成长进行必要的限制。

总体说来，国外在解决城市成长问外中，首先考虑的是一个"总量控制"，即对于可能的城市成长空间总量进行限制，并为达到这一控制目标采取一系列的配套措施，这种对城市成长的总量控制和相应措施统称为"城市成长管理"，其英文原文为 Urban Growth Manegment。

现代西方城市成长管理起源于 20 世纪中叶的美国，经过半个世纪的实践，城市成长管理已经在应对城市空间蔓延的过程中发挥了重要的作用。

1.1.4 中国城市成长管理研究的必要性和迫切性

西方现代城市成长管理启蒙于 20 世纪 50 年代，成型于 20 世纪 70 年代，但其研究的重点主要为"低速高水平城市化背景下"的城市成长管理问题，对中国这样"高速低水平城市化条件下"的城市成长基本没有涉及。而纵观中国城市发展的历程，城市成长一直在不清晰和摆动频繁的成长管理体系下进行。

直至今日，中国的城市成长管理体系还很不完善，特别是缺乏完善的理论基础和逻辑框架。现行的成长管理多基于朦胧的概念和对城市成长"朴素"的热情，而缺乏理性的思考。目前，一些地方产生了"城市化＝城市补课性的规模扩大化"和"城市化＝城市建设现代化"的错误认识，陷入了将城市化理解为单纯的城镇建设，进而将城市化推向计划模式的危险。在政府主导型模式下，不计成本的推进城市化的倾向已经露出端倪，在城市成长中空间利用不经济甚至严重浪费的现象十分突出。在中国人多地少，耕地保护压力巨大的资源环境背景下，借鉴西方国家城市成长管理的相关经验，实行城市空间成长的总量控制很有必要。

有学者根据西方（特别是美国）研究的进展认为，中国的城市发展和城市成长也应当全面导入西方城市成长管理的经验和做法，并不断推介西方在土地利用，城市成长等领域的做法，分别从产权基础、公众参与、治理工具等角度对西方理论进行了介绍。但是管理制度是不可能被简单移植的，由于中国经济条件和制度环境的特殊性，仅仅从城市化发展阶段的角度来看，现代西方城市成长管理萌生于后工业化时期，与中国刚刚进入高速城市化进程的现实背景有很大差异。经过多方面的比较，笔者认为，中西方当代城市化发展，从城市成长领域至少在城市化阶段、城市化速度、土地所有制基础、城市行政基础、市场化水平等五个方面存在差异。

1. 城市化阶段差异

以美国为代表的西方从 19 世纪开始进入城市化高速发展阶段，目前，主要的西方发达国家城市化水平已达 70% 以上，英国等一些老牌工业化国家城市化水平已经超过 90%，整个社会进入后城市化发展阶段。而中国 2000 年的城市化水平只达到 36.1%，同工业化进程相联系，刚刚具备进入高速城市化进程的一般性条件。

2. 城市化发展速度差异

西方国家已经进入后城市化阶段，对多数城市个案而言，城市化进程的速率已经放缓，停滞，甚至小幅逆向发展。反观中国，改革开放以来正在经历城市化加速发展的过程，总体而言，城市发展速度和城市化速度远高于西方[10]，究其原因，中国同时面临过往城市化滞后的补课效应和国际经验公认的高速增长阶段的双重冲击。

3. 土地所有制基础差异

西方国家城市土地多为私人所有，国有土地主要集中于各种保护用地，城市政府拥有的土地则多以城市公共用地的形式出现。而中国不存在土地私有，城市土地全部归国家所有，城市土地使用者以出让或划拨的形式取得附加使用期限、用途等一定条件限制的土地使用权，对于集体公有的农村土地，国家也有比较强硬的征用权，将其在一定条件下转化为城市国有土地。

4. 中西方城市行政基础差异

西方城市推行的是以代议制为基础的行政体系，而全国人民代表大会制的选举体系与西方行政管理体系具有很大的差异，对这一点，公共经济学和行政学中已有不少经典论述。中西方城市行政基础的差异直接影响城市成长管理过程中的决策形成和民意反映。

5. 市场化程度不一

城市是一个国家经济的主要载体，城市中的经济运行机制对于城市的成长方式、路径和绩效有着重要影响。西方市场体系相对完善，市场经济导入的时间早，认可度高，完全竞争市场是微观经济学的最基本的假设条件之一，新古典经济学的基础也是承认市场的先天存在。而中国社会主义市场经济刚刚起步，从计划到市场的过渡中还留存有大量的问题。这些问题时常会在城市成长中反映出来。

纵观西方城市成长管理研究，其重点议题为"低速高水平城市化背景下"的城市健康发展问题，对中国这样"高速低水平城市化条件下"的城市成长基本没有涉及。由于中西方发展阶段的差异，很难采用西方的政策来研究中国的问题。鉴于存在上述差异，笔者认为，西方城市成长管理不具备直接为中国照搬和套用的可能。

既然由于发展阶段等诸多方面的差异，不能对西方现行的现代城市成长管理的理念和工具全面吸收，那么是否可以将历史进行回放，抛开西方现代成长管理的背景条件，仅仅对其进行在高速城市化过程中的问题进行解释移植和模仿呢？笔者认为答案也是否定的。显然，认为中国应当更多地学习和吸纳西方在他们经历高速城市化进程时期中的做法的观点具有更大的局限性，因为从发展的哲学观来看，历史是不可重复的，与西方两个世纪以前的城市化进程不同，中国的城市化进程所处的技术环境、政治（制度）环境乃至各自的资源禀赋条件都已经发生了深刻变化，刻舟求剑的效果并不会好于东施效颦。

为了实现中国城市高效、稳定、持续的成长，并促进整个国民经济的繁荣与发展，需要建立具备理论支撑的，符合中国国情的成长管理体系。所以，借鉴国外相关经验，对于中国当前社会经济条件下的城市成长管理进行专门的、有针对性的研究是十分迫切和必要的。

1.2 本研究的视角与关注重点

1.2.1 一般城市成长管理研究视角

由于城市成长管理是对城市空间实体成长的总量控制，而且其实践性较强，所以城市成长管理研究多从城市空间管理的一般手段和方法入手，注重对城市规划、城市设计和城市开发建设方面的管理与规制。从国外众多的城市成长管理实践与理论研究，以及国内学者对国外相关经验的介绍中，我们也可以看到，目前城市成长管理研究的内容多是城市规划师的工作，即主要通过城市规划师向政府管理部门的建议，在政府通过规划后于城市成长过程中贯彻实行。

从城市实体空间规划和建设的角度对城市成长管理进行研究是当前最为普遍的视角。事实上，虽然中国的城市成长管理研究几近空白，但是政府以及城市规划界对城市成长的控制也是由来已久的，包括前面提到的总量控制以及内城改造等方面。也就是说，在很长一段时期内我们的政府和规划建设者就已经在进行城市成长管理方面的工作，只是没有在一个正规、统一、明晰的"城市成长管理"概念定义之下进行。

但与此同时，我们还应该看到，城市成长管理同城市规划并不能完全等同。事实上，的确有人不能清晰的把握城市成长和城市成长管理的内涵，往往将其混同于城市发展和城市规划。城市规划是根据一定时期内城市的经济和社会发展目标，确定城市性质、规模和发展方向，合理利用城市土地，协调城市空间布局和各项建设的综合部署和具体安排。城市规划是建设城市和管理城市的基本依据，是保证城市土地合理利用和开发经营活动协调进行的前提和基础，是实现城市经济和社会发展目标的重要手段。关于城市规划的具体任务，各国由于社会经济发展水平不同而有所差异和侧重，但是其基本内容都是大体一致的，即通过空间发展的合理组织，满足社会经济发展的需要。[11] 在中国，为了加强对耕地资源的保护，还特别强调了土地利用总体规划同城市规划相衔接，但从本质上说，土地利用规划也从属于空间规划体系之中。

从以上对城市规划的主要任务和性质描述中，我们可以看出，城市规划与城市成长管理是既有区别又有联系的两个范畴，关于二者之间的关系，可以用表1-2予以说明：

表 1-2 城市成长管理与城市规划的关系比较

		城 市 规 划	城 市 成 长 管 理
相同点	1	都是政府主导实施的公共行为	
	2	都以城市空间作为行为客体	
	3	都是以实现城市健康有序发展的目标	
	4	都以城市和城市外部系统的和谐统一为基本原则	

续表

		城市规划	城市成长管理
差别	1	行为主体是受城市政府委托的规划技术部门	行为主体是受上级政府制约的城市政府
	2	是对一定期限内城市未来发展的安排	是一种连续的政策行为,没有明确的期限
	3	注重阶段性的目标设定	关注连贯的目标实现的过程
	4	其成果经审批后具有法律约束力	其中一部分政策行为具有法律依据,另一部分则是软性的政府行为
	5	是一种结合社会发展的空间技术操作	是多种管理手段和工具的综合运用
联系	1	城市规划的成果是城市成长管理的目标和依据	
	2	城市规划和城市成长管理在内容上具有互相渗透的属性	

从上表中可以看到,城市成长管理同城市规划之间存在一定的关联,但其各自的内涵又有较大的差异。相比之下,城市成长管理涵盖的内容更加广泛,不仅仅包含技术层面的城市规划工作,而是将其上升到制度层面。在城市成长管理的实践中,仅仅从城市空间规划建设的角度进行技术上的控制,已经不能解决由于社会经济整体活动造成的城市成长问题。

1.2.2 西方主流经济学界对城市成长管理研究的长期漠视

城市成长管理的实践呼唤更加深入的理论研究,西方城市成长管理的发展和思辨已经开始逐步向哲学层次进行形而上的追溯。但到目前为止,主流的西方城市成长管理理论基本上是"管理"一维的,即主要考虑以控制为重点的管理能力对于城市成长的作用。事实上,由于城市成长是人类社会经济前行发展中的必然现象,城市成长管理研究如果仅仅从空间控制的角度进行,就只能是一种治标的研究。换句话说,不能挖掘城市成长管理的深层次的制度经济原因,也就不能标本兼治。所以,在城市成长管理中呼唤经济学,特别是制度经济学的介入。

从西方的研究进展来看,现代城市成长管理起源于美国,作为一种具有政府主导性质的行为,其最主要的精神在于,透过规划来引导合理的土地开发,并兼顾对自然资源的保护,包括土地、空气及水资源等。迄今,"成长管理"制度在美国已有了五十年的实施历史,一些相关的规划方法与实施策略已更加成熟。

其兼顾公平与效率的均衡成长概念,动态而富有弹性的管制优点,及透过规划来引导土地及都市发展等等特性,能够为土地利用及资源经营管理提供实践上的指南。[12]经济学作为能够挖掘现象背后的制度经济原因和机制的科学,对于城市成长管理的研究具有很重要的意义。在西方城市成长管理的实践中,也不乏经济学思想的应用,但是对于城市成长以及城市成长管理的制度经济背景的深层次分析,却一直没有引起西方尤其是美国主流经济学界的重视。原因如下:

首先,对私有产权的保护已经在西方发达国家的意识形态领域中占有基础性地位,是一种不可动摇的前提和不必特地指出的基本假设[13],20世纪60年代以来对政府放松规制(deregulation)的呼声越来越高,恰在这个时期萌生的以政府为主导的城市成长管理要求在土地私有的条件下对其使用和发展进行控制,自然会受到主流经济学界的冷落。

其次,美国地广人稀,在美国城市"蔓延""连绵"的过程中,土地和环境保护的真实压力远远不及西欧和日本等国家紧迫,从居民个体需求和效用而言,仍具有选择郊区化生活的倾向,这种意愿甚至已经成为"美国梦"的一部分。而在城市蔓延发展过程中真正的"受害者"恰恰是控制力逐步削弱的政府本身和比重越来越小的中心区人口。这种社会意识形态中的经济学家难以从"理性人"的假设中找到限制人们得到较高效用的理由。

第三,即便对城市经济学领域内部,来自对蔓延发展的批判和对市区或者郊区生活模式的研究来看,最终的分析结果往往被归纳为意识形态差异——对宜人度(amenity)的认知和选择不同,如 Brueckner and Zenou(2002),Zenou and Boccard(2000)等人的分析表明,单纯地利用经典的阿隆索模型难以解释美国的郊区化现象和城市蔓延趋势,更加难以对欧美城市成长的差异进行解释,据此,其在城市经济模型中设置贫富人群进行拟合的基础上,增加了"宜人度"这一解释变量,才得以从意识形态上对城市拓展模式和居住的空间结构进行说明。

在西方的研究体系中,更有诸如种族等讳莫能深的问题。因此,西方对城市成长管理的研究多始于政府,并多为规划学者和具有制度经济学背景的学者所推崇,而为崇尚私有产权和自由市场的主流经济学界所漠视。

鉴于以上的原因,西方经济学界在城市成长管理研究方面尚不深入,这一点从后文的综述部分也可以看出,西方对城市成长管理的经济学思辨并不精深。在美国,由于从联邦和州对城市成长的引导和规制尚未探求到本源层次,城市成长管理问题的核心也还没有最终凝结起来,由此产生了若干不同的做法，在不同领域中也有不同的称谓和理念。同时，这些做法往往是现象或问题导向的，并且具有相当的重复和叠加。

1.2.3 本研究的视角和关注重点

笔者认为，城市成长管理虽然直接表现为对城市空间实体拓展的总量控制，但是在这种总量控制的背后还有着深刻的经济、制度背景，如果不能从制度和经济的角度对城市成长管理进行深层次的分析，就不能解释这一政府行为的形成机理，也不能将西方城市成长管理的经验有选择的在中国的制度经济环境中予以借鉴。

城市成长管理理念的演进和经济学界、城市规划界对城市成长管理的褒贬主要集中在区域间利益分配和城市内部多元主体的利益分配两个方面，并从这两个基点发散到公共选择、行政学、制度学派、社会学派等若干领域，虽然既有的研究已经逐步指向财政收益、地域治理结构等方面，但是仍然较少考虑城市成长管理的多维利益基础之间的关系。

本研究的视角和关注点与以往的研究有所不同。

首先，本研究对于城市成长管理的研究重点并不在于城市成长管理的工具和技术，而在于探寻城市成长管理背后蕴含的相关利益冲突和制度解释，并找到中西方在城市成长管理过程中的相同和差异，指导中国新的历史条件下城市成长管理的发展趋向。其次，对于城市成长管理所指向的客体，即城市土地，本研究在分析中也不仅将其作为中心资源来看待，而是将其作为众多经济资源和投入要素中的一种，对其效益的衡量也是在整个经济运行系统中综合平衡考虑，不是简单的只从土地单一要素的投入产出来衡量。最后，在中国这样一个农业大国，城市成长管理不能只是孤立的对城市系统内部进行研究，也要站在国民经济总体的高度，涉及城乡的协调发展。

1.2.4 主要研究方法

1. 归纳演绎

本研究旨在提供一种分析和看待城市成长管理问题的解释框架，并不为其提供经济数学的演算和推论，所以对于城市成长相关要素之间关系的归纳和城市成长相关要素相互作用方式的演绎是本研究的重要研究方法。

2. 制度分析

城市成长处在一定的制度经济环境中，城市成长管理本身就是一种制度上的安排。本研究强调制度，包括制度环境和制度安排以及治理结构等对城市成长的重要作用，将城市成长归结为各项制度共同作用下的结果。

3. 史论结合

城市成长是一个历史过程，本研究将城市成长管理的相关理论和城市成长的历史事实结合起来，对中国（主要是新中国成立以来）城市成长的历程和美国城市成长管理的实践历程进行一定的比较分析。

1.2.5　基本假设

在很大程度上，本书的框架体系和分析体例采用制度经济学构架。因此，本书的基本假设与经典的新古典经济学基本假设有所区别。许多研究者对"理性人"进行了修正，比如西蒙提出了"满意人"假定、威廉姆森提出了"契约人"假定等。其中，威廉姆森提出的"契约人"假定是本书的主要假定前提。在"契约人"假设中，假定人的行为具有两个基本特征：有限理性和机会主义。

1. 有限理性

有限理性（Bounded Rationality，也译为有界理性）的概念是阿罗提出的，用他的话来说，有限理性就是人的行为"即是有意识地理性的，但这种理性又是有限的"。古典经济学假设的"经济人"以效用最大化作为一个目标而采取的种种行为都是理性的。虽然在现代生活中理性行为占有重要的位置，但是用理性主义的行为观研究所有人类行为是不合适的。人类行为远比传统经济理论中的财富最大化的行为假设更为复杂。诺思把诸如利他主义、意识形态和自愿负担约束等其他非财富最大化行为引入个人预期效用函数，从而建立了更加复杂的、更接近于现实的人类行为模型。人们往往要在财富与非财富价值之间进行权衡，在这两者之间寻找均衡点[14]。在诺思看来，人的有限理性包括两个方面的含义，一是环境是复杂的，在非个人交换形式中，人们面临的是一个复杂的、不确定的世界，而且交易越多，不确定性就越大，信息也就越不完全；二是人对环境的计算能力和认识能力是有限的，人不可能无所不知[15]。

本书所涉及的行为主体除了单个的自然人、企业法人之外还有政府机构，对这些行为主体的分析在研究中都是以有限理性为前提的。由于面对复杂的环境而只具有有限的能力，同时，人们的追求已经不能单纯地用货币来衡量，对于单个人而言还包括对健康、荣誉的追求，对于企业而言还包括对发展能力和信誉的追求，对于政府而言，还包括对权力的把持以及获取民众支持等众多的追求目标。

2. 机会主义

机会主义行为倾向是对利益主体行为（特别是人的行为）的一个假设。

它是指人们具有一些借助于不正当手段牟取自身利益的行为倾向。例如，在交易双方信息不对称条件下的欺骗行为、在法制不健全条件下的假冒伪劣行为、在"内部人控制"下代理人侵犯委托人（所有者）权益的行为、在走私交易中的行贿受贿行为、经营者的偷税漏税行为、权力垄断部门的创租、寻租行为等等，都可以说是人的机会主义行为倾向在不同领域内的表现。

机会主义行为假设实际上是对人追求自身利益最大化假设的补充。它表明人们追求自身利益的动机是强烈的，同时行为是复杂的，既可以采取正当的和合法的手段，也可以采取不正当的和非法的手段。特别是在一个体制和法制不健全的社会环境下，人们更容易采取机会主义的行为或"非生产性努力"的方式来使自身利益最大化。因此，制度制定、实施和演进的最直接的目的应该是尽可能为克服机会主义行为提供保障机制[16]。

此外，社会经济资源的稀缺性、社会财富的有限性和交易费用假设作为经济学的基本假设，威廉姆森等经济学家在许多地方均有论述，在此不再赘述。

1.3　本书的概念构架

全书共分为 6 章，第 1 章为绪论，介绍问题的提出、行文框架以及潜在的创新点与难点。主体内容共分为 3 部分，共 5 章（2—6 章），全书的逻辑框架如图 1-2 所示。

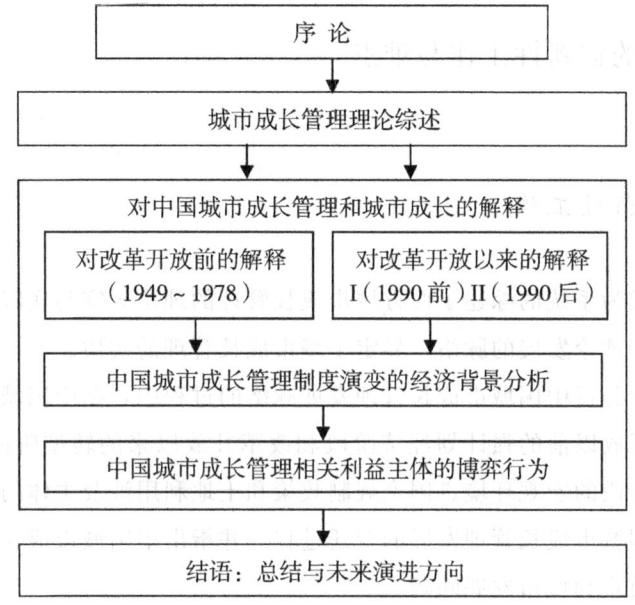

图 1-2 本书逻辑构架

第一部分为第 2 章——城市成长管理实践与研究进展。首先介绍城市成长管理的产生，以及概念演进，指出城市成长管理实质上是城市政府为了推动城市发展，在公的利益、政府意志和选众（选民、利益集团和上级政府）利益下对城市空间发展战略的动态选择。在进一步明晰城市成长涉及主体和主体之间利益博弈关联的基础上，对以美国为代表的西方城市成长管理的理论和实践进行系统综述，并对中国城市成长管理研究现状进行评价。

第二部分为本书的核心，包括第 3、4、5 三章，本部分以 1949 年以来中国城市成长与城市成长管理实践的历史分析为基础，分阶段对中国成长管理和城市成长进行新的诠释，即分为改革开放前和改革开放以来两个时期，改革开放后的转型时期又以 1990 年为界分为两个阶段。以此为基础，作者指出中国城市成长管理的演进是国家和地方两条路径并行的过程。在国家和地方城市成长管理的冲突中，由于信息不对称、监控成本高、反馈存在时滞等原因，造成转型时期城市成长管理主体实质上以地方政府为主导。并用相关利益主体的博弈行为和制度变迁理论来解释城市成长呈现外延式特征。

第三部分为第 6 章，根据分析中得出的结论，并结合中国的实际国情，借鉴国际相关经验提出中国城市成长管理未来的演进方向。

1.4 本书的创新性工作与难点

1.4.1 创新性工作

第一，较为系统的综述了西方城市成长管理的理论研究与实践经验，根据城市成长管理理论发展的脉络，界定了城市成长管理的实质。

第二，在分析中国城市成长管理发展脉络的过程中，把中国城市成长管理界定为改革开放以前的强计划经济阶段和改革开放以来的转型阶段两个阶段，分别从各个阶段的宏观环境、国家规制政策和土地利用涉及主体的利益取向入手，分析中国城市成长管理发展的变迁过程，并指出中国城市成长管理所引致的城市成长模式和城市发展问题。

第三，在分析中国城市成长管理发展演进的过程中，通过对以美国为代表的西方进行对比分析，构建了转型时期中国城市成长管理演进的内在逻辑，并以问题为导向，提出中国城市成长管理发展演进的方向。

1.4.2 难点

第一，需要在对中国城市成长的历史分析中，引入美国城市成长管理的对比内容，对比两种社会宪政体系和经济水平条件下的城市成长管理，并找到其中的关键差别，这既是重点，也是最大的难点。

第二，针对不同的城市，城市成长管理的框架体系和城市成长管理工具的选择应当有不同的最优决策。中国城市众多，自然资源条件、城市性质、城市规模、城市特色等差异极大，同时，地区之间的意识形态差异和历史发展路径也各不相同，很难找到一个普适性的理论分析框架来解释所有城市的成长管理。

第三，城市成长管理体系的构建应当由自上而下和自下而上的两个渠道共同耦合而成。这其中城市之间的竞争和博弈关系、城市与区域发展之间的关系本身就是一个重大而深远的课题。特别是，在中国的发展历程中，"矫枉必须过正"的思想影响了几代人的行为方式，城市成长管理政策也可能由此而产生很多的负面影响。

第四，在中国高速城市化过程中，一旦产生新的制度或者规制，随之而来的执行噪声和思想抵触都可以逆转初衷，因此，理论上的探讨和实践中的操控还会有相当的距离。如何能够切实把握成长管理的工具，使其成为促动城市成长而不是某些部门和个人设租、寻租的工具，还需要深入探讨。

注释：

[1] 参见王前福等. 世界城市化研究. 西北人口, 2002 (2): 60—62.

[2] 参见方修琦等. 近百年来北京城市空间扩展与城乡过渡带演变. 城市规划, 2002, 26 (4): 56—60.

[3] 实际上，包括北京在内的城市建成区面积统计存在相当的时滞，据统计数据，北京市 2000 年，2001 年城市建成区面积均为 490 km^2，而 2002 年突发增加为 654 km^2.

[4] 参见宋启林. 21 世纪——中国文化与中国城市历史发展长河的第四个黄金时代. 华中建筑, 2000, 18 (3): 1—5.

[5] 除城市面积拓展外，一些新设立城市的人均建设用地规模偏大是 20 世纪 80 年代城市人均建设用地增长的一个重要因素，因此，目前开始有学者拟通过市制研究重新反思中国的城市化问题，作者注.

[6] 需要说明的是，笔者对若干统计年鉴的检索发现，各年鉴的城市人口和城镇人口指标并不一致，因此，计算结果会有所差异.

[7] 这个指标的计算与既往建设部门统计口径一致，没有考虑暂住人口和流动人口的影响，如果考虑暂住人口和流动人口的影响，各规模级别城市人均建设用地数量将减少，但是各规模之间的差异将更为显著.

[8] 参见陶志红. 中国城市土地集约利用研究. 北京大学博士学位论文, 2000: 36.

[9] 参见宋启林. 从宏观调控出发解决容积率定量问题. 城市规划, 1996, 20 (2): 21—23.

[10] 对此，很多学者持有不同的观点，如王远征 (2001) 认为从中国城市化进程来看，得到中国处于加速城市化阶段的结论似嫌不当.

[11] 同济大学，李德华. 城市规划原理（第三版）. 北京：中国建筑工业出版社, 2001: 42.

[12] 参见限制发展地区划设与成长管理策略研拟. 修订台北县综合发展计划. 台湾大学, 2001: 72.

[13] 新古典经济学的基本假设的形成就与长期存在并为西方世界所公允的承认私有产权和执行市场导向的经济有着密切的关联.

[14] 参见卢现祥. 西方新制度经济学. 北京：中国发展出版社, 1996: 10—11.

[15] 参见丘海雄，张应祥. 理性选择理论述评. 中山大学学报（社会科学版）, 1998 (1): 118—119.

[16] 参见柳新元. 利益冲突与制度变迁. 武汉：武汉大学出版社, 2002: 3.

第 2 章 城市成长管理实践与研究进展

本章首先介绍城市成长管理的产生及概念演进,指出城市成长管理实质上是城市政府为了推动城市发展,在公的利益、政府意志和选众(选民、利益集团和上级政府)利益下对城市空间发展战略的动态选择。在进一步明晰城市成长涉及主体和主体之间利益博弈关联的基础上,对以美国为代表的西方城市成长管理的理论和实践进行系统综述,并对中国城市成长管理研究现状进行评价。

2.1 城市成长管理的产生与实质

2.1.1 城市成长管理的产生背景

1. 郊区化引发城市成长弊端

朦胧的城市成长管理思想几乎与城市的产生同时出现,无论从古希腊紧凑的城邦式布局,还是到《周礼·考工记》中对各等级序列城池的占地规模确定,都体现了对城市空间控制的思想。现代城市成长管理的概念援引自企业管理界,主要关注城市的空间成长。

现代城市成长管理从美国萌生。美国城市成长管理的出现与城市增长的高潮阶段以及郊区化发展密切相关。从二战期间开始,美国人为了拥有私密性、机动性、安全性和私有住宅的梦想而大规模迁往郊区。二战后,大批士兵回到本土,被 20 世纪 30 年代物质匮乏的大萧条和随后战时的严令管制压抑已久的消费与增长需求,都在战后一并爆发出来;同时,政府在军转民的生产过程中选择了汽车、建材等转型容易的产业作为重要的经济支柱,鼓励房地产开发,并在全国进行大规模的以高等级道路为主的基础设施建设。在面向普通百姓的联邦住房抵押贷款法案的刺激下，凭借汽车普及和交通改善带来的便利，人们购房置业的胃口和地域选择范围均越来越大；开发商们也迎来了开发大型项目的黄金时代，开始在郊区建设大片的新住宅区、占地宽阔的新式商业中心和大规模的工业园区。致使城市发展突破原有的界线，并以空前的速度和尺度向广大的乡村地区增长、蔓延；城市在增长，经济、人口、住房和就业都在增长，这期间，城市空间增长曾被认为是正面的，各社区都以增长为荣[1]。20世纪50年代，"到郊区去"成为时代的潮流。从表2-1中可以看到，在1900—1940年间的20世纪前半期，美国城市的郊区人口比重基本上在35%左右浮动；而自1950年开始，郊区人口就增加到都市区人口比重的40%以上，并呈现逐步上升的趋势；到1960年时，美国都市区中郊区人口已经和中心城市人口数量相当；1970年，郊区人口比重超过中心城市人口比重，达到54.19%；1980和1990年基本稳定在60%左右，2000年美国人口普查数据表明，郊区人口已经占到都市区人口比重的62.27%。

表2-1　美国大都市区人口在中心城市和郊区比重的变化（%）

年　份	中心城市人口比重	郊区人口比重	年　份	中心城市人口比重	郊区人口比重
1900	62.05	37.95	1960	50.17	49.83
1910	64.77	35.23	1970	45.81	54.19
1920	66.00	34.00	1980	40.69	59.31
1930	64.46	35.54	1990	40.39	59.61
1940	62.61	37.39	2000	37.73	62.27
1950	56.77	43.23	—	—	—

资料来源：1900至1980年数据来自周一星.城市地理学.北京：商务印书馆，1995，p101；1990、2000数据根据张善余.美国2000年人口普查数据初析.市场与人口分析，2002（2），p68数据整理得来。

与人口的郊区化相对应，城市郊区的空间范围也不断外拓。到20世纪60年代，美国中心城市在大都市区的面积比重因郊区不断向外扩展而渐显缩小。纽约、底特律、费城、克利夫兰、圣路易斯、华盛顿和波士顿等城市仅占其大都市区面积的25%，洛杉矶和芝加哥分别为40%，只有休斯敦、圣地亚哥、凤凰城等新兴城市占其大都市区的50%以上[2]。20世纪70年代后，郊区扩展势头未减。图2-1十分直观的表现了马里兰州巴尔的摩，在最近两个世纪左右的时间内城市空间成长的拓展过程，图中浅色部分代表已实现城市化的区域，可以看到20世纪后半期是城市成长异常迅速的时期。

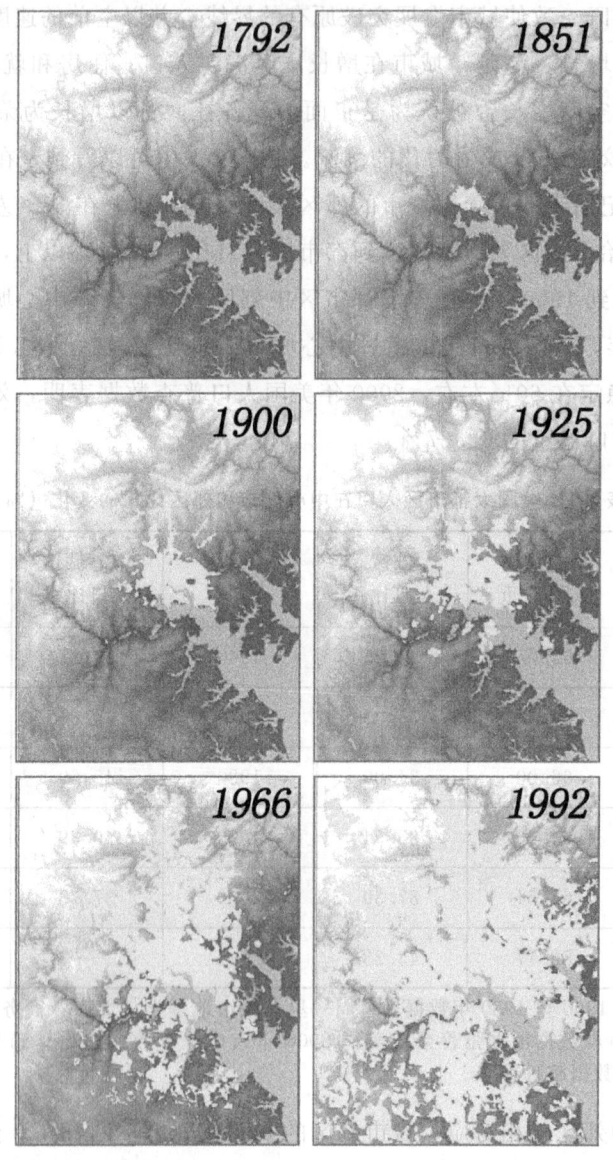

图2-1 马里兰州巴尔的摩城市成长演化（1792—1992）

在人口和就业总量方面，由于各种要素向郊区的转移，中心城市每况愈下。1950年美国大都市区57%的人口和70%的就业机会集中在中心城市，到1970年则分别降至46%和55%，1980年跌至41%和50%，1993年又降至33%和40%（见表2-2）。

表2-2　美国大都市区人口和就业机会在中心城区的比重（%）

	1950	1970	1980	1993
人口比重	57	46	41	33
就业机会比重	70	55	50	40

资料来源：参考 Barry Shwartz, ed.. Changing Face of the Suburbans, The University of Chicago Press, 1976, p106 转引自梁茂信. 当代美国大都市区中心城市的困境. 历史研究, 2001（6），p121.

在美国的郊区化进程中，人口先行一步，1970年，美国城市化基本完成了向郊区化的转变。到1980年，在社会就业总量方面，郊区与中心城市各居半壁江山。传统上的单一中心城市结构演化为多中心格局。据此，美国人口普查局在1983年重新界定了中心城市的概念，将郊区的人口与企业密集的商业区擢升为中心城市。到20世纪90年代，老中心城市进一步衰落，而郊区的发展却日新月异。美国确如《大西洋月刊》所描述的那样，"已经是一个由郊区组成的国家"[3]。

Leon Kolankiewicz和Roy Beck（2001）考察了美国100个较大的城市化地区从1970年到1990年城市化用地的变化。结果发现：

（1）100个城市化地区的城市化用地增加了51.5%，但城市总人口仅增加了23.6%。城市化用地的增加速度超过了城市人口增长速度的2倍。

（2）在城市化用地增幅较大的城市中，城市化用地的增长速度大多超过城市人口的增长速度（见表2-3）。亚特兰大从1970到1990年城市化用地增加了161.3%，人口增加了84%。休斯敦从1970到1990年城市化用地增加了118.6%，人口增加了73%。华盛顿从1970到1990年城市化用地增加了91%，人口仅增加了36%。纽约城（New York City）从1970到1990年人口出现负增长，然而城市化用地却增加了22.3%。

诚然，城市化用地增幅超过城市人口增幅并不能完全说明城市处于不经济的发展模式，但是，如果考虑到美国1970年城市化的发展水平、人均城市化用地水平和小汽车、独栋房屋所占比重，就可以发现，1970年美国的城市化水平已经处于一个土地资源耗散程度较高的阶段，1970年以后的用地增幅超越人口增速并非由于满足滞后的城市建设用地水平而产生,与之相反,恰恰是更松散和低强度的增长模式。

表 2-3 美国 1970—1990 城市化用地增幅最大的十个城市化地区

美国的城市化地区	1970年总城市化用地(sq. miles)	1990年总城市化用地(sq. miles)	城市化用地增加(%)	1970年城市人口(人)	1990年城市人口(人)	人口增长(%)	人均土地消费增长(%)
亚特兰大,GA	435	1136.7	161.3	1172778	2157806	84	42
休斯敦,TX	538.6	1177.3	118.6	1677863	2901851	73	26
纽约城,NY-NJ	2425.1	2966.4	22.3	16206841	16044012	−1	24
华盛顿,DC-MD-VA	494.5	944.6	91	2481489	3363031	36	41
费城,PA-NJ	751.8	1164.2	54.9	4021066	4222211	5	48
洛杉矶,CA	1571.9	1965.7	25.1	8351266	11402946	37	−8
达拉斯-Fort Worth,TX	1070.6	1443	34.8	2015628	3198259	59	−15
坦帕.FL Petersburg-Clearwater	291	649.7	123.3	863901	1708710	98	13
凤凰城,AZ	387.5	741.1	91.3	863357	2006239	132	−18
明尼阿波力斯-St. Paul	721.4	1063	47.4	1704423	2079676	22	21

资料来源:Leon Kolankiewicz and Roy Beck (2001),p34~41。

在经历了近半个世纪以郊区蔓延为主要方式的增长过程之后,美国大都市地区的经济、社会和环境已发生了深刻的变化,这种追求郊区生活方式的美国之梦和郊区蔓延的发展模式所带来的无限制增长的负面影响也逐渐显现出来。这些增长的危机主要表现在以下一些方面。

第一,郊区蔓延往往呈现为大片单调同一的土地细分、千篇一律的建筑形式、散布各处的公共建筑和小汽车主宰的街道空间等不良现象,导致了社区的瓦解和场所感的丧失。

第二，无节制的蔓延不断吞噬大都市地区边缘的农业用地和自然开敞空间，带来烟尘、硬地、有毒废物和污水等不利影响，对自然生态环境造成严重的冲击。

第三，随着人口和就业岗位大规模转移到郊区，使得郊区与郊区之间的交通出行逐渐成为主导（占总出行40%以上），而且通勤交通的距离和时间都大幅增加，郊区已经出现严重的交通拥堵问题。同时，由于过度依赖小汽车的交通方式，导致石油等能源的大量消耗和大气污染加剧。

第四，由于家庭结构小型化和家庭平均财产缩小，能够支付得起一幢中等价位郊区独立式住宅的家庭已大幅减少，而可支付的住宅往往位于更偏远的郊区，低收入家庭甚至支付不起高度依赖小汽车的交通开支。

第五，在区域层面上，由于郊区无节制的开发，导致城市与郊区发展失衡，人口与就业持续大量的由城市流向郊区，城市税源大为减少，财政入不敷出，继而不可避免的产生经济衰退、犯罪上升、种族隔离等一系列问题[4]。

2. 城市成长管理的发端

与全球性的环保思潮相呼应，美国的一些学者和机构开始质疑、检讨美国的城市成长；人们也要求制定更加完善的措施，对城市土地开发活动进行管制；一些地方政府则从维护本社区的利益出发，率先采取了成长管理行动。

现代的城市成长管理理念的应用可追溯至20世纪50年代美国若干小郡（County）所实施的土地使用管制方案。由于城市的快速成长，引发诸如社区品质降低、空气污染、交通拥挤、公共设施不足及重要的土地资源被侵蚀等负面外部效果。这些因都市过度发展而产生的外部不经济，逐渐让许多地方政府及民众了解到经济的快速成长，除能带来很多利益外，也伴随公共成本的付出，而未经规划与管理的成长将会威胁脆弱的自然环境与降低生活品质。然而，传统的土地使用分区管制方法，无法有效排除这些负面的外部效果，亦无法引导都市合理的成长发展，以致地方政府开始研究采用改良的土地使用管制措施。因此在确保生活环境品质提升的目标下，许多地方透过诸多管制规定，对地方成长进行严谨的指导与监控，此指导与控制成长行动即所谓的"成长管理"。[5]

自20世纪60年代开始，一方面，在郊区化的过程中，高收入和高素质居民往往率先搬迁，这些各方面的精英出于对其利益的保护和维系，推动了中心城市之外地方政府数量的增加。从而使既有的城市所能够控制的空间范围缩小，所掌控的企业和人员减少，造成政府实质财政力量的下降。另一方面，在郊区化的过程中，政府一旦由于财政收入的减少而不能达到至少维系既有水平的公共服务，"用脚投票"的居民就可以选择搬迁，因此，在城市蔓延的过程中有限的财政收入和更大的服务空间形成了发展的矛盾，很多地方的城市财政产生巨大赤字，陷入一个恶性发展循环。对于很多高速发展的城市而言，大量涌入的人口也造成城市既得利益者所享受城市公共设施服务质量的降低，在城市化的进程当中，随着新移民的进入，原有住民的生活质量会有所下降。20世纪70年代，石油危机造成的交通成本和土地成本的综合提升，使上述两个方面的矛盾率先表现在发展速度处于两极的州，即最发达和最不发达的州，以及对资源条件最为敏感的州[6]，以这些州为龙头，城市成长管理得以不断发展强化。

自20世纪60年代后美国一些州开始实施的成长管理（growth management）形成了两次"浪潮"。第一次浪潮发生在20世纪60、70年代。包括夏威夷州（Hawaii，1961）、佛蒙特州（Vermont，1970）、佛罗里达州（Florida，1972）、俄勒冈州（Oregon，1973）以及科罗拉多州（Colorado，1974）、政府开始收回部分1924年"标准区划授权法"（Standard State Zoning Enabling Act）赋予地方政府的权利，逐步形成州与地方的双否决制度（double veto system）。第二次浪潮发生在20世纪80、90年代。包括佛罗里达州（Florida，1984—1986）、新泽西州（New Jersey，1986）、佛蒙特州（Vermont，1988）、缅因州（Maine，1988）、罗德岛（Rhode Island，1988）、乔治亚州（Georgia，1989）、华盛顿州（Washington State，1990—1991）以及马里兰州（Maryland，1992）等，联邦政府开始强调通过地方规划（local plan）和城市蔓延控制（containing urban sprawl），形成一个协调的、有计划的土地利用模式。一些其他的州还进行了州之间或州以下的次区域（sub-region）的成长管理，包括一些为开发重要自然资源而成立的管理机构[7]。

2.1.2 现代城市成长管理概念演进

同其源起相联系，"成长管理"（Growth Management）概念自20世纪50年代开始用于社区发展管理后，主要强调对城市成长的控制，以保护环境资源。20世纪70年代中期的一些机构和刊物开始有关城市成长管理的广泛探讨，为其深入研究和推广奠定了基础。关于"成长管理"的概念迄今并无统一的定义：

"成长管理"的明确概念最早出现在1975年出版的《成长的管理和控制》

(Management & Control of Growth）一书中，该书定义的成长管理是政府利用种种传统及改良的技术、工具、计划与方案，企图指导地方上的土地使用形态，包括土地开发的态度、区位单元、速度及性质。

20世纪80年代中期，"成长管理"（Growth Management）一词正式明确地出现在一些州的相关立法中，如佛罗里达州于1985年、佛蒙特州于1988年及华盛顿州于1990年分别制定了各自的《成长管理法》。中国学者方凌霄（1999）总结成长管理最初系指从地方政府开始，运用各种管理手段结合土地使用分区规制，来协调地方上的发展与土地开发行为的矛盾的一系列措施。

B. Chinitz（1990）给出的定义认为，成长管理不同于单纯的增长控制，"是积极的、能动的……旨在保持发展与保护之间、各种形式的开发与基础设施同步配套之间、增长所产生的公共服务需求与满足这些需求的财政供给之间，以及进步与公平之间的动态平衡"，这个观点与西方城市经济学中对城市公共产品的新近研究十分接近[8]。

D. Porter（1997）则在此基础上进一步将成长管理概括为"解决因社区特征变化而导致的后果与问题的种种公共努力"，是"一种动态过程，在此过程中，政府预测社区的发展并设法平衡土地利用中的矛盾、协调地方与区域的利益，以适应社区的发展"。这一概括表达了成长管理这样几个特征。

第一，它是一种引导私人开发过程的公共的、政府的行为。

第二，它是一种动态的过程，而不仅仅是编制规划和后续的行动计划。

第三，它预测并适应发展而并不仅仅是限制发展。

第四，它应能提供某种机会和程序来决定如何在相互冲突的发展目标之间取得适当的平衡。

第五，它必须确保地方的发展目标，同时兼顾地方与区域之间的利益平衡。

Rick Heffernon和Rob Melnick（1998）认为，城市成长管理并不仅仅局限于划定城市成长边界，成长管理包括以下一些计划用来影响成长的趋势、减轻开发的影响、保护自然系统（土地、空气、水）等的因素，以保证城市和农村居民的生存质量。换句话说，成长管理是作为一种广义的"生存质量"的概念出现的。Foder（1999）认为它是"泛指用于引导增长与发展的各种政策和法规，包括从积极鼓励增长到限制甚至阻止增长的所有政策和法规"。

Melanie Hare（2001）指出，有效的成长管理是一种为了预测和适应发展需要的动态过程，这种过程旨在平衡相互竞争社区之间的建设目标和调整各地方与区域之间的利益关系。此外，Melanie Hare（2002）在对加拿大多伦多区域进行研究后提出城市成长管理的方法说，指出成长管理并不是一个新的概念，实际上，它继承了许多城市规划者在实践中的原则。在大多数的官方规划中，城市成长边界描绘了城市化的范围。但是，成长管理并不是只关注于社区的变化状态，也不是描绘城市核心的规模或水平的工具。它是一种关于社区的成长管理的重新发现以及精力旺盛的实行深思熟虑的理性的方法。

从上述对城市成长管理概念的理解演进中，笔者认为，城市成长管理概念自产生至今已经出现了如下新的特征。

第一，成长管理的关注重点发生了变化，政府由最初对土地利用和环境的关注过渡到对多重主体和不同区域之间利益博弈的关注。

第二，随着经济的发展，地方政府的直接控制力由强变弱，在城市成长管理的执行中，间接管理方式的使用增多。

第三，成长管理由对静态指标的控制转为对动态发展过程的调控。

应当看到，美国的城市成长管理研究对于这样一种政府行为，几乎没有考虑到政府自身意志的作用和利益主体对政府的俘虏等问题。虽然在城市经济学和城市公共产品、市政公共选择领域的研究已经进一步深化，并产生了新的解释框架，但是这些框架仍然由于缺乏制度经济的支撑，不能被政府导向的城市成长管理实践所贯彻和发展。

2.1.3 现代城市成长管理的实质

在这里我们必须再度明确，城市成长管理是一种以政府为主体的，对城市空间成长的管理行为。

同其他政府管理行为一样，城市成长管理是政府为了实现一定的社会经济目标所采取的措施，虽然政府的目标在不同的制度经济条件下可能有所不同，政府的管制能力也存在差异，但是总体上来说，实现城市的健康持续成长是所有处于正常理智状态下的政府都认同的目标。具体采取怎样的管理措施，则涉及政府对实施这些管理措施的成本与收益的评判。

在公共选择理论出现之前，对政府行为有三种假设。

第一，慈善模式，认为政府是一个仁慈的专制者，无私的追求社会利益，把最大化社会利益作为自身的目标，因而政府的行为没有必要受到任何限制。

第二，巨物模式，认为政府拥有自己独立的利益，是一个特殊的"人"，与经济人一样，同样追求自身利益的最大化，例如财政收入的最大化。

第三，民主模式，认为政府行为对于民主决策规则和程序有着很大的依赖性，政府的行为要受到民主投票行为的约束和左右。

在公共选择理论看来，政府行为介于"巨物模式"和"民主模式"之间。民主模式认为选民对政治家存在制约，例如政治家如果不为选民说话，就不能连任；又因为政治家也时刻追求个人利益，巨物模式也有一定道理。公共选择理论最主要的贡献在于把"经济人假设"引入政治领域，推翻了以往认为政治家都拥有优良的品质、政府自然"为公"的传统政治理论，更加贴近现实。

以此为基础，美国经济学家查尔斯·沃尔夫认为，一个政府机构刚建立时，都是为了实现一定的公共目标[9]。但这一机构一旦成立，情况便会发生变化。作为一个独立的组织，政府机构和其他所有的组织一样，必须有自己的运行标准，用以指导、规制和评估机构及其人员的行为。同时，任何一个政府机构都有其自身的利益，他们追求的目标并不完全与公众的目标相一致。因此他们在制定运行标准时，往往以追求自身利益最大化为目标，而与机构成立之初的目的产生偏差。在之后的机构运行中，机构成员都按此标准行事，以获得奖励，而原有的组织目标和机构成立和初衷反而逐渐被人所淡忘。

根据配尔兹曼的管制的政治或立法模型，立法者做出管制决策的约束条件是使他所期望的选票数最大化[10]。他的目标函数就是取决于利益集团财富水平的"大多数生产函数"（Majority-generating Function）。利益集团可以是消费者和企业。政治家所选择的管制政策，不仅要满足选票数的最大化，还将使政治的边际替代率等于企业利润与消费者剩余之间相互转移的边际替代率，从而达到一种均衡。

从西方城市成长管理的研究进展来看，正如 Melanie Hare (2002) 所言，虽然地方政府是重要的参与者，但是基于美国当前宪法体制的限制，不能在城市成长管理领域做领头羊。"如果我们的地方政府的政策框架支持成长管理的原则，那么还有什么问题呢？单单政策是不够的，而且事实上也从不是这样。"她认为有三个因素使得政策相对无力。第一个与规模相关，过去城市中心具有最佳的规模与复合性，使得成长管理相对简单明了。目前的实际情况是，城市区域既能扩展到几百千米以外，又能在较小的范围内包容多样化的社区[11]，一项政策很难适应如此复杂的状况。第二，过去市场力量与政策指导的黏合性更强。但是，战后到 20 世纪 90 年代，大政府已经被淡化政策指导的市场驱动方法所替代，20 世纪 70 年代由对产业的放松规制所逐步推行至城市发展的规制放松，对城市成长的过分控制遭到经济自由者的批评。第三，近 10 年来，政府高层通过削减开支已经显著地从侧面支持了城市成长的管理，城市政府自己是不能做到这一点的。据此，在逻辑上，州政府是担任城市成长管理承办者的候选人，正如马里兰和俄勒冈所做的一样。例如，马里兰州的精明增长论坛就包含一个政府间协同的过程。州、区域、城市以及国家政府之间的协作已经引导到了一个新的政策层面，这种协作是从上层开始但是以地方层面的自愿的互相补充与贯彻为基础的。[12]在安大略省，《市政府法》的颁布以及"精明增长秘书处"的成立表明州政府在其中担任着更为直接的角色。

Melanie Hare 的观点充分考虑了全美城市发展所面临的新的形势和美国的宪政体系，但是仍然忽略了财政上的转移支付具有的强劲决策能力，正是由于州政府具有不断提升和对地方政府日益重要的财政能力，州政府的谈判权和剩余索取权[13]才更为强大，也是今天美国州政府具有较强调控能力的制度基础。另外，州政府承担城市成长管理发起人的角色还与美国政权松散、治理结构扁平有关，为协调诸多地方政府的利益取向，州政府必须承担诱致地方政府集体理性的作用。需要注意的是，美国的州虽然在行政级别上相当于中国的省，但是在城市成长管理决策的角度，由其邦联制国家的特征，更大程度上具有类似国家政府的特质。

与之对应，研究中国城市成长管理，必须承认其微观基础仍然是经济主体的效用最大化，这是一个在人类社会中不能回避的公理，在成本和收益之间实现利益最大化的均衡是城市成长管理这一政府行为的最高目标，但是在实现这一目标的过程中，不同的社会经济和制度环境会给政府带来不同的成本和收益，也就造成了城市成长管理具体目标和措施的差别。

在城市成长的过程中，参与到其中的各类主体都希望在城市成长的过程中借以增加自身的效用，但是这种效用的增加同时要以相应的成本付出为代价，对于城市成长管理的行为主体——具有有限理性的政府而言，城市成长管理实质上是城市政府为了推动城市发展，在公的利益、政府意志和选众（选民、利益集团和上级政府）利益下对城市空间发展战略的动态选择。图 2-2 将西方城市成长管理的内在逻辑进行了比较全面系统的概括。

笔者进行以上的界定并非排除中国城市成长管理中区域政府（主要是省级政府，还包括诸如区域联合体等发展组织）的作用。区域政府虽然具有协调各个地区发展的意向并在财政、行政等方面具有调控地方发展的能力，但是从中国目前的发展格局来看，区域政府的职能和作用都还很不完善，这一点也是本书第四、五章核心内容分析的重点之一。

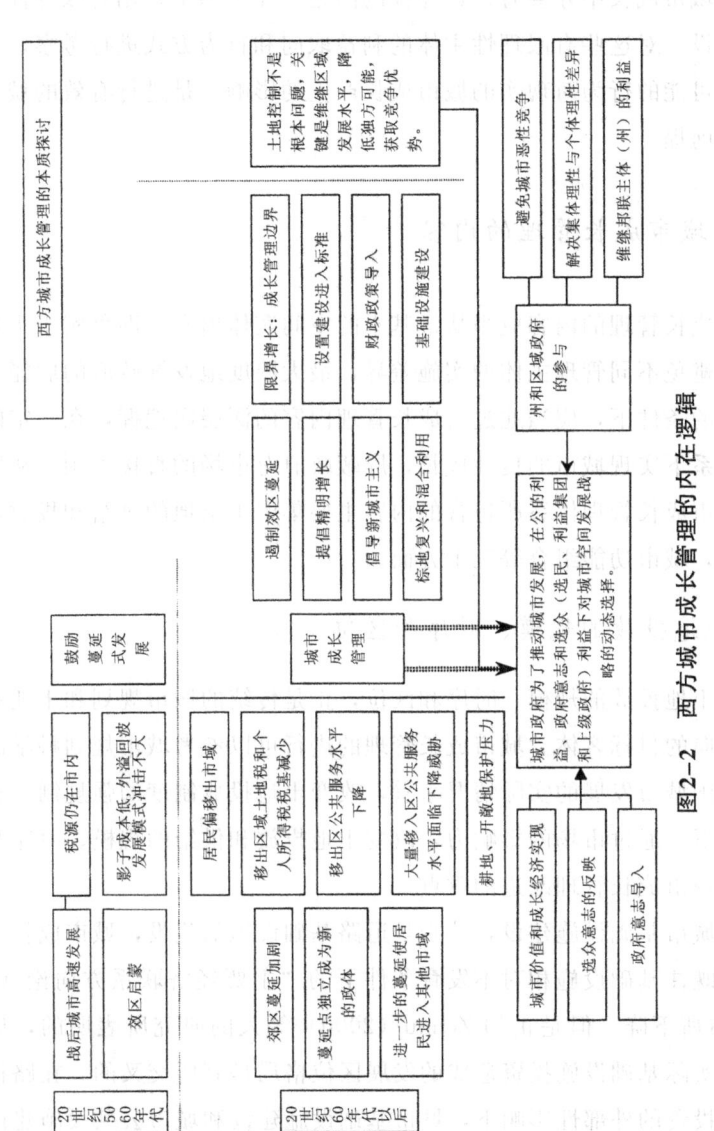

图2-2 西方城市成长管理的内在逻辑

如果参与城市成长的各方利益主体都是完全理性的，那么城市成长必然会有确定的理想的结果，但在现实中，城市空间中所包容的行为主体并非完全理性，所以城市成长中才会有这样那样的问题。在本书中，用有限理性代替完全理性的假设。对这些有限理性主体的利益取向和行为方式进行考察，考虑这些利益主体可能的行为对现实的城市成长产生的影响，是进行有效的城市成长管理的必要前提。

2.1.4 城市成长管理的内容

城市成长管理的内容应当从最基本的空间实体出发，即落实于土地。只有这样才能避免不同管理主体的实施差异，最大限度地发挥政府的职能。在市场愈加发育的条件下，应当通过对成长管理内容的深层次把握，在一定的成长管理工具体系下实现城市的良性成长，屏蔽政府对市场的直接干预。从国际经验来看，城市成长管理体系所包含的内容主要集中于土地的供给和投放，城市成长的模式，城市功能组合等三个方面。

1. 土地投放的规模、时序和区位

城市土地投放的规模、时序和区位，正是传统的城市规划和土地利用总体规划所指向的目标客体。城市成长管理的进行可以参考城市规划科学的相关进展。从中国城市发展的实际情况来看，改变土地投放制度的强规制，在强化竞争的条件下，通过市场的影响力，改变土地投放和供给的规模、时序和区位的不合理是城市成长管理改进的重点。

随着城市基础设施建设，特别是道路基础设施的建设，城市成长区位的重要性比较既往基础设施相对不发育条件下的"主要经济联系方向论（周一星，1994）"有所下降。但是正如 Zenou（2000）等人的研究所表明的，规划发展的区位与实际基础设施投资造成的发展区位格局是有所交叉的，在路径依赖和基础设施投资的外部性影响下，城市基础设施建设和城市公共设施建设已经在一定程度上可以取代规划在发展区位上的引导作用。薛领（2002）基于多主体的城市模拟演化所得到的结论，也与 Zenou 等人通过城市经济学模型所做出的结论近似。

2. 成长模式——内涵与外延

赵燕菁等（2001）在对广州发展模式的论述中，即使用"外溢—回波"过程来描述城市空间的成长：首先是所有功能都在原有的空间范围扩张——先是向四周扩张，然后是向空中和地下扩张。当现有的空间被填满后，每一个功能将其新增长出来的部分"外溢"到城市周围，由于"外溢"部分的功能与老城仍然保持密切的依赖关系，使得中心区职能不仅没有减弱，反而得到进一步强化。产生中心区土地供给不足，造成地价上升等一系列"回波"效应。于是中心区不得不拆除原有建筑，提高土地利用强度，开始新一轮基础设施的更新。赵燕菁等认为："外溢—回波"式的成长，对每一个单独的"城市细胞"来讲，可能是最经济的——可以最大限度地利用现有的城市基础设施，但对于城市整体来讲却是最浪费的。

对中国城市而言，很重要的一个促进成长经济的因素就是城市中的各种未利用资源[14]，中国城市的未利用资源除包括政治资源、人力资源、企业的生产资源和制度资源外，土地本身实质上具有重要的资源挖掘潜力。计划经济时期未充分利用的土地是资源。在发展速度相对较慢的条件下，外延式发展能够在发展过程中由于影子价格的提升产生对旧城中心区的改造动力，从而在旧城拆除改造过程中协调开发商和城市政府之间的利益取向矛盾。而对于高速成长的城市，时间和邻域的空间难以自发的改变城市成长过程中个体理性与集体理性的矛盾，政府成长管理决策人的身份必须得以体现。对此，政府可以采取跨越式增长和政府主导投入以降低城市空间成长门槛的手法。第5章中笔者将对此进行进一步论述。

3. 功能分区——纯化或复合

中国在计划经济时期一直推行的是职住接近型发展模式，住宅仅仅作为城市产业（主要是工业）发展的配套，而忽略了商业等第三产业物业的建设和住宅产品的发展。近年来中国的城市规划开始萌生学习西方分区体制（Zoning）的思潮，认为在中国过于混杂的城市用地模式中应当对各种功能梳理并进行纯化的集聚，以激发集聚效益。

对此，笔者认为，单纯地强调城市功能分区的纯化和复合并没有实质的意义。事实上，在中国开始选择纯化社区的同时，以美国为代表的西方社会正在全力导入新城市主义和精明增长思想中关于混合利用土地的理念。但是，必须注意的是，城市功能分区的纯化和复合利用必须以能够作为推动城市健康成长的满意方案出现，并主要基于市场的力量作为动力。

2.2 城市成长涉及的利益主体

城市成长管理是一个多维主体的多重动态博弈，虽然城市成长管理是一种政府行为，但是如果不能把握城市成长过程中各方参与主体的利益取向和行为准则，就不能达成协调的城市成长管理进程，也就很难取得城市成长管理的社会经济目标。这一点，无论对于中国还是西方都十分重要。

Melanie Hare（2002）指出，当代的城市管理牵涉众多的相关利益者，相互依赖的资源和行为，公众与私人间的共同目的与模糊界限，正式的和非正式的，国家的和民众的社会部门，需要更多的协调、谈判并达成一致。因此，最主要的三个任务就是对各种不同的、有时候甚至是对立的利益进行协调、引导并综合。对合理可行的成长管理的实施来讲，艰难的最初步骤应当是界定各级政府、社区、潜在投资者等主体的角色。

2.2.1 城市政府的三重角色

作为城市成长管理行为最直接的主体，城市政府同时充当三重角色：

首先，作为城市政策制订者的政府必须实现城市的经济增长、提升城市的竞争能力，通过政府的运作和制度的执行实现"公"的利益；

其次，政府自身的利益取向必须在一定层面上得到满足；

最后，政府除了"公"的利益之外，由于选众的多样性偏好和不同的利益取向，必须争取"选票数的最大化"。政府的决策将在这三个层面的博弈中进行。

实际上，对中国而言，由于行政的基础并非直接的代议制选举，对上级部门的政策执行能力即所谓行政绩效也是考量的范围。这一点，从广义上来看，也可以纳入第三重角色。而在美国则特别强调政府角色中公的利益的扮演。但是，地方政府的角色始终是具有其自身的取向和判断的，美国的城市政府已经从最初以参与私人投资为主的"供给战略"，转变到识别城市发展市场机会的"需求战略"，以及实施面向市场的差异化城市发展战略（Eisinger，1988）。

2.2.2 国家意志和区域管治

城市是处在国家的管制和区域之中的，国家意志和区域的利益也对城市成长产生一定的影响。

国家用更加宏观和长远的眼光看待城市个体的成长，目的是要实现国民经济整体的协调稳定发展。相比之下，国家对于生态环境，耕地数量和城乡均衡等问题看得更加重要，能够在区域之间、城乡之间做出有利于大局的引导政策。比如，与美国人地压力较轻不同的是，中国人地矛盾极为突出，在西方不甚激化的农业用地问题一旦到了中国就成为关系到国计民生的重大问题。国家必须对这一问题采取强硬的规制。

在不同宪政体系下，国家对城市成长管理的影响和控制程度不同。对于类似美国的联邦（和邦联）制国家，中央政府主要是起协调的作用，实际上的控制作用很弱；而在中国这样集权的国家，中央政府的意志能够较为深远的影响地方政府的行为。

对于一些城市密集区域，城市成长已经不再是单个城市自家的事情。正如诸多美国学者认为，大都市区是否增长或衰落，在经济发展、基础设施、环境保护和社会公平等领域都面临着严峻的战略问题，这些问题归根结底将落实到区域管治上面。无论正式的或非正式的管治结构，对于保持大都市区始终充满竞争力都是相当重要的，从更广或更基本的意义上来说，那些管治结构提供了更强的协调和动员能力。[15] 履行区域间协调职能的组织已经受到越来越多的重视。

2.2.3 社区的公共选择

一般而言，社区居民对于安全、便利和良好的生态环境有较为强烈的偏好，对于社区居民的选择能力，公共选择领域同时并存着几乎对立的两大主要理论，其中一个理论是基于这种思想：城市居民能够较为容易的改变他们的居所，而且可以通过"用脚投票"来表达他们对地方公共服务的需求。他们建立起地方政府管辖区来满足这些需求，人们选择加入最能与他们的偏好匹配的"俱乐部"。另外一个理论则认为：居民并不能自由移动或者说不能很容易地移入其他的地方管辖区，在这个理论中管辖区内有许多居民，对于地方公共部门的决策是通过建立利益集团,推荐候选人,投票等等政治过程来制定的。显然,这两种理论都有其可取之处,对城市空间布局有一定的指导意义。

对于美国而言,"用脚投票"理论的解释能力相对更强[16]。而对于中国而言,虽然随着户籍政策的逐步放开和对人力资源认可程度的不断提高,以及住宅商品化改革的逐步推进,居民"用脚投票"的可能性逐步提升,但是,第二个理论在相当长一段时期仍然具有较强的说服性。

即便在同一个社区中,不同收入阶层的居民对城市空间成长的影响也不同。李丽萍(1997)通过对美国大城市的研究,认为中高收入的家庭能够迫使政府采取管制措施,使得住房成本急剧上升,依靠收入水平对住房的支付能力来屏蔽中低收入者的进入,从而实现城市空间的阶层划分[17]。城市空间的阶层划分和社区品质的过滤上升或过滤下降往往是一种不断自我强化的循环过程,一旦开始,就很难依靠自身的力量去阻止或逆转,政府的城市成长管理作为一种外部力量的注入对于打破这种循环,实现社区的复兴和平衡具有重要意义。

2.2.4 其他利益集团

在城市内,还存在不同所有制基础和不同规模、效益的企业和非政府组织等利益集团,这些利益集团也有着其自身发展的利益取向。对于这些利益集团的利益取向,除了最大化其收益的理性思路外,还必须明晰寻租和俘虏两个方面的影响。对于寻租,经济学的论著已经汗牛充栋,本书不再进一步赘述。而规制经济学中的俘虏理论与本书的逻辑关联密切,必须进一步说明。

规制又称管制(regulation 或 regulation constraint)或政府管制(government regulation),规制是具有法律地位的、相对独立的政府规制者,依照一定的法规对被规制者所采取的一系列行政管理与监督行为。简而言之就是政府在微观层次上对经济的干预[18]。一般说来,规制起源于市场失灵(Market Failure)[19]。后来也产生了政府规制是政府追求自身利益的部门利益理论。政府规制俘虏理论(Capture Theory of Regulation)就是规制部门利益理论的直接派生,这一理论认为规制对象本身或者其他有可能从规制中获益的人,会促使政府进行规制,并使得政府的规制成为这些利益集团寻租的结果。具有相同利益的组织和个人会形成一个利益集团(interest group),各种利益集团都会对政府规制产生一定的影响,通常特定利益集团与政府规制者的接触频率越高、关系越密切，其意见越容易为规制者接受。由于一项规制措施所涉及的利益集团不止一个，就产生了各个利益集团俘虏规制者的竞争。一般来讲，由于对政府规制的不同需求认知和行动方式，容易组织的小利益集团往往会赢得竞争，个体众多的大利益集团却常常会因为搭便车效应（free rider effect）的存在而处于劣势。

在所有这些利益集团中，能够对城市成长造成直接影响的，最有活力的是带来城市开发建设投资的集团。这些投资所引致的新增的城市建设对于城市空间成长有着引领性的作用。中国以经济建设为中心，在目前条件下，资本仍然是一种稀缺的要素，对于外来资金的注入需求十分迫切，相比之下城市空间倒是一种约束相对宽松的资源，所以外来资本有很大的"用脚投票"的自由，这些投资落脚之处就是城市空间的新的生长点。

2.2.5 乡村政府和农民

城市空间的外拓在通常情况下是将周边的农业用地转变为城市用地，所以乡村政府以及农民是城市成长中必然的参与者。在物质条件上，美国充足的土地资源、过剩的农产品，都使"保护农田"很少获得支持。从土地制度来看，乡村政府和农民是城市成长管理中所涉及的重要一极。

一般来讲，无论是在土地私有制条件下，还是在中国的农村土地集体所有制条件下，将农业用地转变为城市用地一定要给予农民相应的补偿，农民要在失去土地的成本和所获得的补偿收益之间进行对比衡量。在中国的集体所有制下，一般由乡村政府代表农民个体做出这种衡量和决策，乡村政府官员的自身利益又在这一条件下掺杂进来。

中国既往的城市空间成长中，遵循计划经济时期的无偿（低偿）、随意获取农村土地的扩张手段造成了今天的若干问题。土地使用制度改革之后，土地使用权市场逐渐完善，农民获取土地收益的方式也呈现多样化的趋势，农村和农民已经具有市场化其土地资源的意愿，于是城市征用农村土地的成本也在逐步升高。

图 2-3 简要表示了城市成长过程里多重利益主体在宏观环境中的参与渠道。当然，在以上论及的城市成长所涉利益主体之外，还有外部的其他竞争主体，这里暂且略过，城市成长与外部竞争的关系将在后文有所论述。

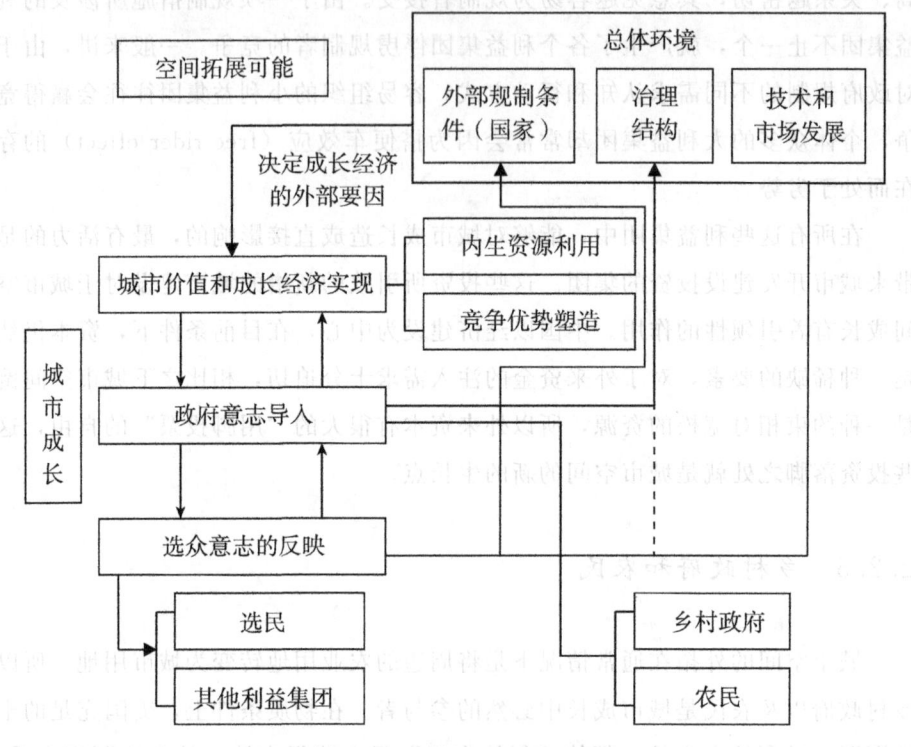

图 2-3 城市成长的多重利益主体参与

2.3 主体之间的利益博弈

博弈论（game theory）研究决策主体的行为发生相互作用时的决策以及这种决策的均衡问题，最终的博弈结果取决于所有决策主体的行为组合。在城市成长管理的过程中，无论是处于主导地位的政府还是作为参与者的其他利益主体，其行为选择都要受到他人行为选择的结果的影响，而无论是他人的选择还是自身的选择又都有多种可能，这就是说，一个角色主体的选择要受到其他主体决策的影响，反过来也影响其他决策主体的决策。这种复杂的决策过程概括地说就是一种利益博弈的过程。在博弈论里，个人（集团）效用函数不仅依赖于他（们）自己的选择，而且依赖于其他人的选择[20]。

下面将重点分析在城市成长管理过程中，比较重要的几对行为主体之间可能的利益博弈和行为取向。

2.3.1 城市之间的博弈

在前述城市政府所具有三重角色的影响下，对其中每一重角色所指向的利益而言，政府都具有将其最大化的倾向，但是由于种种约束条件的限制，"公的利益"和"选票"已经成为西方政府关注的首要目标，政府自身利益的实现也往往通过影响"公的利益"和"选票"、通过诱导次优决策或者次优决策下的利益诱导来实现。在实际生活中，地方政府之间的利益冲突十分激烈，地方营销、地方经营成为地方间竞争的主要手段。对中国城市而言，由于多重资源（最基本的是土地资源）的产权属性仍不清晰，代行所有权的城市政府都具有利益实现的短视性，地方政府的竞争往往类似于"公地的悲剧"，限于博弈困境之中。

哈丁的"公地的悲剧"已经广为产权经济学家所推崇。毛寿龙（1994）仿照哈丁关于牧羊人的博弈模型，构建了一个近似的城市发展的简化模型，该模型认为，地方政府与牧羊人的角色相似，明知道自己的扩张行为必然导致经济过热，甚至宏观失控，但现在谁都在扩张，如果谁先停下来，就会失去眼下发展的机会，并且宏观失控的后果谁都有份，并不会因为某个城市不参与就能够避免。由于增长管理会产生一种溢出效应，某个社区控制增长的决定迫使增长及其影响转移到其他没有实行增长管理的社区，这往往导致更为复杂的区域性，甚至跨区域的政治和经济问题。（张进，2002）这时城市政府由于理性的有限就会不顾一切地追逐眼前利益，而把宏观控制的责任推给中央政府。

2.3.2 中央和地方的博弈

中央政府往往表达一种集体理性，而地方政府一般是从城市的个体理性出发来做出决策。地方对于自身效益保障前提下的任何博弈行为都是可以接受的，但是对于任何没有补偿的对自身效益具有侵害的行为都具有天然的厌恶性。中央政府在制定有关规制措施的时候，不一定能够考虑到这种措施对于地方政府的利益损害，或者即便考虑到了也不一定能够提供相应的补偿措施，所以该措施在推行过程中就不免会遇到来自地方的阻力，弱化和变形的情况在所难免。

虽然地方具有强烈的实现自我利益的意愿，但是对基于科层体系的政府系统而言，往往还必须有所顾忌。特别是对于敏感的空间问题而言，当中央政府（或州政府）具有更大的财政动员能力和更强的基础设施导向影响能力时，地方政府必须在很大程度上仰仗中央政府（或州政府）的支持，而其前提是服从于上级的指导和规划。首先要肯定的是，中央政府（或州政府）对于地方政府的城市成长管理执行效果的有效监控，是实现战略目标的必要保障。

2.3.3 城乡之间的博弈

当城市发展需要占用农村土地时，必然会出现城市和乡村之间对于土地取得成本和补偿收益之间的讨价还价，这种博弈之中，一般城市政府都具有优先征用权或者强制征用权，所以农民在这种讨价还价中的利益提升空间并不很大。

在进行土地征用时，城市往往选择现状简单，开发成本低的土地；而农民则希望在出卖土地的同时获得长远的收益渠道并改善现有的生存状态。当城市征地的补偿不能够达到农民对土地的其他利用方式所带来的收益时，农民就会自然的逃避被选中征地。

事实上，城乡之间的博弈不仅仅局限于城市成长的空间载体——土地，其更深层次仍然是基于整合利益的博弈。对于中国的城市和乡村而言，农村土地的征用问题，农村由下而上的城市化问题，抵抗城市发展意志的博弈对策等等都是涉及发展的重要问题。甚至可以说，以空间为客体的城乡博弈是中国城市化进程的核心瓶颈。

2.3.4 城市政府和投资主体的博弈

在很多时候，投资主体选择的建设用地与城市政府规划中的成长相悖。城市政府需要在城市空间成长和投资带来的经济增长之间做出取舍。这种条件下，投资主体与城市政府之间的博弈结果直接影响城市成长的方式、区位和时序。

政府从城市经济增长和竞争实力增长的角度出发，对于投资一般来讲抱有积极吸引的态度，但是如果投资引致土地浪费，生态环境恶化等不良后果，政府的态度就会谨慎得多。投资主体在选择建设地点时往往强调其正面作用，而掩藏或减少对于其负面效应的描述，并采用俘虏地方主管部门的官员和透露意欲投资他地等手段达到取得土地使用权的目的。

2.4 国外城市成长管理理论研究

城市成长管理的理论与实践在北美，尤其是美国已经比较成熟，这里主要介绍北美的城市成长管理理论研究进展。

从美国城市成长管理研究的演进来看，由于从联邦和州的层次对城市成长的引导和规制尚未探求到本源，城市成长管理问题的核心也还没有构建起来，由此产生了若干不同的做法，在不同领域中也有不同的称谓和理念，这些做法往往是现象或问题导向的，并且具有相当的重复和叠加。在下面的综述中，努力将这种相互叠加的研究予以系统化。

2.4.1 对城市蔓延的研究

城市蔓延正是城市成长管理的起因，也是城市成长管理研究的基础部分。早在20世纪50年代后期，美国大城市就开始出现中心城市人口停止增长，或者甚至出现负增长，而近郊小城镇人口迅速增加的现象。对此，城市规划界称之为"郊区化"（Suburbanization）。进入20世纪80年代，郊区化出现了新情况。不只是居住区，而且新的工厂区，尤其是办公园区（Office Park）纷纷在远郊建立起来。越来越多的人口居住在了郊区，城市的空间结构出现了一种多中心的格局。从目前的情况来看，人口增长速度仍是郊区快于中心城市。1990到1998年间，美国郊区人口增长了11.9%，与此同时，中心城市仅增长4.7%。并且继20世纪70年代以来美国零售业重心向郊区转移之后，从1992年到1997年，作为城市集散功能主要体现的批发业在郊区的增长速度也比城市中心要快6倍。[21]它们不仅吸引了居民，而且抢走了中心城区的工作岗位及政府税收。新区伸向原来的农田、森林地带，城市化地区的增长速度超过了居住在城市化地区内的居民增长的速度[22]。这种失控的城市化地区蔓延的现象，被称为"城市蔓延"（Urban Sprawl），以区别于正常意义上的郊区化。

然而，要给"城市蔓延"一个学术上的确切定义，实非易事。A. Downs（1994）把郊区化定义为"中心城市以外地区人口的增长"，并不涉及土地开发的形态。而城市蔓延则是"郊区化的特别形式，它包括以极低的人口密度向现有城市化地区的边缘扩展，占用过去从未开发过的土地。"R. Moe（1995）进一步把蔓延定义为"低密度的在城镇边缘地区的发展",其特点是"低劣的用地规划,消耗土地多,依赖于小汽车交通,建筑设计不顾周围环境"。他指出,城市蔓延表现为两种形式:第一,沿着主干道或高速公路转换口的商业开发区,它们往往以大型连锁店为主体。第二,在现有建成区边缘地带,或孤单地插建在农田草场中的低密度居住开发区,它们往往以独立式住宅(Single Family)为主体。Ewing(1997)把蔓延归结成三个特点:①插入式、跳跃式(frog jump)的在农田草场中发展;②沿主干道、高速公路建立的商业开发区;③低密度、单一使用性质的大型开发项目。总之,城市蔓延以高速公路为依托,蚕食农田、牧场、森林,影响生态环境。由于新区吸引了原中心城区的居民外迁,并减少了中心城区的就业机会,故影响了中心城区的税收及公用服务水平。一方面,中心城市原有的市政服务设施空置而未能充分利用;另一方面,大量社会资源又流向新区,重复建设公路,上下水道等市政设施,让全社会付出代价。

美国政府的智囊团布鲁金斯学院(The Brookings Institution)和设在哈佛大学内的林肯土地政策研究院(The Lincoln Institute of Land Policy),以及美国全国历史保护协会(The National Trust for Historic Preservation)于1995年就城市蔓延问题举行专家听证会,这是学术界对该问题加以关注的证明。近年来,如何控制城市蔓延更成为美国规划界的重点研究课题。

在分析城市蔓延的动力因素和城市发展管理与控制方法中,相关的规划学术论文主要关注于政府政策和法律体系(Richmond,1995;Downs,1994;Rusk,1993)、土地利用与房地产开发(Catlin,1997;Delong,1997;Zhang,2001)、城市交通形态(Baldassare,1986;Carlson,1995;Handy,1996)和人类社会行为研究(Filion,Bunting,Warriner,1999)等方面[23]。

阿瑟·纳尔逊(2000)在其"为改进发展模式制定规划"的研究论文中,对比了美国的亚特兰大市和美国西海岸的波特兰市之间的不同结果(见表2-4):在人口集聚程度和规模、经济增长速度和收入大致相当的状况下,波特兰的总体调控力度和治理方针,明显的优于亚特兰大,前者杜绝城市低密度的空间扩张和无节制的摊大饼式发展,因此其城市规范、城市建设与城市管理被纳入到一个有序调控之中,而后者则由于低密度的四面扩张,引发出从交通问题到环境问题等一系列麻烦,表现为城市建设成本和城市居住成本高昂。[24]

表 2-4 1985—1995 年美国波特兰市与亚特兰大市发展指标对比

项 目	波特兰市（变化百分比）	亚特兰大市（变化百分比）	比 较
人口增长	+26	+32	二者相似
就业增长	+43	+37	二者相似
收入状况	+72	+60	二者相似
税收变化	−29	+22	波特兰优
市内交通行程	+2	+17	波特兰优
单程空驶率	−13	+15	波特兰优
上班通勤时间	−9	+1	波特兰优
空气污染程度	−86	+5	波特兰优
能源消耗程度	−8	+11	波特兰优
城市质量	+19	−11	波特兰优

资料来源：莫利·希恩，城市的极限—阻止无计划的延伸，世界观察专论 156 号，华盛顿，世界观察研究所，2001 年 6 月第 31～32 页；转引自，中国市长协会，中国城市发展报编辑委员会．中国城市发展报告（2001—2002）．北京：西苑出版社，2003，p172．

另外一项对马里兰州的研究预测，从现在至 2020 年，蔓延与更为集中的城市发展相比，全州居民要在修建新的道路、学校、污水和供水设施方面多花 100 亿美元。加利福尼亚州、新泽西州和佛罗里达州等地也得出过类似的结果，蔓延与政府支出的加速上升有直接关系。在这种条件下，1970 年至 1990 年马里兰州的一个县就关闭了 60 所学校，同时在离城市更边远的地方新建了 60 所学校，花费 5 亿美元，而每位学生每年要花费 500 美元支付校车费用。芝加哥 1980—1990 年间，81％的新就业岗位分布在居住总人口 18％的郊区；与此同时，芝加哥市内失业率和贫困却在加剧。[25]

此外，W. A. Fischel（1985，1999，2001）以及 Nelson（1977）从规制角度对城市蔓延进行了新的诠释，把分区制（zoning）[26]土地利用规制看作是市镇集体产权，认为规制是规制者用来最大化他们的政治收益的一种工具，土地利用规制是一个政治过程，规制政策的决定者是规制过程的关键要素。W. A. Fischel（1999）认为规制政策的决定者与社区的大小有关，小市镇的中间投票人[27]（median voter）对规制政策的供给具有决定作用，而大城市除了中间投票人外，还与官僚、利益集团或上级政府有关。W. A. Fischel（2001）提出住房所有者投票人（homevoter hypothesis）假说解释美国土地利用规制过程，认为市镇土地利用规制政策的供给是城市住房所有者追求自身利益以及市镇政府为追求财产税折中妥协的产物。因此，城市蔓延实际上是由住房所有者投票人以及市镇政府共同决定。[28]

对于城市蔓延的原因，美国学术界有几种不同的看法。P. L. Linneman 以及 R. Slater 认为城市蔓延现象在美国表现尤为突出，是因为美国文化鼓励开拓新区、抛弃旧东西，崇尚"更新就是更好"（Newer is Better），是一种"喜新厌旧"的文化。城市蔓延的本质和当年开发西部的拓荒精神，其实是一脉相承的（The Lincoln Institute of Land Policy, 1995）。Cullingworth 和 J. Barry 将美国的规划体系与英国、法国和荷兰等欧洲国家的规划体系进行了比较，认为美国缺乏一个由不同等级的规划构成的土地利用规划体系从宏观上对土地利用进行控制，导致了美国在郊区化过程中比欧洲占用了更多的土地[29]。更多数的学者认为城市蔓延是市场经济下自发的市场力作用的结果。H. Richmond 认为消费者愿意迁往占地宽、绿化多、房子大、房价又相对便宜的远郊，同时，大城市周围各小城镇的政府都希望吸引新开发项目，农场主也愿意以高地价把农田卖给开发公司。正是这些单独的市场行为汇集成巨大的市场力，推动着城市蔓延。

一些研究也指出，政府政策追随市场力，对城市蔓延起着助长作用。美国联邦政府对各州建造高速公路给予补贴，客观上使远郊开发成为可能，间接的帮助了蔓延。联邦政府的个人所得税政策规定，房屋抵押贷款所付的利息可以抵冲个人所得税，所以买房借贷越多，付息越多，抵冲税款也越多，交税就越少。这在客观上鼓励民众购买更大、更好的房屋，那些住宅大多在远郊，从而推动远郊的开发。大都会区内，中心城市为了吸引开发项目，政府多采用低税收等优惠政策，但中心城市由于服务设施周齐，维护费用较高，房地产税收也较高以支付维护费，则无法提供低税收的优惠。故小城市的优惠政策客观上拉走了投资，助长了城市蔓延。

另外，孙施文（2000）评介 Joe R. Feagin 和 Robert Parker 所著的《建设美国城市》一书时总结到，该书探讨了在资本流动性不断增强的条件下，从公司区位选择的角度，提出了对传统区位理论的质疑，在一定程度上说明了美国城市在一定阶段下选择蔓延式发展道路的合理性。即，随着资本流动性的增加，通过关闭工厂和削减雇工的手段来保障公司自身的流动性，使得企业在市域范围内的流动更为流行。地方政府为了促进经济发展和提高就业率，往往要给这些工业企业、商业企业提供一定的资助，这些政策都对区域和城市空间的发展产生了很大的影响。[30]

由于美国土地资源充足，农产品丰富，政府政策从保护农田的角度出发很少获得支持。所以，直至20世纪90年代初，美国才真正对控制蔓延的讨论重视起来。在美国城市规划界，这些做法被称为"对增长的管理"及"精明增长"（Smart Growth）。美国的控制政策基本上是自下而上的。美国控制蔓延的政策多由各市、州政府自行制订。Alerman把这种做法称为"达尔文式的过程"（Darwinist Process），即：各地试验各种政策，修改可用的，放弃失败的，直至进化为得到全国公认的政策（Alerman，1988）。目前，这些努力被统称为"精明增长"的政策，将在下文中重点介绍。

2.4.2 新城市主义和精明增长

1. 新城市主义思想的形成

在上述城市蔓延的背景下，人们面对的是社区隔离、道路拥挤、不断上升的犯罪率和高扬的开支，以及大量资金投向郊区造成的城市中心衰败。美国联邦和地方政府，以及经济学、社会学、地理学和规划学界，都已经认识到无限制低密度城市发展模式带来的问题的严重性，也提出了一些尝试性的解决办法。在这样的背景下，重归传统邻里再次成为世纪之交的梦想，规划的新传统主义（Neo-traditional Planning）应运而生，进而发展为广为人知的新城市主义（New Urbanism）。新城市主义表达了一种自下而上的对于城市蔓延进行管理和控制的呼声。

20世纪60年代简·雅各布斯（Jan Jacobs）在《美国大城市的生与死》一书中对城市多样性的研究，凯文·林奇对城市意象分析后提出城市形式的规范性理论与罗杰·坦西克在《寻找失落的空间》一书中对街道和城市广场空间的再组织研究，都暗示了一个重返街道生活、有历史与地点感的，不同于现代主义城市设计模式的新范式的浮现。

北美的"新城市主义"思潮产生于20世纪80年代，在20世纪90年代中期达到一个高潮。新城市主义的奠基人是安德雷斯·杜安伊（Andes Duany）与伊丽莎白·普拉特（Elizabeth Plater-Zyberk）夫妇[31]，他们设计的最有影响的经典之作是"滨海城"（Seaside）。DPZ在他们的《城镇和城镇设计规则（Town and Town Planning Principle)》一书中，提出了传统邻里区开发

(Traditional Neighborhood Development)——TND 模式，重点在于"传统邻里社区"的城市设计。

由新城市主义核心人物之一，设计师彼得·卡尔索普（Peter Calthorpe）在其所著的《未来的美国都市——生态、社会、梦想》（The Next American Metorpolis: Ecology, Community and the American Dream）一书中构建的大都市地区新的区域发展模式——使用公交的邻里区开发（Transit—Oriented Development，简称 TOD），主要由步行街区（Pedestrian Pocket）发展而来。美国经济学与城市学家安东尼·唐斯（Anthony Downs）在《美国都市新景象》（New Vision for Metorpolitan America）一书中提出有界高密度模式、新社区和绿带模式、限制扩张混合密度模式等三个完整的替代模式。

以上设计理念虽然侧重有所不同，但是其着眼点和出发点基本一致，即从工业革命前的城市规划和设计概念中发掘灵感，在今天的城市中建立公共中心，并形成以步行距离为尺度的居住社区。当然，新城市主义是相对于旧城市主义（Old Urbanism）而言的理念，旧城市主义和新城市主义的主要分歧在于：前者注重当前社区和城市中心如何恢复健康和繁荣，认为新城市主义在郊区再投资发展，吸收了城市内部的人口和资源。新城市主义则主张郊区蔓延在某种程度上是难以避免的，把太多的精力放在旧城改造上是浪费资源，还不如解决好郊区低密度蔓延的问题。[32]

按照美国人自己的说法，新城市主义是促进邻里和地区健康发展，提高生活质量的一种运动。新城市主义提供了消除郊区蔓延、防止城市衰落的发展方式并提出创造经济环境和社会健康发展的一些原则：如邻里住区应是多种不同建筑形式的混合体，所有的建设都统一在紧密联系、步行可达的邻里住区内等。建筑师和规划师、政府官员及其他一些人通力合作，于 1996 年 CNU 第四次大会通过并批准了《新城市主义宪章》，这标志着新城市主义思潮在美国已渐趋成熟。有学者认为，从 20 世纪 80 年代到 90 年代，美国城市的发展经历的由"边缘城市主义"向"新城市主义"的转变，从哲学理念上实现了由工具理性向价值理性的新一轮回归，充分展现了在经济高度发达、技术日益先进的今天，人们对可持续发展和以人为本思想的追求。[33]

事实上，新城市主义虽然以"新"命名，但其本质却与"旧"的城市思想有着千丝万缕的联系，即与田园城市在空间目标上有着众多的一致性：如控制城市的一定规模，对建成区用地的扩张进行限制；用绿带等多种开敞空间将相对独立的居住区隔开；合理的居住、工作、基础设施功能布局；各功能区之间拥有良好的交通联系等。新城市主义对于美国城市和郊区开发建设具有强大的影响力，指导了很多社区的规划设计。

新城市主义的作品较重视空间形态设计，使人们对其基本的出发点和丰富的规划思想内涵产生误解，甚至是忽略。正如顾云昌（2001）认为，新都市主义应包括两方面的内容，一是旧城区城市规划和住宅建设对自然生态的引入、保护、存留，二是郊区住宅区建设对人类（人文）生态的引入、保护、存留。[34]目前绝大多数新城市主义的实践集中在郊区，使人们认为其仍属蔓延之列，尽管其在规划思想和手法上与传统蔓延方式相比有许多新意，但其影响力有限，并未全方位思考大城市所面临的所有问题。

与新城市主义的城市设计思想并行，一些新的区域发展理念出现，其中比较引人注目的是20世纪90年代提出的、风行全美的一项发展计划——"精明增长"。相对精明增长而言，新城市主义仅是局部的、分散的解决办法。

2. 精明增长的理论和实践

精明增长的说法由美国马里兰州州长 Parris N. Glendening 于1997年首先提出，其初衷是建立一种使州政府能指导城市开发的手段，并使州政府财政支出对城市发展产生正面影响。与新城市主义不同，精明增长是一种政府倡导的自上而下的城市发展和控制理念。

至今，精明增长无确切的定义，不同的人有不同的理解。得克萨斯州的奥斯汀市，认为精明增长是"试图重塑城市和郊区的发展模式，改善我们的社区，促进经济，保护环境"；农田保护者认为精明增长是一种终止城市向外扩张和侵占农田的保证；克林顿政府认为精明增长是试图去建设更为"可居住的环境"；戈尔副总统将精明增长作为其总统竞选纲领，提出它是"21世纪新的可居住议程"（New Livability Agenda for the 21st Century）。总的来说，精明增长的目的有三个。

第一，城市发展要使每个人受益。

第二，应达到经济、环境、社会的公平。

第三，使新、旧城区都有投资机会，得到良好的发展。因此，精明增长强调对城市外围有所限制，注重发展现有城区。

精明增长针对的是刻板的将新的城市开发与现有社区分离的计划和政策。它已演化成一种新的、使大城市地区成为可持续工作和生活场所的方法。精明增长重在可居住的邻里问题之间寻找平衡，方法上与新城市主义和传统邻里单位设计使用的某些方法相同。但是除了新城市主义对人文主义、空间感的追求以外，精明增长运动更多地关注一些基本的发展的理性追求，如：以公共交通而非小汽车为上的城市交通组织模式；土地功能混合使用，避免城市地区单一化、贫困化；导入步行尺度，加强紧凑型建设，提高土地的使用率；不同收入阶层的人混杂使地区充满活力。精明增长力图使内城的衰败地区重新焕发活力，同时在现有城市而非郊区集中发展。鼓励建设一种将住宅、学校、购物、公共开放空间、图书馆、废品回收和垃圾处理等进行良好设计与结合的新型的可持续发展的城市邻里。这些社区是公共交通主导区和步行区。精明增长作为一种综合性社区的发展模式有助于解决美国的城市病。

在促进旧城发展的精明增长措施中，值得一提的是克林顿政府上台以后实施的美国城市社区"棕地[35]经济开发行动"（BFDI），这是联邦政府为了促进地方经济发展而采取的重要策略之一。Melanie Hare（2001）认为，对于现有城市用地，甚至是有些约束条件的土地，其重新利用的努力更高的认可，能够扩大由增加强度、填补空位和棕色地带开发所带来的机会。[36]

在美国，精明增长是继可持续发展概念之后提出来的。精明增长的绝大多数原则和做法是符合可持续发展原则的，推动这一运动是美国实用主义的典型表现。精明增长与可持续发展的最大差别是，前者不直接关心资源问题，后者则把它作为最重要的问题之一加以讨论。美国地大物博，资源储量按总量和人均计算都极为丰富，而且还可以凭借其实力向其他国家争夺或购买资源，因此，美国关心的重点不是资源。换言之，可持续发展将资源、环境和发展同样作为主要议题，精明增长则只讨论环境、经济与发展等议题。可持续发展直接关注后代人的生存问题，而精明增长是现世的，它通过关心当今经济、社会、环境的良性发展来推动后代人的长远发展。因此，精明增长与可持续发展尽管都讲求环境道德，但精明增长因着重从现行政策及实践出发而更易于推动实施。精明增长与可持续发展同样强调环境、经济、社会的公平，这是其最大的共同点之一。强调这三者的公平，是使社会均衡发展的必要条件。从实践的时序上看，精明增长可以作为可持续发展的必然阶段，可持续发展作为终极目标（王朝晖，2000）。

事实上，在西方很多国家都有类似精明增长的城市成长管理措施。以德国为例，由于大量的人们迁到郊外的卫星城居住后，休息时间城市便消失了。相反，卫星城像癌症一样疯狂地蚕食农村，并出现一些半成品的城市。这对国土面积并不辽阔的德国的可持续发展无疑是一种潜在威胁。要阻止这种局面的发展，改善人们在城市里的居住环境是根本。联合国关于栖息地的第二次垦殖会议提出"城市持续发展"这一理想目标之后，德国拟定对城市建筑法做出修订补充。其目的是建立一个更广泛的加强城市内城的行动纲领。德国城市大会树立的新样板是：混合使用，高密度（利用内城区的休闲地）和短途的城市。德国经济部和建筑部共同制订了一个促进内城区建设手段的计划。近来还有一个"大城市未来论坛"的组织，建议将城建促进资金更多地用来促使城市中心重新生机勃勃，支持年轻家庭在城市里购房，也更便于上了年纪的人们在市区居住，从城市规划方面使休闲地与工作地重新一体化；为此建立一个有吸引力的短途载人交通和停车管理系统。商店打烊时间自由化，也成为将更多的人吸引到内城来的一个措施。[37] 相比之下，德国的研究和实践更加重视于法理，而在经济措施方面相对薄弱。

2.4.3 城市成长管理工具

1. 城市成长管理的主要措施[38]

无论是在地方、区域还是州的层面，美国城市成长管理的目标都是通过一系列的法律与政策措施来实现的，这些措施被称作成长管理的"工具"或"技术"。实施成长管理的目的，是为了提高土地使用与公共设施的效率，使土地的开发与社会发展同步，在综合规划的前提下，有序、渐进的发展。美国各州采用的成长管理的措施可以归纳为以下四个方面。

（1）公共设施配套

成长管理的一个显著特征就是对土地的开发进行综合的管理，而这种管理的一个有效措施就是要求土地开发项目进行公共设施的配套。例如，华盛顿州要求地方政府在开发许可前，必须确定项目是否具备足够的公共配套设施。这些公共设施可以由政府建设也可以由开发单位负责建设，但必须先行建设或在开发期间配套建设。也就是说，只有该地区的公共设施满足了该地区发展的需要，政府才能审批开发许可证。地方政府也可以拒绝提供足够的公共设施，如水、电的供给，来达到抑制某些地区发展的目的，或者针对不同的地区设定不同的标准以达到限制或鼓励某些地区发展的管理目标。这样，政府可以控制一个地区由于快速发展造成的交通拥挤、空气污染、环境恶化等社会问题。

(2) 总量管制

这是管制地区发展速度的措施,通过"量"的配置,限制建设用地的开发,以达到保护土地资源并限制城市人口的目的。例如,1976年,美国科罗拉多州的博德市,市民投票通过的规划书中,限定五年内该市政府平均每年只能批准450个建筑项目,以达到年人口增长率不超过2%的目的。这种总量的控制对中国很有现实意义。

(3) 分期分区发展

分期分区发展措施的实施,是为了适当而有效地提供公共设施,以防止不成熟的土地开发行为,同时也防止跳跃式的发展和大量占用耕地破坏城市景观。通过控制开发地区的公共设施来控制城市发展的区位和时序。这需要土地利用规划与城市发展规划相结合,例如,美国纽约州的 Ramapo 镇在1966年通过了一个成长管理规划,详细安排了在18年的规划期内能达到的城市最大发展规模所需要能提供的公共设施开发的区位和时序,以公共设施的配置来引导土地开发利用的区位和时序。

(4) 设立成长管制区

成长管制区的设立,一方面,为了保护土地资源;另一方面,为了实现土地分期分区发展。通过设立成长管制区,引导城市发展到适当的地区,在管制区内允许土地开发,并提供适当充足的公共设施,管制区外则限制开发。在马里兰州的乔治王子郡制订的成长管制规划将全郡划分成为优先发展区、经济发展潜力区、限制发展区和延缓发展区四种。成长管制区以向外扩张的同心圆划分,也可以通过系统分析的方法划分。

2. 城市成长管理的具体工具[39]

以上的公共设施配套、总量控制、分区分期发展和设立成长管制区等四类措施是美国城市成长管理的主要方面,各地结合自身的情况不断进行成长管理的创新和实验,以至于新的管理工具层出不穷,经研究者总结定义的单项工具已达57项之多,其中包括各种特殊类型的管理法规、计划、税收政策、行政手段、审查程序等等,不少专家分别从不同的角度对其进行了归类。表2-5是E. Fonder 归纳的部分工具,他从工具使用的目标出发,将这些工具分为抑制(引导)增长类和保护土地类,为便于对这些工具功用的理解,下文中对其中比较重要的几项简要解释。

表 2-5　部分常见的成长管理工具[40]

抑制（引导）增长类	保护土地类
城市成长边界/绿带	公共征购土地
扩界限制	购买开发权
开发影响费	开发权转移
足量公共设施要求	社区土地信托
公交导向型开发	公共土地银行
社区影响报告	预留开敞空间
环境影响报告	土地保护税收激励机制
调整分区控制指标	农田专区
设定增长标准	
增长率限制	
设定城市最终规模	
暂停开发	
投机开发限制	
住房消费限制	
税收激励机制	

（1）扩界限制（Annexation Restriction）

在有城市成长边界的情况下，一般要对增长界限的现状容量作定期评估，并根据增长需要适当扩展。但为避免城市和公共设施的分散以及给财政和纳税人造成负担，扩界受到严格限制，有的地方要求获得城市议会绝大多数人的通过，有的则要求由市民投票表决。

（2）开发影响费

这是为增长所需的各类基础设施筹集资金的一种手段，事关公正与公平。根据这一收费制度，开发商和购买新房者必须为他们造成的影响而负担更多的基础设施开支；若不收取影响费，则这笔开支的大部分将通过提高房产税摊到社区现有居民的头上。

（3）足够公共设施的要求

足够公共设施的要求，即同步配套要求。新开发项目上马时，必须确保足够容量的道路、给水、排水和学校等设施到位；如社区无力承担建设这些设施，可要求开发商提供，作为取得开工许可证的条件。

（4）开发权转移

为防止在保护区内土地上的开发，将开发权从土地所有权中加以分离并允许转移到更适宜开发的地区，因而开发权可以买卖以补偿土地所有人。

（5）公交导向型（TOD）开发

强调整合公共交通与土地使用的关系，主张集约化、高效率的土地利用模式，以形成更为紧凑的区域空间形态。在社区内提供良好的步行系统，增加包括步行、自行车和公交等各种出行方式的选择机会，以减少对小汽车的依赖。

（6）社区影响报告

某些大型开发项目会对整个社区造成影响，在开发项目提案批准之前要对其影响进行评估，并将评估结果公之于众。报告须包含如下因素：项目可能增加的各年龄组的人口数量；10年之内预期增加的学生数和现有教学设施的容量；现有市政设施和公共设施可利用程度和所面临的新要求；项目内外的道路系统情况；社区（市、县、学校系统）财务影响分析。

（7）环境影响报告

类似社区影响报告，环境影响报告是在批准开发项目提案前获取其环境影响信息的一种手段。提案须证明符合下面3项要求方予批准：①不致对环境造成明显破坏；②有对区域资源保护的构想和设计；③不会对可用于该项目以及将来任何项目的整个资源提出不相称或过度需求。

（8）区划升/降级（Downzoning/Upzoning）

区划一般用于确定土地用途和开发类型，并规定开发密度的上限。降级是对开发密度的上限向下作调整，以减少某一地区的增长量。有的城市则规定了开发建设的密度下限，以确保界线内较高密度的发展，减少因人口增长对界线的压力（如波特兰），这即是升级。

在众多城市成长管理工具中，最为著名、应用最普遍的一项要算俄勒冈州首创的城市成长边界（Urban Growth Boundary，UGB）。所谓城市成长边界就是围绕现有城市划出的法律界线，所有增长都被限定在界线以内；界线之外是农田、林地和开敞地，仅限于发展农业、林业和其他非城市用途。俄勒冈州规定，城市成长边界范围内应包含现已建设土地、闲置土地及足以容纳20年规划期限内城市增长需求的未开发土地，地方政府必须对土地供应情况进行监督，并定期考查有无必要对现有增长界线进行调整。

3. 英国的城市开发公司[41]

在英国有一种由中央政府直接控制的主动型城市成长管理工具,很有必要在这里重点介绍一下,这就是中央政府设立的城市开发公司(Urban Development Corporation)。美国一些州也设有类似的开发机构。

英国政府的这种主动型城市开发工具早在 20 世纪 40 年代的"新城运动"中就曾经进行过尝试,这里重点介绍发端于 20 世纪 80 年代初,配合以内城开发为目标的"城市更新运动"而设立的相对独立的城市发展机构——城市开发公司。开发公司与一般意义上的公司(或企业)有所不同,它的经营并不是为了获得高额利润,而是通过这样一个经济实体对土地的滚动开发,吸引更多的私人投资,从而实现内城的全面更新。在地方层面的相对独立性是中央(或州)政府主导的城市开发公司的重要特征。

城市开发公司是一种带有公司(或企业)性质的发展机构。它既有在一定范围的城市区域内行使区域管理和协调区域社会经济发展的功能,同时又是一个经济实体。一个城市开发公司对应着一个特定的城市区域。成立城市开发公司是中央政府绕过地方政府而确立的一个发展机构。城镇开发公司在其指定区内具有广泛的权力,可以通过环境部赋予的合法权利获得有价值的国有土地,地方政府不得不将土地以较低的价格转让给公司,由公司负责土地的经营。在具体运作中虽然制订规划的权力仍属于地方政府,但是公司对开发商的规划申请有权审批。公司所具有的半官方性质和相对独立性意味着地方政府无权干预其经营活动。当然,由于工作的需要,公司与地方政府及教育、卫生等其他公共机构保持适当的工作关系。

自伦敦船坞地开发公司(London Dockland Corporation)于 1981 年成立以来,至 1988 年,英国共批准成立了 11 个城市开发公司。这些开发公司所对应的指定区规模都比较大,而且都是处于衰退的城市内城区域。作为一种中央政府对内城开发的直接干预工具,城市开发公司对英国的城市更新起到了积极的推动作用,不仅让旧城的景观大为改观,也使之成为英国经济发展最为活跃的区域。

4. 其他手段:土地储备

城市土地储备也是政府控制城市成长的一种重要手段。英国的 Harold B Dunkerley 认为土地储备(land banking)是政府在没有需要前先获取相当面积的土地,最后将其释放到市场用作与规划目的一致的开发的手段。他认为土地储备对于土地所有权及地价有重要影响力，是一种强有力的控制技术，通过购买土地尤其是城市边缘的土地，将其储备起来，在城市扩张时，政府可以通过附加在土地上的使用特性、区位、密度和出让时机，利用规划做引导，使公共政策可不依赖私有土地市场而直接控制开发。[42]

2.4.4 对成长管理的争议

城市成长管理在得到普遍认同与推广的同时，也引起了众多的争议。

从研究进展来看，美国的城市成长管理集中于城市成长过程中蔓延发展的成本和绩效评估，城市发展的持续性，城市土地的集约利用等内容。以上这些争议与批评既有个人或集团利益的偏见，也不乏客观冷静的分析，足见在美国宪政体制、政治文化传统和自由经济制度下对城市成长实施管理的复杂性与难度。

部分学者反对控制城市蔓延的"城市成长管理"（urban growth management）或精明增长（smart growth）计划，主要是基于三点：

第一，美国有大量的可获得的开敞空间，城市化土地只占美国土地的一小部分，认为反蔓延运动是以牺牲个人自由为代价、扩大政府权力的托词；

第二，即使蔓延导致很多危害，但这些危害是市场中个人自由决策的总体反映，这与"尊重个人自由选择"的传统美国梦是一致的；

第三，市场可以进行自我调整。而大多数支持城市成长管理或精明增长计划学者认为蔓延并不是无管制市场个人自由选择的结果，而是巨大的政府资助的产物。联邦的税法、洪区的保险资助、政府扩展供水和污水处理设施的政府基金、联邦的抵押资助和担保、联邦的住房计划、汽油的价格这些政策的实施掩盖了城市空间扩张的外部成本，并且长期扭曲了市场中的个人决策。一些怀疑者也承认这些资助促进城市蔓延，但他们认为精明增长是政府用来调整一些不必要管制的遮羞布。但不管是反对也好，支持也好，对城市土地利用进行干预在美国已经成为事实，并且自20世纪60年代后干预的力度逐步加强（Timothy J. Dowling，2000）。

以城市成长边界为例，批评者认为它造成了城市土地供应的不足，导致房价上涨，因而加重了中低收入家庭的负担。而且，现有的成长管理途径隐含通过充足的土地供给能够适应预期的成长。Duanny 和 Plater-Zyberk 更是对城市增长界线大加指责，认为向城市外围退后若干英里划出来的波特兰城市增长界线是"预见到并切实鼓励 20 年的恶性增长……把数千英亩最常见的蔓延包容在界线内部"。但马里兰大学（University of Maryland）丁成日（Chengri Ding）和盖芮奈普教授（Gerrit Knaap）则不赞同这一观点，他们首先证明了由于城市内部资源的离散性和不匹配性，城市不可能按照微观经济学中的边际理论进行最优的增长，认为从经济学的传统意义来看，城市基础设施的定价应位于其生产的边际成本上，这个假设是在生产函数连续、可微的基础上得到的。但是，对于城市发展而言，这里至少还有两个问题：其一，由于城市基础设施、城市内的各种建设乃至人员的进入和流动是离散的甚至是呈量子状的，这样连续假设本身就被打破；同时，在城市建设的过程中，由于基础设施等建设必然要有其超前量，在一定程度内，更多的人员和经济负载并不影响任何的产出成本，换言之，在达到基础设施或任意其他要素的承载临界点前，城市的发展是不需要支付额外的边际成本的（边际成本为零），这样就与传统经济学假设出现了第二个背离。所以设置城市成长边界是城市成长管理的一种重要的次优选择。

有学者认为，美国福特时代推行的小汽车导向是造成城市蔓延的根源，通过对汽油课以重税能够降低城市的蔓延程度。但是 Miriam Wasserman（2000）不同意这一看法，因为美国的纳税人对于增加税收常常持排斥态度，况且这种做法的作用也很有限。如果人们对郊区的居住环境很向往的话，在汽油费提高时，他们宁可减少其他方面的开支，也要省下钱到郊区买房。根本的做法是设法改变人们对郊区环境的依赖，通过在城市创造有吸引力但密度较高的居住环境，吸引人们购买城市附近的住房[43]。

此外，Gordon 和 Richardson 则通过对农业用地压力、郊区化的成本—利润、公交导向型开发模式的潜力、寻租行为对鼓励中心区发展政策的影响、社会公平等一系列问题的分析，认为紧凑型城市作为规划目标是不可取的。也有人怀疑公共交通的成长管理作用，因为较早推行公交优先和发展轻轨交通的波特兰其公共交通出行率也不过 15%。从全美国来看，用于现有轨道交通的费用已占整个公共交通开支的 25%，但它只担负着不足全部出行量的 2%。Shaw 和 Utt 还专门编辑了一本《精明增长指南》，其实通篇都是对精明增长的批驳，间接袒护郊区化与城市蔓延。而按照 A. Bartleet 的理解，精明增长与"愚蠢"增长殊途同归，不过是五十步笑百步罢了。在 Melanie Hare（2002）对加拿大的研究中指出，"成长管理政策意在指导城市的'精明'发展。但是，尽管加拿大搞了多年的城市成长管理，我们的城市中心区还是在不断的蔓延。

在 1976 到 1996 的 20 年间，大多伦多区域因为城市化损失了 15 万英亩的良田。向外膨胀，而不是内部挖潜已经成为一种趋势。"

其实，反对成长管理以及密集化发展的一个根本原因在于，对土地供应的限制会影响房地产市场价格尤其是住宅的价格。许多分析家关注的是，诸如成长管理之类限制城市用地尤其是居住用地供应的政策，将会压制地区低价住宅的供应量，有可能导致住宅价格的上扬并导致低收入家庭居住的过度拥挤（Crane，2000；Tucker，1991）。Downs（1991）指出，由于地方规章而导致的住宅成本上扬与征收道路和基础设施使用费、保护湿地和濒危物种以及保护重要的历史建筑和保护区等重要目标相比是次要的。但是，在郊区蔓延的反对者指出了蔓延所存在的问题及其所消耗的社会成本的同时，也不得不承认蔓延同样为大多数的城市居民带来许多好处。要说服那些从中受益的人支持对城市蔓延的限制，就必须向他们证明由于城市蔓延所导致的社会成本是整体性的，由此附加在他们个人身上的成本也将超过他们所获得的好处。但值得说明的是，Downs 关于因城市蔓延而导致的社会整体成本超过收益即意味着个人的成本超过收益的这一假设并不正确。从住房价格看，20 世纪 80 年代末中心城市仅为郊区的 72%[44]，现在则已基本持平，这就失去了把居民拉回中心城市的动力。另一方面，过去许多鼓励城市蔓延的政策之所以导致住宅价格的上扬，部分原因是这些政策刺激住宅的过度消费（Jackson，1985）。Norquist（1998）认为，联邦住宅管理委员会的住房贷款政策实际上促进了美国的郊区化。

以上论争看来还将伴随着郊区化进程持续下去。对此，伊利诺伊大学两位教授在其所著的专门研讨郊区化问题的《当公司撤离城市的时候》一书中即明确指出："毫不奇怪，没有什么魔弹或灵丹妙药可以妥善解决都市区非中心化的问题"。"如果不使中心地区对投资更具吸引力，就试图减缓郊区的成长，必将产生让整个都市区都失去竞争力的风险。"[45]从这点来看，城市成长管理怎样能在否定竞争优势的前提下实现，是一个迫切需要解决的问题。综上，虽然美国很多地方执行了城市成长管理的政策，但是仍然没有能够阻止郊区化的潮流。

实际上，对中心城市来说，伴随产业迁出的大量人口外迁意味着政治选票的流失，而中上层人口的迁出又意味着领导人才的流失。所以，在地方选举中，"郊区就成为多数美国政治家新的大本营"，他们为维护自己选民的利益，"随心所欲地将应由中心城市支配的各种资源调归郊区人使用"[46]在实力决定声音的条件下，郊区政府的权利更大，而中心城市的谈判能力不断下降，虽然城市成长管理的呼声越来越响，但是控制蔓延的初衷往往很难实现。

这些研究的角度从系统上来看，都是从传统土地经济学和城市经济学意义上的研究。研究往往忽视了土地资源的非完备性（还有其他资源，特别是对于中国城市发展来说，资本和企业的地位也十分之重要。）和制度的约束力量。笔者认为，可以将科斯第一定理推广至此，如果不存在交易费用，那么采用什么样的发展指导方针都是一样的，即无论是采取精明增长的方式还是另外的方式对于城市和区域发展来讲都是殊途同归的。但正是由于在城市成长中存在交易费用，更确切地说是制度的费用，还有制度影响下的经济费用，就使得城市成长管理成为必要。

2.5 中国城市成长管理研究进展

2.5.1 港台城市成长管理研究

中国对城市成长管理研究进行较早，并已经纳入城市政策体系的是我国台湾省。台湾大学赖宗裕教授（1998）等人在中国台湾较早的引入成长管理理念，并从学术上对其进行探讨。中国台湾的城市成长管理实践也已经得到地方政府的认同：中国台湾省有关土地的规定第九条："直辖市、县（市）综合发展计划之内容，应载明未来发展预测及成长管理策略[47]。"台湾大学土地所编制的《修正台北县综合发展计划》（2001）等在相当部分导入了成长管理的概念和操控工具[48]，在该计划中，指出成长管理策略之功能在于影响土地开发之时序、区位、速度、总量、形态、成本及品质，它可协助发展许可制来判别开发区位之适当性，公共设施之同时性，以及开发总量之平衡性，以降低资源利用上之冲突，提升土地使用与公共设施投资之效率，并能引导都市发展方向，建构都市合理发展型态[49]。

中国香港特别行政区自20世纪70年代以来，在土地市场的实际操控中已经选择具有成长管理理念的发展路径。阮学金在其硕士论文中指出：在中国香港规划中，实用主义哲学、对稀缺的土地资源的重视和慎重对待始终主导着中国香港的规划思路。[50]从规划思路变迁来看，自战后到20世纪70年代，中国香港规划的主导思想为经济至上价值观所左右；从20世纪70年代到20世纪80年代，才引入对环境问题的关怀；而自20世纪80年代末始，应中国香港政治经济环境变化所引致的规划环境的变化，进一步开拓了规划新思路，在规划中引入区域观点、可持续发展观点，并积极推动公众参与规划。笔者认为，中国香港整个规划体制运行的微观基础是土地契约制，土地契约系统不仅使政府能够将土地作为私有商品进行有效配置，而且是城市成长管制的有效手段之一。

2.5.2 中国台湾省城市成长管理的策略与工具[51]

实施城市成长管理较早的中国台湾省认为，成长管理是以强调均衡成长概念，通过规划的方法及管理策略，来引导资源的合理利用。在我国台湾行政部门于1998年所做相关规定，归纳了不同形态的各种成长管理策略和工具，并将其划分为五大类，包括：①都市发展区位与发展性质的管理；②公共设施的有效提供；③生活品质的提升；④经济机会与社会公平的改善；⑤自然资源及环境品质特性的保护。下面分类予以简述：

1. 都市发展区位与发展性质的管理

所谓都市发展区位与发展性质的管理即对可发展地区的规范。在综合发展计划、土地使用分区管制及土地细分规则等指导都市发展方向、规模与种类形态的相关法令之外，还有都市成长管制线（UGB）、发展政策地区、填补式发展与再发展、行政辖区外的协议管制和透过限制人口成长提供实现成长限制的种种措施与工具。

2. 公共设施的有效提供

成长管理主要目的之一，即是妥善管理公共设施的提供以支持地方发展。为达此目的，可运用的技术工具主要有：对计划开发地区提供足够的公共设施服务，将兴建公共设施的责任转移到开发者身上，公共设施的功能性规划，新开发地区的交通需求管理方案。

3. 生活品质的提升

运用成长管理策略的最终目标在于提升生活品质，确保居民与工作者良好的环境品质。为了达到这项目标，可运用下列的策略和工具来落实管理成效：要求新开发案必须配合景观规则设计，建立特别的标准与程序来审理建筑许可申请，透过地区重建方案、都市更新方案或公共设施改善方案来重塑地区居住环境，弹性的规划管制，容积奖励和历史性建筑物保护等。

4. 经济机会与社会公平的改善

地方政府可采取下列策略，来促进经济成长与兼顾社会公平：改善地方投资环境，鼓励商业活动及促进衰退商业区的复苏，以社区为基础的职业训练及就业辅导方案提升居民的经济机会，提供平价住宅减低因实施成长管理所产生的对房价的冲击，进而维护社会公平。

5. 自然资源及环境品质特性的保护

对于具有重要资源或环境价值的地区，可透过下列几种方法来达到环境保护的目的：保护重要土地资源最直接的方式便是限制土地取得，限制土地取得的方式包括所有权移转、发展权移转或设定地役权等，另外还有划定保育区和农地保护区以及设立环境门槛标准来管制开发品质。

在这项研究中，特别强调了上述的成长管理策略和工具，各有其不同的运作方式与所欲达到的效果，各地区根据其本身的资源特性、预期目标、面临状况及所欲解决问题等情况，来采取相应而适合的选择。不同的"成长管理"工具，有不同运作方式及功效，须就规划地区不同的特性及需要，采用适宜的管制策略。

2.5.3 大陆城市成长管理研究进展

从笔者检索国内文献资料的情况来看，中国大陆对城市成长管理的研究还十分有限。国内最早以城市生长为研究内容的著作是胡德瑞、何建清编著的《城市生长的分析研究》，但此研究基本上是从历史演化的角度，对于福建漳州城的发生与发展和现状进行了描述，并进行了形态上的规划设想，可以说是一种历史地理学和城市规划的结合，对于城市成长管理并没有涉及。

以笔者在中国期刊网以"成长管理"（增长管理）和"城市"作为关键词进行全文检索，共检索出文献98篇，其中相当部分为非直接相关文献。探讨成长管理概念、内涵、工具、研究进展等的文章不足20篇，而且这些研究主要是对西方特别是美国的城市成长管理和土地成长管理进行综述（如方凌霄，1999；张进，2002），以介绍国外的做法与经验为主；也有一些介绍中国20世纪末，广州等一些发展压力大的城市，率先开展具有成长管理属性的城市控制的评价性研究（赵燕菁，张兵，2000，2001；王凯，2000）。

值得一提的是，中国学者胡俊，乐理（1996）在其对中国城市发展判断基础上提出规避蔓延发展的集散型城市立意，从空间形态上对控制城市蔓延进行了分析。认为集散型城市立意是一种广域有序扩展的城市空间布局结构思想，强调要超前建立适应后工业化时代社会经济要求的高度现代化的有集有散的城市"大结构"，主动引导（而非被动适应）城市各类功能的有序扩展和相宜布点。其布局结构特征一般包括：

（1）整体化和高度现代化的城市大交通网络，构成城市有序扩展的基本框架；

（2）在交通网节点促成城市化空间的高效率、上水平的集中，取代城市连片的低密度蔓延；

（3）城市整体功能在多中心的城市化区域中进行合理的、有机的分散；

（4）保障相对集中的绿地系统与城市空间的紧密穿插等，以达到城市经济效益、社会效益和环境效益的完美统一。[52] 当然，单纯从城市形态考虑问题又回到了传统地理学和设计导向的规划学的思维框架，对于城市成长的问题根源和成长管理发展渊源并没有理性的思考。

严格来讲，城市成长管理从空间上主要包括以下两方面的内容，一方面是关于城市用地规模的扩大，即城市成长的数量、方位、时序；另外一方面是城市土地的利用强度和效率提升，前者对于中国的城市发展更具有实质性的意义。目前，大陆很多学者进行的城市土地集约利用研究和城市土地利用效率研究[53]都是从城市内部的发展，即以如何提升利用强度和效率的问题作为出发点的。中国面临高速城市化的进程，前述两个维度应当是并行前进的，在这种前提下，城市成长管理并能不仅仅遵循一种单一的模式，也不应当考察一些孤立的维度，而应当是一种综合的、涉及多主体利益关系和行为的调整过程，城市成长管理应当是一种控制、管理的过程，这一过程是长期的、动态的。总体上，中国大陆的城市成长管理研究在学术领域才刚刚起步，从这个侧面也反映出在中国进行城市成长管理研究的必要性。

注释：

[1] 张进. 美国的城市增长管理. 国外城市规划，2002（2）：37.

[2] Barry Shwartz, ed.. Changing Face of the Suburbans, The University of Chicago Press, 1976. p. 106. 转引自梁茂信. 当代美国大都市区中心城市的困境. 历史研究，2001（6）：121.

[3] 根据新概念的规定，许多大都市区结束了单中心城市的格局。例如，在纽约—新泽西北部—长岛大都市区、波士顿—劳伦斯—塞勒姆大都市区、洛杉矶—阿纳海姆—里弗塞德大都市区以及旧金山—奥克兰—圣何塞大都市区，各自的中心城市数量上升到1990年的12个。全国最大的50个大都市区在20世纪80年代新增中心城市80多个。参见 John R. Ottensman. The New Central Cities：Implications of New Definition of the Metropolitan Area. Urban Affairs Review，1996，31（5）．pp. 682—690. Williams Schneider，The Suburban Century Begins. Atlantic Monthly，1992，207（1）．p. 33. 转引自梁茂信．当代美国大都市区中心城市的困境．历史研究，2001（6）：121.

[4] 戴晓晖．新城市主义的区域发展模式——Peter Calthorpe 的《下一代美国大都市地区：生态、社区和美国之梦》读后感．城市规划汇刊，2000（5）：77—78.

[5] 引自限制发展地区划设与成长管理策略研拟，修订台北县综合发展计划，台湾大学，2001：73.

[6] 参见 Gale，Dennis E. Eight State-Sponsored Growth Management Programs：A Comparative Analysis Journal of the American Planning Association，Autumn 1992，58（4）：425—439.

[7] 参见李强．中国转型时期北京城市蔓延研究：以北京为例，北京大学博士学位论文（初稿），2004.

[8] 见 Arthur O'Sullivan. Urban Economics（the 4th ed.）. McGraw-Hill Press，2000.

[9] [美] 查尔斯·沃尔夫．市场或政府．北京：中国发展出版社，1994.

[10] 参见余晖．受管制市场的政企同盟．载张昕竹等．中国规制与竞争：理论和政策．北京：社会科学文献出版社，2000.23—34.

[11] 这一情况同时发生在中国。

[12] Melanie Hare. Urban Growth Management：A Policy-Implementation Disconnect. Urban Strategies Inc.，2002.

[13] 有关谈判权请见 H. 德姆赛茨（1988），周其仁运用这一理论对中国农村改革进行了较为完善的解释．

[14] 未利用资源理念请参见（Penrose，1959，1997）．

[15] 徐海贤，庄林德，肖烈柱．国外大都市区空间结构及其规划研究进展．来自广东建设信息网 http：// www. gdcic. net/xwzx/just_asp/infoshow. asp？infoid=17481（2003-1-15）．

[16] 当然，在西方由于搬迁成本等硬性成本和信息成本、交易费用等软约束费用的存在，"用脚投票"的选择模式也并非可以无阻力执行，只是相对中国而言，其主体的自主"投票"能力更强．

[17] 李丽萍．《美国大城市地区最新增长模式》（书评）．国外城市规划，1997（2）：48—51.

[18] 王俊豪．政府管制经济学导论——基本理论及其在政府管制实践中的应用．北京：商务印书馆，2001.

[19] 美国麻省理工学院经济系巴托教授于1958年在美国《经济学季刊》秋季号上发表了《市场失灵》一文,正式公开的使用了"市场失灵"这个术语。现在,"市场失灵"概念通常是分析政府干预行为的逻辑起点.

[20] 张维迎.博弈论与信息经济学.上海:上海三联书店,上海人民出版社,1996.

[21] 王旭.90年代美国城市发展的四大趋势——《城市状况年度报告:2000》述评.美国研究,2001(3):127—132.

[22] 在现代城市化发展不同阶段城市用地增长的特点和规律方面,Rudolf Hartog的研究值得一提。根据他对德国和英国不同规模城市之间,以及伦敦和莫斯科两个规模接近的大城市之间,关于21世纪城市用地的增长所作的一项对比研究表明,这些城市的用地增长有惊人的相似。在20世纪上半叶,这些城市的用地规模增加了8倍。1970年以后,这些城市的人口开始停止增长,但用地仍然继续增长。用地扩大的原因不仅仅是由居住水平提高所引起,实际上,工业、交通、绿地和公共建筑及设施用地的增长更快,一些工业从旧城搬迁到郊区后,用地规模扩大了四倍。郊区的购物中心和游憩公园大量占地则是新趋势.

[23] 参见谷凯.北美的城市蔓延与规划对策及其启示.城市规划,2002,26(12):67—69.

[24] 中国市长协会,中国城市发展报编辑委员会.中国城市发展报告(2001—2002).北京:西苑出版社,2003:172.

[25] 王朝晖."精明累进"的概念及其讨论.国外城市规划,2000(3):33—35.

[26] zoning首先是一种对城市特定地块土地利用强度进行控制的手段,主要包括对地块的大小、建筑的体量、建筑的密度、土地利用性质等的控制。这种土地利用控制手段在总体上就构成了一种分区制城市土地利用管理模式。

[27] 唐斯(A. Downs)在他1957年出版的《民主的经济理论》中指出:如果在一个多数决策的模型中,个人偏好都是单峰的,则反映中间投票人意愿的那种政策会最终获胜,因为选择该政策会使一个团体的福利损失最小.

[28] 引自:李强.中国转型时期北京城市蔓延研究:以北京为例.北京大学博士学位论文(初稿),2004.

[29] Cullingworth, J. Barry, Alternate Planning Systems: There Anything to Learn from American Planning Association, Chicago: Journal of the American Planning Association, Spring 1994.

[30] 孙施文.城市规划实施的途径——《建设美国城市》一书评介.城市规划汇刊,2000(1):77—78.

[31] 两人常一起发表作品简称DPZ.

[32] 王琳等.新城市主义对我国郊区城市化的借鉴.世界地理研究,2001,10(4):81—86.

[33] 吴林海,刘荣增.从"边缘城市主义"到"新城市主义":价值理性的回归与启示.

科学技术与辩证法，2002，19（3）：16—18.

[34] 任彪. 市区还是郊区：规划与建设的两难选择—新都市主义的理论与实践. 城市开发，2002（4）：7—8.

[35] 棕地（brown field）一词，于 20 世纪 90 年代初期开始出现在美国联邦政府的官方用语中，用来指那些存在一定程度污染，已经废弃或因污染而没有得到充分利用的土地及地上建筑物。因此用地类型城市规划图例中用棕色来表示而得名。

[36] Melanie Hare，MCIP，RPP Urban Strategies Inc.. Exploring Growth Management Roles in Ontario：Learning from "Who Does What" Elsewhere，A Report Prepared for The Ontario Professional Planners Institute，September 2001.

[37] 参见张卫宁，李保峰. 城市结构形态变化的新问题——德国城市结构形态变化的启示. 城市问题，1998（4）：62—63.

[38] 参见方凌霄. 美国的土地成长管理制度及其借鉴. 中国土地，1999（8）：42—43.

[39] 参见张进. 美国的城市增长管理. 国外城市规划，2002（2）：38—39.

[40] 同上.

[41] 参见戴学来. 英国城市开发公司与城市更新. 城市开发，1997（7）：31—34.

[42] Dunkerley, Harold B.. Urban Land Policy. Oxford University Press，1983. p. 185.

[43] Miriam Wasserman, Urban sprawl, Regional Review-Federal Reserve Bank of Boston, First Quarter, 2000.

[44] 王旭. 90 年代美国城市发展的四大趋势——《城市状况年度报告：2000》述评，美国研究，2001（3）：127—132.

[45] 转引自张善余. 20 世纪 90 年代美国城市人口发展的新特点——2000 年美国人口普查数据初析，城市问题，2002（3）：69.

[46] 引自梁茂信. 当代美国大都市区中心城市的困境. 历史研究，2001（6）：122

[47] 中国台湾省《国土综合发展计划法草案》，第九条，第三款，行政院九十一年（2002年）三月六日第二七七六次会议通过，九十一年（2002 年）三月十一日院台内字第九一一六三号函送立法院审查，载 http：//www.cpami.gov.tw/law/law/lawa-0.htm.

[48] 参见修订台北县综合发展计划之环境敏感地区研究. 台湾大学，2001.

[49] 限制发展地区规设与成长管理策略研拟. 修订台北县综合发展计划. 台湾大学，2001：72.

[50] 阮学金. 香港规划制度探讨. 北京大学硕士学位论文，1999.

[51] 参见修订台北县综合发展计划. 台湾大学，2001.

[52] 胡俊，乐理. 当今中国城市发展的变革和规划的新趋势. 同济大学学报，1996，24（6）：704—708.

[53] 如陶志红博士的博士论文研究中国城市土地的集约利用，袁利平的博士论文研究城市土地利用效率。

第 3 章 计划经济时期的中国城市成长管理

本章对新中国建立以来到改革开放前城市成长管理的发展状况进行了分析。其内在逻辑为：中国政府在当时的政治经济环境下，为了实现强国梦想，选择了重工业优先的赶超发展战略。这个战略一经形成，就并行出城市既得利益优先和控制城市成长的成长管理战略取向。在强计划经济时期，城市成长管理的多元利益主体逐步浓缩为两维，其一为国家；其二为微观土地使用者，其中以国家为主导。在此过程中，地方政府、居民和农民等主体处于实质缺位状态。在以上的成长管理逻辑框架下，中国城市成长暴露出城市化进程波动、产权模糊、空间混杂、结构失衡、效益低下等多方面的问题。

中国城市成长管理的脉络从时间序列上来看，可以分为两个比较鲜明的阶段，第一个阶段是国家推行全面计划经济时期，第二个阶段是改革开放以来至今的转型时期。下文的第三、第四和第 5 章将对这两个阶段中国的城市成长管理展开分析。

3.1 控制论成长管理政策的形成

3.1.1 重工业优先战略与计划体制的形成

1949 年新中国建立以后，中国政府面临的急迫而严峻的任务是在"一穷二白"的国民经济基础上尽快实现国家的初始工业化目标。基于此，国家在当时的政治、经济和社会条件下选择了一条重工业优先的赶超战略。

林毅夫（1994，1999，2002）以重工业优先发展的赶超战略为分析的逻辑起点，解释了中国计划经济的形成[1]，演绎出缺乏自生能力下必然的制度决策。他指出，转型中国家原来的计划经济体制就是为了扶持、保护不符合比较优势、没有自生能力的重工业企业而形成的[2]。从一般的发展规律来看，工业部门的扩大会造成城市人口的上升，这种情况在工业化的早期更为明显，因为工业的成长要靠增加劳动力来完成。而对发展中国家来说，由于城乡之间生活水平上的差异，农村人口迁往城市的动机是很强烈的。因此，一国的工业化将对该国人口城市化产生导向作用和重要影响。但由于中国在还没有实行计划经济之前原本是资金稀缺的落后的农业国家，在一个资金稀缺的发展中国家要发展不符合比较优势的资金密集型重工业项目必须克服许多困难。第一，重工业项目大，建设周期长；第二，重工业所需的关键设备和技术必须从国外引进；第三，一次性投资特别大。而资金稀缺的发展中国家，尤其是农业国家的经济也具有三个特征：第一，经济剩余少，因而导致资金短缺，因此，如果由市场决定利率，利率应该会很高。第二，由于出口少，导致外汇短缺。外汇价格由市场决定，对于这些国家来说外汇价格就很高。第三，经济剩余少，而且分散，这就使对剩余的动员比较困难。如果把不符合比较优势的重工业的三个特性与资金稀缺的发展中农业经济的特征放在一起，则可以看到，如果建设周期长，所付的资金成本又很高，还要大量进口机器设备，发展这个行业是相当困难的。同样，要把分散的剩余集中起来投入很大的项目也不能靠市场。于是，政府为了周期长的项目能够被建立起来，只好把利率压低；为了能让这些项目以低廉的价格进口机器设备，只好扭曲汇率，人为抬高本币价值；为了集中剩余，只好让已经建成的企业有很高的利润，以作为下一个投资项目和资金的来源，而要让已经建成的企业有很高的利润，就要压低包括工资在内的各种投入的价格，并且，给予这些企业在产品市场的垄断权。这些价格信号的扭曲必然造成资金、外汇、原材料和生活必需品的供不应求。为了保证稀缺的资源能够被配置在要优先发展的产业和项目上，就必须要有国家计划，并且用行政的方式按照计划配置资金、外汇、原材料等，而形成了传统的计划配置体系。[3]

"一五"时期（1953—1957 年），国家发展战略就开始向重工业转轨，体制转向公有制基础上的高度集中的计划管理。社会主义工业化的特点，主要有如下几个方面：①高积累率及高增长率；②以重工业为主；③牺牲农业。工业投资主要依靠农业部门的积累来支持并通过牺牲农业来达到降低工业产品成本和维持工业高速增长的目的。[4]重工业主导型发展战略与计划经济体制相结合，决定了新中国成立后 30 年经济运行的一系列特点。"一五"期间形成的"六集中"体制的具体内容如下：集中的工业企业管理制度；集中的工业基本建设项目管理制度；计划管理，以指令性计划为主；集中的财务管理制度；集中的物资管理制度;统一而又平均的劳动工资制度。[5]

在重工业主导的工业化战略指导下,政府通过统一集中的计划体制对作为资源直接使用者的企业的成长起着决定性作用,(赵晓,1999)并通过企业的选址和扩张直接影响到城市的成长。

3.1.2 城市既得利益优先思路形成

重工业优先发展的赶超战略本身就蕴含了城市工业经济(而非城市空间或城市消费等)优先发展的内在逻辑。为了保证工业的迅速发展,国家的城市化进程就必须受到抑制,因为城市化会使国家总的消费水平提高,这主要表现在城市基础设施建设需求、城市"最低可行"的生活水平都较农村要高。这样,就必须采取降低城市化速度与"成本"的措施。为了从农业部门抽取更多的原始资本积累并保证其不被城镇建设过多挤占,政府对农民进城实行严格的"准入限制"[6]。于是自20世纪50年代末期开始,户籍制度、消费配给制度、生活保障制度(定向福利发放)、就业统包制度等逐步建立起来。

1952年,中央人民政府政务院发布《关于劳动就业问题的决定》,在一定程度上限制了农民进城就业。1953年11月,政务院又发布《关于实行粮食的计划收购和计划供应的命令》,对粮食的购销和对城市居民的计划供给做出了明确规定,从制度上限制了沿袭已久的粮食自由交易。1955年8月,国务院(原政务院改称为国务院)发布《市镇粮食定量供应暂行办法》,进一步强化了城市居民的粮食供给与计划消费模式。1958年1月,全国人大常委会讨论通过了《中华人民共和国户口登记条例》,该条例规定:"公民由农村迁往城市,必须持有城市劳动部门录用证明、学校录取证明,或者城市户口登记机关准予迁入证明,并向常住地户口登记机关申请办理迁出手续"。这些政策、法令从就业、粮食、户口等方面对农村劳动力进城进行了严格的限制,使农民即使看到城市预期收益也无法或难以分享,中国城乡的二元经济结构在计划经济时期表现得尤为明显。

在总体上控制城市人口增加、控制城市建设用地扩张的同时,政府为了保障工业高速增长下经济环境和政治环境的稳定,开始对城镇居民实行基本福利[7]保护,把全部公民划分为截然不同的两大利益团体分离而治。通过上述几方面"城镇偏向"的制度安排,政府强有力的控制着城镇化在传统时期的演化进程。[8]在这个过程中,为了实现工业化,国家限制城市消费的增长,压缩服务性行业的发展，以集中发展工业。同时更进一步严格控制城市人口增长，主要表现为控制人口流入城市，甚至导出人口。鼓励农村工业化，认为这样既可达到工业化的目的，又可避免城市化。[9]

在改革开放以前，城市既得利益优先的思想一以贯之，出于战略安全考虑的三线建设虽然选址在山区等地，但实际上这些向农村分散的空间也是与当地隔离的，实际上在其他利益、福利保障上仍以城市居民为标准。例如河北东方机械厂作为20世纪60年代建立的军工企业，虽然选址于河北涞源的山区内，但是就业保障、户口、粮食配给、升学等都按照保定市新市区的标准执行，直至1996年迁至河北廊坊市区。

从发展的历程来看，1958年后，农村积累极为有限，在农业积累产品补充重工业的总体逻辑下，国家必须不断强化对农村产品权力束的管制，但是国家控制的收益指数和成本指数却在这一过程中产生了非正常的扭曲（如图3-1所示）[10]，开支逐步超过收益。鉴于此，国家必须保障城市既有人口的基本权利，甚至依靠牺牲少数城市居民利益的手段，如60年代初期知识青年的上山下乡，以保证实现城市总体作为重工业载体的发展。

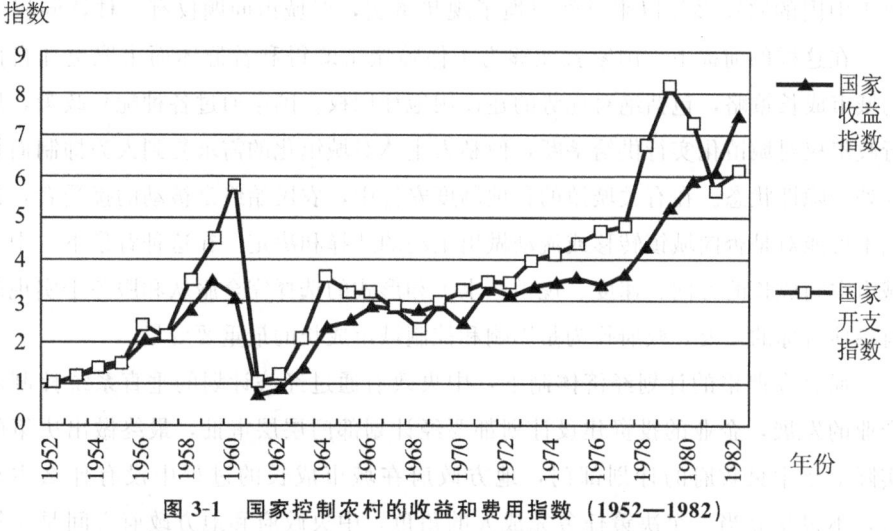

图3-1　国家控制农村的收益和费用指数（1952—1982）

3.1.3　基于城市既得利益优先的控制论对城市成长的影响

1. 中央政府对成长权利的集中控制

如果真如登姆塞茨所言，产权纯粹是一种私人之间的和约，并且可以由私人信守来得到履行，那么国家将不能构成产权安排过程中的一个要件。然而，实际情况是，在任何大规模产权交易的现实中，并不存在这样一个国家对产权完全没有意义的世界。登姆塞茨认为，在产权制度安排中，最重要的是经济资源的排他性收益权和让渡权。而中国集体化的产权制度安排背离了登氏所言的产权形成的游戏规则，是国家完全出于自己的考虑或者行为者的偏好乃至意识形态的原因而制造或建构的，也就是说，在产权形成的过程中国家意志被注入进去了。[11]

中国的城市人口毕竟是少数。如果采用全民公决的方法来对户籍、城市成长等一系列问题进行裁决，城市既得利益者不可能享受如此之多的收益。在计划经济施行的过程中，为了实现工业化的梦想，通过中国城乡二元分割的制度确立，实际上创造性的改变了很多原先的政治资源禀赋。首先，二元分割把占有绝大多数人口的农村分化为多个不成规模的乡镇社队，从而使农民整体被分解为众多零散的组织，农村的群体博弈权变得支离，谈判能力自然降低。其次，在农村贯彻了极为严格的垂直管理体系和意识形态体系。第三，在权力机关内部设置了城乡"取代系数"，城市居民的选举比例为农村的四倍。最后，由于中国的农民多年以来已经习惯了现状事实，对城市问题仅有一种认同权。

在这样的前提下，国家就能够为了保障城市既得利益群体而采取更加自由的城市成长策略，包括绝对优势的建设用地征用权。国家通过各种配套政策，用行政集权对城镇化实行供给垄断，使私人主体对城镇化的需求受到人为抑制而长期处于隐性状态。在有关城镇的各项制度安排中，农民始终是被动的接受者，他们不可能对是否向城镇转移或流动做出主动的选择和决定。在这种背景下，中国城市空间成长的方向、速度、规模、水平和形式的选择完全服从和服务于实现政府各项目标的需要，政府行为是影响和控制城市成长的最重要变量。[12]

而且在严格的计划经济体制下，中央政府通过经济计划的垂直系统控制着产业的发展，企业的投资建设计划都要经计划部门层层审批，最终做出决策的实际上是中央政府的计划部门，地方政府在城市成长的过程中没有什么主动权，不过是充当一个决策任务完成人的角色，中央政府和地方政府之间是决策者和执行者之间的关系。

2. 重工业导向对城市空间拓展的制约

在重工业导向下，中国城市正常的空间成长被打破，城市空间的扩张被认为是浪费宝贵建设资金的"无底洞"。城市建设和维护所需资金主要来自于提取的5％工商利润和城市维护费，资金缺口极大，于是，城市空间的扩展速度一降再降。但与此同时，逐步形成了城市扩展与工业企业建设和外拓同步的特征。城市实体呈现出斑块状外拓的表征，总体上呈现多级同构组团的模式，形成旧城中心——职住接近区 I——职住接近区 II 等等基本空间构架（可参见图3-3）。同时，职住接近的思维模式和强化的垂直作业链使"斑块"内部基本不需，也不可能从被忽略的城市产品供给中获取城市产品和基础设施的提供，发展的独立性很强，厂区大院大而全，小而全的"小社会"逐步构建起来。

笔者认为，重工业优先发展的战略导致了在倚重城市的过程中也限制了城市发展，并且只有不断压制农村才可能保障城市的增长。而一旦完成了重工业发展战略和城市既得利益优先两者取向的一致认可，中国城乡发展就始终在城市既得利益优先的道路上被锁定。

3.2 城市成长中的利益主体定位

在强计划经济时期，城市成长管理的多元利益主体逐步浓缩为两维，其一为国家，通过占位全部资源实现经济的增长和对城市成长的控制；其二为微观土地使用者，他们在土地需求方面具有国家难以实际监控的特征，在一定程度上还可以进行计划经济强约束条件下的寻租，而在这浓缩的两维中，尤以国家为主导。在此过程中，地方政府、居民和农民等主体基本上处于缺位状态。

3.2.1 计划经济体制下中央政府的占位

在传统体制中，全体人民是全民所有制资产的名义所有者，而中央政府却是全民所有制资产的实际所有者，因为只有中央政府才有处置全民所有制资产的权利。这时，国有资产的产权是明确的，它落实在中央政府的身上。[13]中央通过垂直的行政体系推行国家战略，同时，通过对企业的直接管理和对资源的直接调配掌控经济运作，也直接影响着城市的发展和空间成长。

杜赞奇（Prasenjit Duara，1994）曾借用并发展了格尔兹（Clifford Geertz）内卷化（involution）的概念，认为政治的内卷化必然出现基层社会的经纪体制，通过经纪体制的推行，国家权力深入到乡村社会，对乡村社会的剥削日益加重，但同时经纪体制的存在致使国家提取的租金不能大幅度增长。[14]周其仁（1994）据此认为 1949 年之后的中国社会具有极强的政权内卷化的特征。[15]城市政治的内卷化主要表现在国家对土地产权制度安排的干预和对企业制度的约束。国家一方面是产权安排、经济增长的关键，另一方面，又是经济衰退的根源。这种现象为诺斯理论的怪圈或"产权悖论"（paradox of property rights）。

1. 土地市场的灭失

1949—1953 年间，由于城市土地存在着不同的所有制形式，即国家、集体和私人所有，允许买卖、典当、赠予和交换，城市土地市场交易依然存在（刘维新，1996）。1953 年中国开始实施第一个五年计划，并进行大规模的工业化建设，为了保证土地的顺利征用，1953 年 11 月政务院公布了《政务院关于国家建设土地征用办法》，明确提出土地所有权归国家所有，用地单位只有使用权；同时规定国有土地的使用一律由政府无偿划拨，免交租金，不得自行转让[16]。1954 年财政部 15 号文件规定"国营企业经市人民政府批准占用的土地，不论是拨给公产或是出资购买，均应作为该企业的财产，不必再向政府交纳租金或者使用费；机关、部队、学校经政府批准占用的土地，不交纳租金和使用费"。内务部 1954 年 3 月 8 日的批复中说，"收取土地使用费或租金并非真正增加国家收入，而是不必要地提高企业的生产成本和扩大了国家预算，并将增加不少事务手续"。1954—1956 年间，随着中国深入开展对资本主义工商业进行社会主义改造，原属私营企业的建筑物及其所占土地，转变为国家所有的财产。随后，1956 年中共中央批转的中央书记处第二办公室《关于目前私有房产基本情况以及进行社会主义改造的意见》中指出："一切私人占有城市的空地、街基等地产，经过适当的方法，一律收归国有。"（艾建国，2001）

在国家确立财政的统收统支、统一核算制度下，大部分城市的土地所有者和使用者只是国家的代理人，不分彼此。这样，国家也就没有必要实行土地有偿使用制度；在完全的计划经济制度下，市场调节作用受到排斥，城市土地作为重要的生产要素，也不可能游离于传统的体制运行之外；在按劳分配的模式下，由于土地不是劳动产品，地租（地价）成为不合理的范畴，市场机制自然便不能发挥作用。[17]至 1956 年，中国城市土地国家所有的所有制结构和城市土地无偿、无限期、无流动的使用权结构基本确立。

国家虽然希冀通过极强的垂直管理体系来控制微观的土地利用，但是，土地市场机制的消失直接带来三个方面的负面效应：

首先，国家失去了在国民经济发展中土地作为有效调控工具的可能，由于土地管理者与土地使用者的动机和信息是不对称的。在缺乏价格信号的情况下，土地管理者往往无法确定土地使用的最佳规模和投入时序，造成土地投放的低效和无序。

其次，使作为生产要素的土地的收益计量和分配权衡失去了意义，土地的投入产出没有必需的衡量机制，对荆轮效应影响下的土地使用者而言，没有进行计划外生产的必要。

最后，从基于科斯定理和企业成长管理理论的分析来看，政府在垂直管理的过程中，由于存在交易费用（至少存在监督成本和评定成本），造成产权配置机能与市场配置绩效的重大差异，国家无法通过缺位的规制实现对土地市场的掌控。

2. 政府代行企业管制

在西方，政府要管制的仅仅是企业损害社会的行为。但是在中国，国有企业是国家所有，政府作为企业的所有者，与企业的利益取向是一致的，因此必然出台有利于企业发展的政策。[18] 政府代行企业管制涉及计划经济运行的各个方面，国家占位执行的成长经济已经与工业企业的运作合为一体。中央政府为了使城市发展有利于国家利益的实现，采取了一系列的城市规划和管理措施（见表3-1）。

表3-1　改革开放前影响中国城市管理工作的重要会议和文件一览表

时　间	会议和文件名称	主　要　影　响
1952.9	政务院召开全国城市建设座谈会	讨论提出建立中国城市规划设计工作和设置相应的机构
1953.6	中共中央召开全国财经工作会议，提出中国第一个五年建设计划	第一个五年计划期间，全国完成150多个城市的规划编制工作
1953.9	中共中央发出《关于城市建设中几个问题的指示》	提出城市规划工作的重要性，要求加强城市规划设计工作
1957.6	开展反"四过"（规模过大、标准过高、占地过多、求新过急）思想教育运动	对中国城市规划与城市发展建设造成一定的消极影响
1958.7 1960.5	建工部先后召开两次城市规划座谈会，动员和总结规划工作的"大跃进"	由于"大跃进"，规划脱离实际，结果到困难时期，不少建设项目纷纷落空
1960.11	召开全国计划会议，宣布三年不搞城市规划	宣布三年不搞城市规划，从此城市规划事业一蹶不振

续表

时间	会议和文件名称	主 要 影 响
1964.8	中共中央北京会议提出建设大三线方针，转发了中央军委关于内地建设"靠山、分散、隐蔽"的方针	由于"三年不搞城市规划"和"山、散、洞"以及"先生产、后生活""干打垒"等口号的影响，打乱了城市按照规划正常发展的步调，给城市建设带来了混乱
1964.12	提出开展"设计革命"运动	城市规划工作又一次受到否定
1966.5	"文革"开始	城市规划被取消，机构撤销，人员下放，资料散失，城市建设出现无政府管理状态
1972.5	国务院转批国家计委、国家建委、财政部《关于加强基本建设管理的几项意见》	提出城市的改建和扩建，要做好规划，经过批准，纳入国家计划。以此为契机，开始回复城市规划管理机构

转引自任致远.21世纪城市规划管理.南京：东南大学出版社，2000）：59～60.

3. 中央政府对城市成长的交易费用安排

对于中央政府而言，城市发展的首选含义是重工业的产值和重工业产品的丰富。因此，城市空间仅仅作为一个可以"省略转移支付"的要素而被忽略。城市空间成长的实现仅仅成为中国城市重工业职能实现的附属结果。

国家在计划经济时期对以厂区建设为主导的城市外拓十分谨慎，一方面由于城市外拓过程中征用土地虽非按市场价格支付成本，但仍必须支付相应费用，而城市土地的无偿使用制度又难以直接回收成本[19]；另一方面，伴随征用土地的同时，国家还必须进行农业劳力的安置，从而进一步抬升了交易成本。

3.2.2 土地使用者的直接缺位和间接寻租

所谓土地使用者在计划经济时期是指通过划拨方式获得城市国有土地使用权的最终使用（法）人，在其后的市场化转型时期，土地使用者获得土地使用权的方式包括了有偿和无偿等各种形式，狭义的土地使用者指最终的土地使用者，广以上也包括开发建设单位。

从总体逻辑上来看，城市土地的使用者已经完全容纳于国家的计划经济体系，不存在微观土地市场。从这一点来看，土地使用者在成长管理中的地位是完全缺失的。但是，正像周其仁（1986，1994）分析中国农村监督权不完备情况下农民的消极怠工一样，城市土地使用者也并非百分之百地会执行中央的决策。微观土地使用者对发展预期、土地绩效和自身福利的信息把握远远强于政府，他们能够实现间接的寻租。

1. 土地实际价值的存在

土地作为一种生产要素，与其他生产要素在经济上有相互替代性。多用地、用好地不仅能够节省开支，降低成本，还可以从中获得更多的潜在级差收益；虽然土地不能直接作为自身的资产，不存在直接的经济效益，但是土地所在区位的便利程度、未来发展的便利性使企业具有先占土地的欲望。[20]这样，在当时城市主要是以斑块状外拓的过程中，先占的土地势必比未来占有的土地更具有"效能"[21]。

从表 3-2 中可以看出，1980 年以前，中国征用一亩耕地的成本平均仅为 56.5 元，征地费用还不到基建投资的 4%。如此之低的土地使用成本，加上节约和珍惜土地又无任何奖励，外延扩展、粗放利用是在所难免的。

表 3-2　1953—1980 年非农业建设投资与占用耕地表

基建投资（亿元）	7298.57
征地及赔偿费（亿元）	291.9
非农业建设用地（亿亩）	5.0
每亩征地费（元/亩）	56.5

资料来源：李根福，试论土地与生产力布局的关系——以城市为例，中国土地科学，1989，3（2），p25。

2. 土地利用者的取向

实际上，在计划经济的模式下，土地使用者虽然没有高效使用土地的动力，但是却有占取大量土地的意向，总是想方设法多占地、占好地。在城市建设用地的征用上则尽量多征地、早征地或者征而不用。在前述的土地实际价值存在之外，对土地利用者而言还有以下三重原因。

首先，对一些土地使用者而言，尽管其可能有较高的土地使用效率能力，但是由于荆轮效应（鞭打快牛）的存在，理性的使用者将想方设法降低自身的利润水平至平均值左近，这种降低除了依靠对生产能力的低效使用外（产权软约束下监督能力的不足、产权边界不清晰、缺乏激励等观点从理论上解释了生产效率的低下），在必须完成计划指标的前提下，降低单位土地收益的唯一方法是依靠不断的获取新增项目从而达到占有土地的目标。

其次，由于企业在发展过程中，企业用地要包含职工居住用地和未来发展用地，因此企业的用地计划都往往比实际用地需求大，而在监督者掌握信息相对不完备的条件下，多使用土地是符合逻辑的。由于当时城市建设的指导思想是"重生产、轻生活"，生产性用地很容易以扩大生产，留有发展余地等理由获得。而且节约用地没有任何奖励，浪费用地也没有什么处罚，企业往往把生活用地的规划意向合并到工业用地之中。

最后，由于国家计划部门对企业用地的审批需要时间，出于对排队成本、再次申办土地的制度成本和今后发展余地的考虑，土地使用者必然有多征地、征好地，提前一次性征足的行为倾向。

对土地使用者而言，先期的建设也往往集中于城市中心向侧，而背离城市中心的方位往往留做城市未来的后备建设用地。以上两个方面的结果造成在城市靠近城市边界的区域形成大量的"蜂窝"式未用地。从中国很多城市大型厂区的发展可以看到，发展时至今日，仍有很多企业的厂区大院内部，包括一些事业单位内部拥有成片的未开发土地或者称为发展预留地，这些土地的规模远远超越了其企事业单位正常发展的需要。

以上这些行为事实上是一种城市土地使用者的以非货币利益为目标的间接寻租行为。

3.2.3 成长决策中地方政府的实质缺位

1953—1954年，国家开始按照苏联的做法，由经济计划监督部门先批准下属企业和机构的投资计划，然后授权地方土地管理局征地，无偿、永远的将土地交给用户，但用户未经许可无权将该地转让给第三方。在中央政府和土地使用者之间，城市政府的位置显得可有可无。

在改革开放以前，地方政府的控制能力很小，地方与中央的垂直管理体系十分牢固，地方政府在执行决策的过程中也丧失了"喊叫权"（Make Voice），仅能作为一个执行机构。即便是对于小范围的地方政府的执行偏差，中央也选择了极为强有力的规制措施进行纠正。城市政府行使中央政府指令的代行功能，既没有主动能力，也没有独立的利益驱动。因此，可以认为城市政府序列的利益取向与中央政府的利益取向是一体的，表现为利益目标的一致性，有学者认为地方财政与中央财政实行"一灶吃饭"，在利益上也完全一致（钱文荣，

2000)。政府序列的目标取向是获取高速的工业化速度,主要是依靠控制城市规模等手段来屏蔽城市边界外农民的进入。

3.2.4 农民利益不受重视

改革开放以前,城市成长所需要的农村土地一般均为政府以极低的补偿费用所征用。国家为了降低城市化消耗的资源和资金首先尽可能控制城市的成长,继而在土地征用的过程中,也尽量少负担费用和补偿。虽然在发展中曾于1957年出台了有关对征用农地后农村劳动力安置的有关政策,但是这种政策很少得到良好的贯彻。

一方面,政府为了降低吸收农业劳动力进入城市,采取了人为分隔具有整体性的乡村居民点和农作物用地的方法。征用的多为纯农地,而绕过了大量的城市边缘的农村,这一点也成为中国目前许多城市内部"城中村"现象的根源;另一方面,城市征得的土地在多次逆行城市化的过程中(1961,1966)也没有退为耕地,进一步冲击了农村政府和农民的利益。这种征地模式在一定程度上造成距离城市中心较远的区域内,间布农村居民点和楔状、块状绿地的可能性增加,这在一定程度上也解释了城市边缘土地利用形态的支离。

张静(2002)在总结乡村实践中,认为至少存在四种影响农用土地规则变动的要素,它们是国家政策、村干部决策、集体意愿、当事人约定。其中的每一种都可能成为选择土地规则的力量,但不一定成为决定性力量,要视具体情形。在乡村土地实践中,人们的实际做法是,根据需要做出选择。哪一个规则胜出选择并不能确定,只有在力量竞争结束后才知道。但是,对于改革开放以前农村土地向城市用地的转化而言,国家政策居于绝对的主导地位,其他三个方面的要素只是起到配合实施的作用,农村政府和农民无法也没有能力抗衡,只能采用变相的逆向寻租,即消极的"不要到我这里(中国特色的NIMBY)"的手段来进行规避,但是一旦被选中,逃避的可能性就很小,国家政策一维的主控权是牢固而持续的。

3.2.5 居民意志没有反映渠道

在重工业高积累低消费,先生产后生活的指导原则下,居民的生活需求一直不被重视,居民对于城市空间的意志和想法也没有渠道向上级反映。追求优美便利的城市空间是城市居民的最为自然的意志取向，对城市基础设施和城市绿化美化空间的建设往往是城市居民最为关心的方面，但是城市居民由于户籍制度、住宅分配制度，甚至同一城市内部不同辖区之间的隔离等多方面的限制原因，即便这些居住环境条件不能得到满足，也不可能"用脚选择"，所以，对城市成长的政策只能被动接受而无法进行主动的申诉。

3.2.6 改革开放前中国城市成长管理的内在逻辑

基于以上对改革开放前各利益主体在城市成长管理中的定位，我们可以归纳出改革开放前中国城市成长管理的内在逻辑（如图3-2所示）。框图中的逻辑关系综合说明了改革开放前，在内在逻辑和成长控制论的基础上，城市成长管理的手段基本上是工业企业占地导向一维的，中国成长管理的实质是国家控制城市成长，而城市空间结构、土地使用效益等问题被隐形化处理。引致了城市化波动严重，城市空间结构不合理，优地没有优用，用地结构中工业用地比重大，土地利用效益低，空间投放小、限制了集聚经济等多方面的城市成长问题，城市的综合发展受的制约。

改革开放前中国城市成长管理的内在逻辑可以用下图来概括。

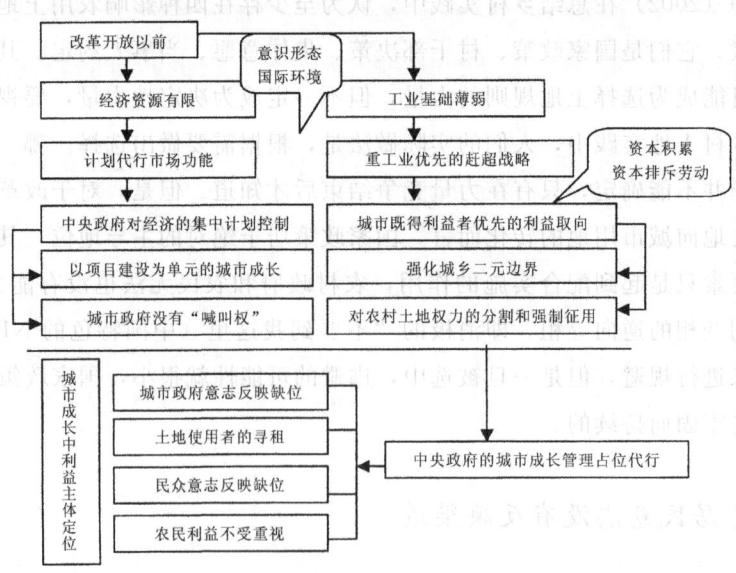

图3-2　改革开放前中国城市成长管理的内在逻辑

从图上可以总结出计划经济时期城市成长决策的主要特点，概括如下。

第一，城市空间发展方向规划决策的单一参与人，单一的城市建设资金来源，单一的所有制，单一的规划建设目标，决定了单一的城市空间成长管理主体——政府。

第二，城市成长规划主要考虑城市建设工程因素。建设工程条件作为考虑的最主要因素，便由于政府的信息有限及对规划专业机构缺乏调研，对有些地理地质条件欠考虑。

第三，城市空间拓展与工业区位选择一体化。计划经济时代，城市总体规划以国家计划部门提供的建设项目作为城市发展的基础，同时由省、市提出相应的配套项目，通过国家计划部门的综合平衡，确定下来成为城市总体规划的依据。城市空间发展方向规划主要是与工业厂址选择联系在一起的，这与中国当时的优先发展重工业的政策是一致的。

3.3 上述城市成长管理模式造成的问题和制约

3.3.1 城市化进程波动严重，城市空间成长缓慢

改革开放以前，中国的城市化进程几经波折，对这个时期的城市化进程，周一星、杨云彦、崔功豪、周其仁等诸多学者分别从城市化水平、城市人口流动、城乡产业调整、粮食安全和产权制度变化等多角度进行了论述。综合他们的观点，以杨云彦（1994）的划分为基础，笔者把改革前中国城市化进程划分为三个阶段。

第一个时期是 1949—1957 年，是城市化迅速、健康发展的时期。在这一时期，城乡之间和工农业之间的比例关系较为协调，城镇人口由 5765 万人增加为 9949 万人，年均增长率达 7.1%，大大超过了这一时期总人口的增长速度，使其在总人口中的比重由 10.6% 上升到 15.4%，从而显著缩短了中国同发展中国家乃至世界先进国家之间在城镇化水平上的差距。在这一阶段中，中国城市增长的主要因素是农村人口的迁入，尽管当时城镇人口的自然增长率平均高达 3%，超过农村人口，但在城镇人口增长中只占 44%，仍有 56% 的增长是由机械迁移方式取得。这个时期的城市成长，主要依靠外延式的扩大再生产所引致的土地需求，仅限额以上的工业项目，就有 694 个，它们大多分布于

城市，随着物质技术力量和基本建设投资的补充，大大提高了城市的凝聚力，城市人口迅速增加到9949万。

第二个时期是1958—1965年，城市发展不稳定，城市人口陡增陡减，城市空间变动起伏极大。1958—1960年是城镇化超速发展阶段。由于经济建设上的急于求成和主观臆断，使中国工业和城镇化在脱离经济发展水平的基础上超高速发展，"大跃进"招来大量农村人口流向城市，城市人口猛增了3000多万人，到1960年，达到13073万人，在全国人口中所占比重，由1957年的15.4%，上升到19.7%。在这个过程中，城市建设用地的增幅虽滞后于人口增幅，但远远高于基于城市人口自然增长的速率。1961—1965年，是新中国成立以来的第一次逆城市化阶段。随着经济调整，城镇人口被大批精减，大量城镇职工及其家属返乡务农，到1962年，城市人口减少到11659万人，比重下降到17.3%。5年间，前后共动员了约3000万人返回农村。到1965年底城镇人口已接近于1957年的水平，但随着总人口的增长，城镇人口比重反而降低了。这种逆城市化可以说是对前一时期超速发展所作的纠正（周一星，1995）。

第三个时期是1966—1977年，即以十年动乱为主的时期，是城乡人口大对流的阶段。政治因素对城市人口的变动影响很大，一方面，这一时期由于"文革"的开始，出现了以知识青年"上山下乡"和干部下放为特征的逆城市化运动，前后累计约有3000万城市知识青年、职工及其家属、政治上有"问题"的人被强制性地迁往农村。另一方面，城镇企事业单位又大量从农村招收职工，而且由于管理上的混乱，使得很多农村人口通过各种各样的渠道，变成了城市人口，其总数累计亦达2000余万人。进出相抵后，城镇人口净迁出约500余万人。

中国城市建设用地的数量在1961年达到一个拐点后，持续波动，但是人均用地水平持续下降。在改革开放前，中国城市人均用地只为世界平均水平的一半（江曼琦，2001）。据《中国城市化道路》课题组在20世纪80年代的研究，从1958年以后，中国的城市用地水平由1958年的94.9m^2/人，下降到1981年的72.7m^2/人，到"六五"期末的1985年，全国城市人均用地仅为73m^2（叶维钧等，1988）。尽管这时城市的集聚效应大于农业生产效率，但是由于中国城市空间结构的变化主要取决于国民经济计划，城乡经济被隔离，中国城市聚集规模并没有出现用地的大规模扩展。许多城市用地在经过新中国成立初期急剧扩展后，进入缓慢扩张阶段，及至停滞。导致城市人均用地严重不足。例如：上海、重庆等城市在 1978 年时人均用地仅有 30 多平方米。苏州、无锡、常州在 20 世纪 60 年代后，城市建成区用地面积几乎就没有变化。[22]

3.3.2 土地产权残缺，权属关系模糊

长期以来，中国城市的土地所有权明确规定为国家所有，并实行使用上的行政划拨，但土地所有权的收益并不能通过货币等形式直接表现出来，所以这种名以上为国家所有的土地所有权到了土地使用者手里之后，国家就只剩下了一定程度上的控制权。单位和部门则通过行政划拨的方式取得了长期的土地使用收益权，虽然这种收益也不一定会通过货币的形式表现。这时，国家的土地所有权是残缺的。单位和部门对土地的使用收益权同样是一种残缺的产权，因为法律规定他们没有处置土地的权力。[23]这种控制权与收益权的分离，引起了土地权属关系的模糊。有学者认为，有收益权而无控制权的人不会去考虑资源消耗的代价而会去拼命追求收益；有控制权而无收益权的人不会认真改进控制方法而提高效益。[24]这种权属关系模糊的状态必然导致资源利用的低效率。

3.3.3 城市土地无偿使用，成长效率低下

改革开放以前，中国城市土地基本上实行无偿使用制度，其主要特点是土地所有权和使用权高度集中，用行政划拨的手段进行土地资源的配置，使用者无偿无限期使用土地，禁止土地使用权进入市场。既然土地的使用是无偿的，又不准买卖、出租，土地使用者无法从土地转移中得到任何好处，所以一旦农村土地转变为城市用地，如果暂时没有建设的必要，则宁可将土地荒芜，也不愿意转给他人使用，造成土地的闲置和浪费。据广州市 1982 年用地普查结果，全市空地面积竟占该市用地总面积的 19％，[25]这些空地并非城市规划中的发展预留地，而是一些单位过量征用土地造成的闲置用地。

土地的无偿划拨使用，使得土地质量好坏不分，一些城市的"黄金地带"被大量收益差的机关单位、工业企业甚至是粗放型的仓储用地所占用，好地"大材小用"，土地经济效益得不到应有的提高。由于土地作为一种生产要素，与其他生产要素在经济上有相互替代性，多用地、用好地不仅能够节省开支、降低成本，还可以从中获得更多的级差收益。因此，各个土地使用者总是想方设法多占地、占好地。在城市建设用地的征用上则尽量多征地、早征地或者征

而不用，导致了城市的外延扩展。总之，土地无偿使用的制度阻碍了城市土地的合理利用和集约利用，造成了城市成长效率的低下。[26]

在城市土地无偿使用时期，土地级差收益无法体现出来，本应是城市中心商务区的位置，却往往是工业用地、低档次居住用地和行政办公用地。从表3-3中可以看出，1989年大连市中心城区中，居住用地占23%，工业仓储用地占36.2%，而商业金融用地等公共设施用地仅占9.5%，完全不符合市场经济下城市土地利用规律。(张忠伟，2000)

表3-3 大连市城市中心区内部土地利用现状表（1989年）

用地名称	用地面积（公顷）	用地百分比（%）	人均用地（m²/人）
R. 居住用地	2271	23.0	15.8
C. 公共设施用地	942	9.5	6.6
其中：大专院校科研单位	487	—	—
I. 工业用地	2899	29.3	20.2
W. 仓储用地	680	6.9	4.7
T. 对外交通用地	983	10.0	6.8
S. 道路广场	1040	10.6	7.2
U. 市政设施用地	129	1.3	0.9
G. 绿地	397	4.0	2.8
其中：公用绿地	315	—	2.2
P. 特殊用地	538	5.4	3.8
城市建设用地合计	9879	100.0	68.8

资料来源：大连城市规划调整说明报告，大连市城乡规划土地局。

3.3.4 城市用地斑块状外拓，空间结构混杂

重工业是资金、劳力投入密集型产业，在一个重工业优先发展，"先生产，后生活"的时代，由于对城市空间中生活用地重视不足，没有规划统筹。但是毕竟居民还是要生活，以"先生产后生活"为指导理念，解决工业劳动力居住问题的最经济的方案，就是职住接近的厂区住宅模式。在保证与生产区安全

间距的前提下，统一的职工宿舍是当时重工业厂区建设的必要组成部分。这种职工居住模式节省了通勤费用，方便了工厂统一管理（甚至方便了计划经济时期工人的加班工作[27]），更为重要的是，这种模式同计划经济时期高积累低消费指导思想下的住房福利分配制度相联系。事实上，在当时的中国，很多机关和事业单位都采取了大院式的格局，职工的日常活动都可以在单位大院这样一个小社会中完成，在重工业部门由于企业职工、家属人数众多，这种特点尤其突出。设置这种城市居住模式，在一定程度上也影响到城市的空间布局，与西方经典地租理论的同心圆及其变形模式不同，中国城市形成了特有的功能复合的斑块组团结构。

这种五脏俱全的城市内部斑块，一般在用地分类上被划分为主导项目的用地类型。天津市工业用地从1950年的$10km^2$上升至1978年的$36.2km^2$，工业用地从占市区面积的14%上升到22.5%[28]，但是其中相当一部分是配套的住宅用地。工业企业的厂区大院虽然包括相当比例的非生产用地，包括居住、商业、教育用地、绿地等，但是仍然在总体上被划归工业用地；一些教育科研单位，其中不仅包含大量的居住用地，而且还可能含有部分的工业生产用地，但是也笼统的被划为公共设施用地。这种统计划分显然不利于对城市真实用地结构的掌握，很容易得出一些与实际状况偏差较大的结论。事实上，中国城市用地结构中工业用地比重一直偏大，居住用地、绿地等一直偏低等一定程度上和这种分类统计方法有关。所以，一旦形成这种混杂的空间结构，即便有对城市空间结构的重新规划的机遇，也会因对现状把握的程度不足或者剥离重组的难度较大而不能实现。

城市用地斑块状外拓还造成了城市内部空间的区段隔离，城市成长离散性大。斑块内部自成体系，大而全，小而全严重，城市公共商业服务业严重滞后，城市基础设施欠账严重，人员的相互交流也少，不利于产生集聚经济和范围经济，也不利于城市整体经济活力和创新能力的提升。

3.3.5 决策与现实脱节，城市空间成长失衡

前面已经说明，在计划经济体制下，中央政府对城市空间成长具有最终的决策权。无论是大城市还是小城市，所有的城市土地均为国有，在这一产权基础之上，中央政府以国有土地所有者的身份对城市空间成长进行一种无偿的"安排"。

而地方政府没有对城市空间成长的决策权，仅仅作为对中央政府指令的执

行工具出现。这种行政性行为的背后支撑在于，中央政府拥有强制性的指令性计划体系和统收统支的财政体系，地方政府既不具备独立的决策权利也不具备独立的财政目标，但是地方政府官员的政绩考核与执行中央指令的效果密切相关，所以中央计划决策一般能够顺利执行。

但需要注意的是，中央政府的决策未必符合城市成长的实际需要。一方面，地方政府直接管辖着城市空间，对城市实际的需要有着最直接最清晰的了解，但是，最终的决策权却在隔了若干层级的中央政府。城市成长实际需求信息掌握在地方政府手中，在反馈到中央政府的过程中往往因为各层级政府的自身利益而发生一定的形变，所以到达中央层级的信息已经不能反映城市成长的真实需求，也就不能保证在需要和决策供给方面不会出现偏差，而这种偏差一旦出现，哪怕偏差很小，由于城市空间的变更困难，也会对城市空间造成长期的影响。另一方面，由于行政层级过于严格，行政审批制度烦琐，对涉及城市空间成长的项目审批需要较长的实践，所以政策制定前的信息传送和政策制定后的传达执行，对于城市成长的现实而言，必然存在一定的时滞，这种时滞的存在对城市成长的实践存在负面影响。国家对地方城市成长的"遥控"难免造成城市空间成长的失衡。

3.3.6 形成界限分明的城乡二元结构

可以说，在 1978 年以前，中国的城乡界限是通过行政计划严格划定的，即便是在城市边缘地带，城乡二元的划分依然十分明显。总体上，在重工业优先的赶超战略下，中国的城市是重点扶持的地方，对比农村有各种各样的优越性，也正是由于同农村的体制有巨大的差别，城市占据各种既得利益，所以维持其间界限的重要性就尤为突出。可以说，城市边缘区在那个时代是不存在的。城市的郊区中工、农之间的界限也是泾渭分明。

3.4 株洲：一个典型案例的简要分析

此处选择湖南省株洲市作为改革开放前城市成长的案例来对上面的分析进行验证。之所以选择株洲，是因为株洲基本上是在计划经济时期由于国家重点工业企业的建设为契机，成长和发展起来的重工业城市的典型代表。

株洲市位于湖南省中东部。近代株洲的城市建设源自两方面的动力，即铁路交通枢纽和重工业基地建设。

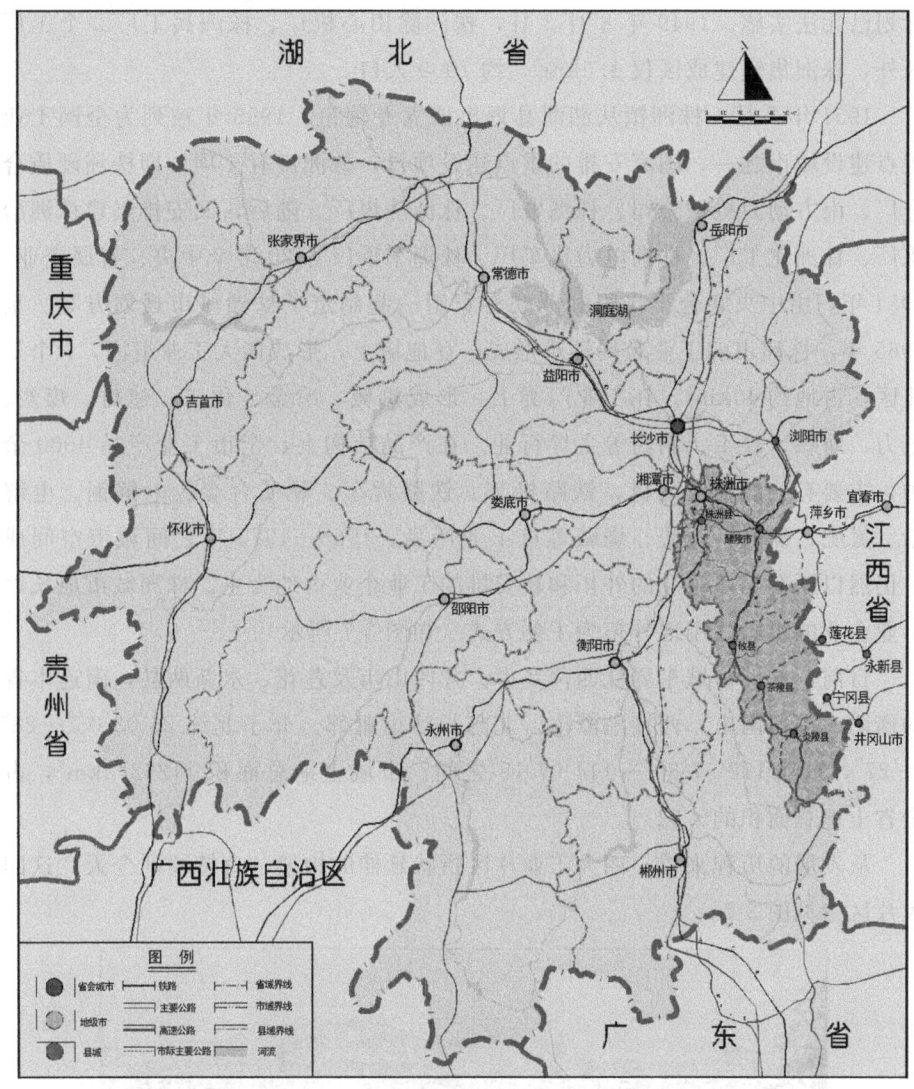

图 3-3　株洲城市区位

20 世纪 30 年代中后期，粤汉铁路和湘黔铁路株洲至娄底段相继建成通车，铁路运输枢纽开始成型。优越的交通运输条件吸引了工业的发展。民国 25（1936）年，政府开始规划建设以钢铁、汽车、化工、兵工、机车工厂为主体的株洲工业区。此后，株洲机厂、第十一兵工厂、中国汽车总厂、电厂、水泥、玻璃、硫酸铔、炼焦厂等工业企业开始兴建。出现了田心、卫门口 2 个集镇，形成以株洲南站为中心，以粤汉铁路为纽带，长达14km的带状工业区。但抗日战争爆发后，株洲的工业受到严重打击，至抗战结束，株洲工业区建设计划已无法实施。1949年8月3日，株洲除田心机厂、株洲兵工厂2个工厂区外，株洲集镇建成区仅1.5km²，约7000人口。

1951年7月，株洲镇从湘潭县划出成立专辖市，1953年被列为全国工业重点建设城市之一，国家安排的重点建设项目，株洲市有4项，即株洲硬质合金厂、南方动力机械公司、株洲电厂、株洲洗煤厂。随后，又安排兴建株洲冶炼厂、株洲化工厂、株洲电力机车厂、株洲车辆厂等20多个中央、省属企业。1954年，由中央联合工作组和苏联专家组一起制定了株洲城市规划方案。至1965年，株洲市的工业布局逐步形成，在地域上，形成四大工业组团，7个工业区，占地约40km²。在工业门类上，形成机械、冶金、化工、建材、煤炭、电力、纺织、轻工、制药等主导行业。在产品结构上，全市工业产品4000余种，主要有：航空发动机、铁路机车、铁路货车、硬质合金、电解铜、电解铅、氮肥、硫酸、盐酸、烧碱等重工业产品。1965—1975年之间城市空间成长仍然以既有工业企业的外拓和新安排的工业企业占地为主。株洲城市成长以工业企业的组团式用地外拓为主要方式（如图3-7所示）。

目前，株洲市域东界江西萍乡市、井冈山市及莲花、永新两县，南连本省的衡阳、郴州两市，西接湘潭市，北与长沙市毗邻。介于北纬26°03′05″～28°01′27″，东经112°57′30″～114°07′15″之间。市域土地总面积11262.2km²，占全省土地总面积的5.32%。

从发展的历程来看，四大工业片区指状延伸的构架一直持续到今天，这四大片区参见图3-7。

图3-4　清水塘片区鸟瞰

（1）清水塘片区是由株洲冶炼厂、株洲化工厂、湘江氮肥厂及株洲玻璃厂等国有大中型企业组成的传统工业区，以冶金、化工、建材为主。

（2）田心片区包括株洲电力机车厂、株洲电力机车研究所、湘火炬集团、株洲轴承总厂、株洲空气压缩机厂等国有企业以及相配套的文教设施。

图 3-5　田心片区电力机车厂厂部

（3）荷塘片区是以株洲车辆厂为主体，集合若干企事业团体组成的以工业为主的城市组团。

图 3-6　荷塘片区株洲车辆厂入口

（4）董家塅区由南方动力机械公司、中国航空工业总公司 608 研究所等大中型企业组成。[29]

作为中南地区重要的工业城市，从建市至改革开放以前，株洲市的空间结构经历了单核心→核心＋小规模飞地→核心＋中等规模的外部组团→核心＋枝状片区的发展过程。从图 3-7 中可以看出，在城市建立和初步发展时期，城市工业组团独立于城市中心区，拥有自己独立的居住社区和配套服务设施。随着城市人口的进一步增长，城市中心区和城市工业组团由于人力、资金上的相互吸引而相向蔓延发展，逐渐粘连在一起，工业组团转变为以主干道路为骨架的若干枝状片区，呈放射状分布于核心区周围。城市规模进一步扩展以后，核心区与枝状片区间的边界将进一步模糊。需要注意的是，强化片区与城市中心结合的格局一致维系至今。

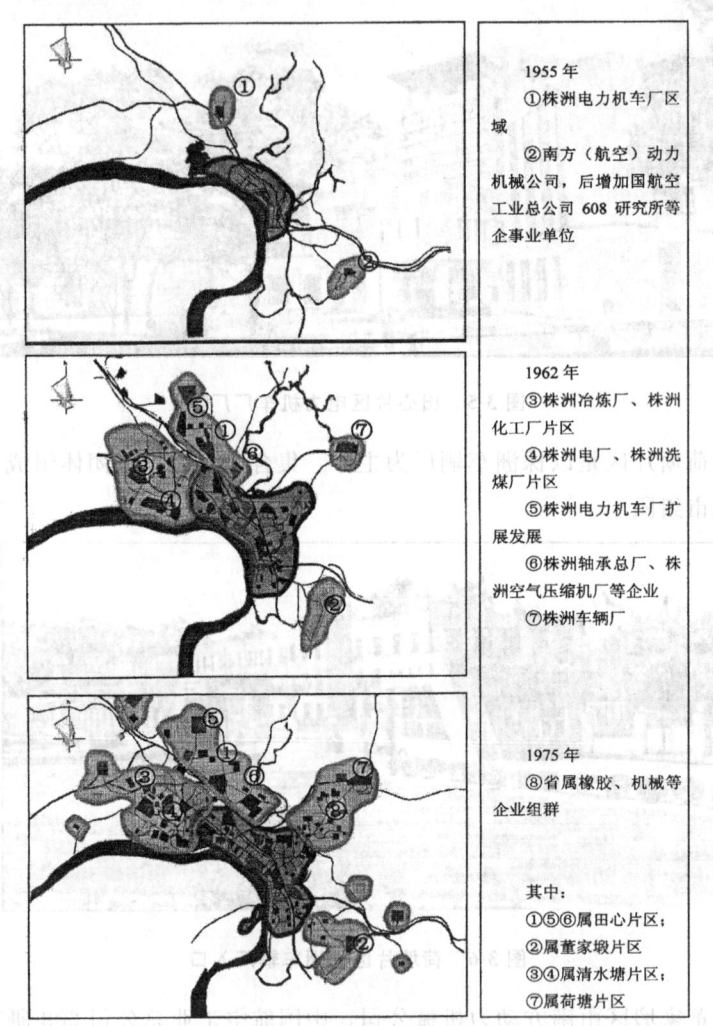

图 3-7　株洲以企业用地外拓为表现的城市成长（1955、1962、1975）
图件来源：底图为株洲市总体规划修编（2001）专题研究报告之三，经作者修订。

在改革开放以前的斑块状外拓过程中，城市的规模经济和集聚经济没有体现。时至今日，城市各个工业组团与城市中心区的道路仍衔接比较薄弱，由于长期受计划经济体制的影响，各个工业组团自成一体，内部的居住、商业、娱乐设施较完善，对城市中心区的依赖比较小，形成一种自给自足的厂区经济。工业组团内部道路比较完善，而与组团外部的道路连接则相对薄弱，随着市场经济的发展，这种状况越来越不适应城市的发展。同时，计划经济时期的影响也造成各组团交界地区的无序发展。与组团间交通联系的薄弱状况相反，随着城市的发展，一些组团间的绿地和水面逐渐被侵占，形成城市住宅和生活服务设施。由于组团交界地区市政管理较为薄弱，这些地区也成为环境质量差、建筑布局无序、社会治安混乱的地区，如荷塘区与中心区之间的南岳岭地区和麻园地区，董家塅于与中心区之间的龙泉路地区等。

这种发展过程体现了自上而下计划指令经济与自下而上的自然增长相互融合的过程，在新中国成立后的城市发展中，具有一定的典型性。

反观株洲的发展历程，株洲以国有大中型企业为基础的工业组团是在计划经济时代经过长期的发展演变形成的，对职工生活质量的改善、凝聚力的增强和社会的稳定起到过积极的作用。目前，工业组团中的住宅区、文教设施、娱乐设施、商业设施等仍能满足职工及家属的需要，但随着市场经济的逐渐发展，"厂区经济"对城市发展的负面效应也显露出来，这体现在以下几个方面：

株洲城市发展由大型重点项目的建设推动。但改革开放以来，大型项目对地方经济的拉动作用相对减弱。过度依托集中在重工业部类的大企业和不断强化交通枢纽的做法已经使发展中的锁定效应（locking in effect）在株洲得以显化，这影响到外部投资，并导致高素质人才流失。

相对于老城中心区，厂区内部生产生活设施比较完善，长期以来厂区职工对厂区外部的服务设施需求量不大，导致目前城市公共服务设施总量不够，档次不高，对城市第三产业的拉动力不大。与此相类似，株洲市的住宅产业发展也相对滞后：株洲房地产业发展水平与株洲的城市地位还很不相称，从湖南省域范围而言，株洲的商品房平均价格在大城市中是最低的，2000年商品房平均起售价格只有800元/m^2建筑面积，平均价格不足1000元/m^2建筑面积。

长期以来，工业组团内部用地长期受计划经济体制影响，往往是先"圈地"、后分配，由企业自行管理，不符合市场经济的运行规律，也不能达到土地的最优配置。截至2000年笔者参与株洲市城市总体规划调整时，株洲市各个工业组团与城市中心区各自为政、自我完善的现象仍然存在，导致工业组团与城市中心区的衔接处管理薄弱，局部地区（如麻园、南岳岭、龙泉路等地）治安环境质量条件较差，道路交通设施不够完善，也是株洲市城市景观的"死角"。

注释：

[1] 有关中国何以选择重工业优先的赶超战略，林毅夫等（1994，1999）给出了一个具有较高认同度的解释，除此之外，其他一些学者也从战争环境、政治要求等角度给出了相应的解释。

[2] 有关传统计划经济体制形成逻辑的详细讨论见林毅夫、蔡昉、李周（1994、1999）。

[3] 林毅夫．自生能力、经济转型与新古典经济学的反思．北京大学中国经济研究中心政策性研究简报，2002（47）．

[4] 杨云彦．中国人口迁移与城市化问题研究．来自中国人口信息网 http：// www.cpirc.org.cn/paper14.htm．

[5] 赵晓．企业成长理论研究．北京大学博士学位论文．1999．

[6] 李保江．中国城镇化的制度变迁模式及绩效分析．山东社会科学，2000（2）：5—10．

[7] 但相对于农村居民而言，这些基本福利保护却是相当高的。有学者曾经认为，城市福利高是国家在保护没有土地保障的城市居民，但是这种观点本身就没有注意到农民没有剩余产品索取权这一基本权属。

[8] 李保江．中国城镇化的制度变迁模式及绩效分析．山东社会科学，2000（2）：5—10．

[9] 杨云彦．中国人口迁移与城市化问题研究．来自中国人口信息网 http：// www.cpirc.org.cn/paper14.htm．

[10] 参见周其仁．产权与制度变迁．北京：社科文献出版社，2002．

[11] 董国礼．中国土地产权制度变迁：1949—1998．来自中国农村研究网 http：// www.ccrs.org.cn．

[12] 参见李保江．中国城镇化的制度变迁模式及绩效分析．山东社会科学，2000（2）：5—10．

[13] 参见毛寿龙．中国政府功能的经济分析．北京：中国广播电视出版社，1996：170．

[14] 杜赞奇．文化、权力与国家——1900—1942 年的华北农村．南京：江苏人民出版社，1994）：66—68．格尔兹（Clifford Geertz）在 1963 年撰写的《农业内卷化》（Agricultural Involution）一书中首先运用内卷化（involution）这个概念，借以描述印尼爪哇地区一种生态稳定性、内向性、人口快速增长，高密度的耕作过程；资本密集和劳动密集的二重经济模式，缺少有效技术方法和工业因子引入传统农业经济，所以并不支持真正的变迁。

[15] 周其仁．中国农村改革：国家和所有权关系的变化．香港：中国社会科学季刊，1994，夏季卷．

[16] 陆大道．区域发展及其空间结构．北京：科学出版社，1999：127—129．

[17] 钱文荣．中国城市土地资源配置中的市场失灵、政府缺陷与用地规模过度扩张．来自卡特动态 http：// www.card.zju.edu.cn/data/2000-4.doc．

[18] 张维迎. 政府管制的陷阱——产权、政府与信誉. 北京：生活·读书·新知三联书店，2001.
[19] 直至20世纪80年代初，政府部门对城市土地问题的看法才发生了转变，认为"捧着金饭碗要饭"是不对的。
[20] 参见刘江涛. 中国城市边缘区土地利用的规制研究. 北京大学博士学位论文（初稿），2003.
[21] 由于土地资源不能变现和交易，为替代敏感的效益，此处选用"效能"一次表达利益的隐形实现——作者注。
[22] 参见江曼琦. 城市空间结构优化的经济分析. 北京：人民出版社，2001：236.
[23] 参见艾建国. 中国城市土地制度经济问题研究. 华中师范大学出版社，2001：100.
[24] 参见肖耿. 产权与中国的经济改革. 北京：中国社会科学出版社，1997：6—7.
[25] 参见艾建国. 中国城市土地制度经济问题研究. 华中师范大学出版社，2001：101.
[26] 参见陶志红. 中国城市土地集约利用研究. 北京大学博士学位论文，2000.
[27] 保罗·克鲁格曼等学者认为，亚洲的经济增长是由投入的迅速增长创造的，包括人力资源的大量投入。参见保罗·克鲁格曼，张曦译. 亚洲奇迹的神话. 载北京大学中国经济研究中心学刊，2000（1）：33—43.
[28] 参见江曼琦. 城市空间结构优化的经济分析. 北京：人民出版社，2001：238.
[29] 图3-3、3-4，3-5均为中国城市规划设计研究院董柯博士摄影。

第4章 转型时期城市成长管理演进过程

本章通过对转型时期中国城市成长管理制度变迁的宏观背景分析和土地使用制度演进分析，理清中国城市成长管理在转型时期演进的历程。指出，改革开放以来，以土地使用制度为主要表征的城市成长管理制度演进可以划分为两个阶段：1978—1989年的转型初期和1990年以来的市场化主导阶段，两个阶段分别呈现了不同的特征。1990年以前的城市成长管理仍然以国家为主导，1990年以来，随着以宪法为保障的法制体系完善和社会经济发展演变，地方政府对城市成长的控制能力逐步成为主导。

4.1 城市成长管理制度变迁的宏观背景

城市成长管理只是国家社会经济运行中的一个方面，城市成长管理制度的变迁也是蕴含于国家制度变迁之中的一个部分。本章的重点不在于分析中央决策出台的缘由，而是从土地、城市发展与经济联系的角度对中国城市成长管理制度变迁的宏观背景进行探索，所以，这里作者仅旨在明晰国家从执行全面的计划经济到具有中国特色的社会主义市场经济转型的基本脉络。

传统的"经济智慧"一般认为，一个经济要实现成功转型，必须满足以下条件：宏观经济稳定、经济自由化、企业私有化，乃至于政治民主化（即1990年达成的所谓"华盛顿共识"）。在改革过程中，中国采取的一些政策和措施符合市场经济发展的规律，但同时，与上述成功转型的标准条件相比，中国的差距显然甚远。从过去二十年的情况来看，政府在市场化的道路上时快时慢、民营化的步伐也并不快，私有产权保护的法律和机制虽然逐步建立和健全，但仍然需要完善，政治民主化进程也相对滞后（Qian, 1999）。[1]

对上述问题，很多学者进行了研究，并给出了不同视角的回答。杨开忠，陶然等（2002）学者在对中国经济转轨的研究中指出：总体上看，可以把目前解释中国转型问题的理论框架分为两大类：第一类观点主要从资源配置的合理化出发，对转轨过程中的经济增长和发展直接进行解释，可以称之为"资源有效配置观点"。但前者强调，中国和苏联、东欧国家经济初始结构的差异导致经济转轨绩效的差异，后者则强调不同转轨国家的相似性，并指出转轨表现的不同来自于改革的方法和路径。由于其出发点不相同，得出的结论也大相径庭。第二类观点（Qian etc，1993，1994，1997，1998，2000）则主要从制度分析的视角出发，强调不同转型经济间制度结构的差异在改革中所发挥的不同作用，特别是不同级别政府间财政安排所发挥的作用，称之为"制度安排观点"。他们在述评以上两类观点之后，提出了一个关于管制与经济转轨的理论假说：认为中央政府为了维系管制政策（和所谓的宏观控制能力），有意识地设计了目前的财政体制，以强化其在资源配置上的权力，从而可以有效地贯彻其对经济进行管制的目标。这既包括中央政府直接的财政投入（到一些特定投资项目中去），又包括中央利用财政收入再分配的权力（转移支付），控制地方政府按照自己的意愿行事。中央政府就财政制度进行的安排可能是一种维系政府干预能力（从支出角度）和激励地方积极性（从收入角度）之间的权衡。认为中国转轨过程中，以国有部门为主的计划轨道和非国有部门为主的市场轨道之间的互动是理解中国转轨奇迹的关键所在。中国选择的渐进主义道路，通过体制外的增量改革来提高效率，同时又由于需要中间产品生产部门为新兴的最终产品生产部门（计划外部门）提供中间投入和技术装备，不仅避免了对存量的冲击，甚至提高了上游国有部门的产出、就业乃至技术效率，从而使整个经济在获得效率提高的同时，实现了较平稳的过渡。

在中国以国家意志力对经济执行全面监控的过程中，由于自然灾害、制度决策和外部政治经济环境改变使中国政府的收益指数和支出指数多次发生偏离（见第3章图3-1，从农村获取的积累可以反映中国政府的实质收益情况）。从监督机制、监督成本等等方面来看，都难以持续进行全面的管制。1978年开始的改革开放肇始于国家规制的退却。国家规制的退却是具有实质意义的城市成长管理萌生的开端，从此开始，随着国家的退却和其他利益主体的代位和进入，中国的城市成长管理才真正得以发展。

4.1.1 国家权力下放

1978年改革开放以来，初期的举措主要发生在农村，进入20世纪80年代以后，中央政府为了搞活企业，力图使国有企业成为能够自负盈亏的经济载体，于是开始逐步下放以经营权利为主体的利益束。1990年以来，随着国有企业改革经营绩效的持续不佳，中央政府更进一步开始放松对企业的管制，"抓大放小"政策不断深入。[2]

从国有企业改革开始，在中央政府放弃作为产权所有者应该行使权力的过程中，作为中央政府分支的地方政府就自然而然的承担起了所属地区国有资产所有者的责任。从而在一定程度上起到了保护国有资产、强化国有企业预算约束的责任。[3]在对改革进程中政府作用的探讨中，杨瑞龙和黄少安的证据表明，地方政府在过渡过程中是相当活跃的，其原因在于，地方政府作为社会组织必须与当地企业一起追求当地的经济增长，并和其他地方政府竞争，这种共同的利益关系把地方政府和企业、社区紧密相连，共同作为与中央政府相抗衡的力量。当出于某种原因，中央政府退却时，地方政府便乘机填补空位，从而使得事实上的分权结构合法化，造成一种中国式的"经济联邦主义"。在国家利益退却后，对地方政府来说，当地的经济增长已经不是无法直接插手的副业，而是主要工作。此时这种政府已经不是原本意义上的政府，而是一种制度企业家，通过直接参与制度创新和经济活动来实现本地的发展。[4]

伴随国有企业改革的进行，很大一部分控制权和收入已经通过扩大企业自主权和地方管辖权转移给了城市，地方政府的领导对企业资产的使用有相当大的参与权。同时，对城市资产的运用更具有斟酌决定权。这样，城市政府对地方资产的经营控制权就出现了新的特征：地方政府有权使用国有资产，支配由此而来的收入，但没有正式的资产处置权；其次，控制权和对收入的配置很不清晰，因此经常引发权力要求的冲突；最后，事实产权不受法律的正式承认和保护。[5]

4.1.2　财政制度改革

自1980年开始，中央与地方收入分享体制开始逐渐确立，地方政府因此而得到了部分可以自由支配的财政收入，并承担地方财政预算的责任。从此地方政府作为利益主体有了一定的利益基础，财政收入分享体制增强了地方政府增加财政收入的积极性，也加强了地方政府作为独立利益主体的地位。由于中央与地方政府之间的利益差异，在财政收入的分配比例问题上存在着激烈的讨价还价。经过了一段时间的讨价还价，中央与地方的财政关系开始进一步明晰化、制度化，确立了财政大包干体制。毛寿龙（1994）认为，财政大包干制度使地方政府至少获得了财政预算、物资分配、投资以及银行信贷等四个方面的实质性权力，地方政府作为独立利益主体的地位得到了巩固，特别是，在财政大包干体制下，地方政府掌握着管理企业的大权，还掌握着财政收入征收的大权。政府收入的来源几乎全部来自省一级的工业主管部门以及税务部门。以此为逻辑起点，地方政府既往的单纯依靠垂直行政体系调控的收益指向被打破，在中国财政体制改革的过程中，地方政府逐渐形成了与地方企业的密切关联。城市经济体系与地方企业具有强烈的共生性。

然而在财政大包干制度刚刚建立的过程中，地方政府重视的只是具有真实收益可能的企业，而忽视土地（那是国家以前划拨的）和当地居民（从属于企业意志）的利益。20世纪80年代，城市土地制度还未完成从三无到三有过渡，但此时，地方政府对城市的成长已经开始有了两个方面的选择取向：①能够提升利税的企业的选择就是正确的，应当从各方面给予支持；②城市应当尽可能扩大自身的空间范围，进而通过间接手段实现城市规模等级升格，从而成长为行政级别更高的城市。

4.1.3　开发区与经济特区试点运行

1980年8月，经第五届全国人大常委会第十五次会议批准，深圳、珠海、汕头、厦门四个经济特区正式成立，1984年4月，党中央和国务院决定进一步将从大连到北海的14个沿海港口城市及海南岛全岛对外开放。1988年4月，中国最大的海南经济特区宣告成立。随着浦东开发和三峡工程等重大决策的出台，国家又于1992年批准了南京、武汉、重庆等为沿江开放城市。中国经济以沿海、沿江作为主要发展轴线的T字型构架开始形成。另外，从1984年开始，中国大陆首次在大连试办开发区，以后又逐步在天津、上海、广州、武汉等地建立起经济技术开发区。这些经济特区与开发区成为中国城市发展的前沿与实验场。

4.2　土地制度变迁与城市住房分配制度改革

4.2.1　农村和城市土地使用制度改革

土地制度方面，国家在改革开放前期一直维持了城市土地无偿、无限期、无流动使用的格局，同时，也保持了对农村土地征用的定价权和强制交易权的控制。从经济学意义上来讲，在计划经济时期，对于土地资源的成本、效益、集聚等均没有涉及和考虑。然而在农村，农民始终没有放弃对自留地和公社退出权的争取，但由于意识形态等多方原因，中国农村经历的历次土地利用规制放松，都由新的强制性的规制所替代，而以灭失的结果告终。国家对土地制度的放松始于农村，并逐步按照规模级别的逆序推广至城市。

1. 肇始于农村的土地制度改革

集体化的土地产权制度安排在国家和农民之间是一种非和约的制度安排，是国家出于单方面的利益考虑而建构的。20世纪60年代初，大饥荒的痛苦经历教育了农民及政府必须在现行的制度安排之外寻找生存机会，来自底层的制度创新——"包产到户"曾引起短暂的诱致性制度变迁（1962—1964年间的某些地区）。然而由于意识形态、统治者的有界理性和政治偏好等的作用使得这一短暂调整流产，于是强制性制度变迁又得以重演。[6]

对于农村集体经济效率的低下，林毅夫（1992）曾作了一个已经被普遍接受的解释，这就是农业生产中集体组织对其成员劳动的监督和计量不完全，从而导致对社员的激励不足。[7]后来周其仁（1994，2001）对这个解释作了补充，将国家的代理人——集体生产的监管者作为分析集体经济效率的要素。他认为林毅夫注意到合作生产中劳动者积极性低下引起的效率损失，但可能忽略了另一种效率损失，即集体经济对其管理者激励不足而导致的无效率。在他看来任何生产队都面临计量、监督和经济管理的问题。因此，有效的监督管理是集体经济成员提供充分努力的必要条件。[8]其理论来自于A. 阿尔钦和H. 登姆塞茨的研究，这两位西方经济学家指出，经济组织的所有权其实就是一种"剩余权"（residual claim），正是这种剩余权激励所有者努力监管。[9]用A. Hirschman（1970）提供的术语来刻画，公社制下的农民既没有"退出权"（exit right），也无权自由"叫喊"（make voice）；他们留在体制内并不因为对集体的忠诚（loyalty），而是因为别无选择（周其仁，1994）。当然，农民也有表达对公社不满意的方式，那就是减少他们投入集体生产的劳动数量。（董国礼，2001）这样，到了1978年，随着国家农村费用指数的再次冲高和意识形态转移难度降低[10]，国家开始推行家庭联产承包责任制。"有了20世纪60年代的经验，包产到户已经不能算制度创新，而是制度扩散和推广"。（董国礼，2001）是农村发出了"由下而上"的对土地使用权的规制放松呼唤。

笔者认为，国家选择农村进行改革除了三农问题的重要性和国家对收益的关注之外，城市既得利益优先的发展逻辑也把试验田"天然"的转向了农村。这样，一旦农村改革获利，城市可以动用更多的资源享受制度创新的正外部性，立即模仿并进行赶超，而一旦农村改革失败，城市也可以避免遭受规制变迁负外部性的冲击。

2. 城市土地使用制度改革

党的十一届三中全会指出：应该坚决按照经济规律办事，重视价值规律的作用。这个重要的观点已经切中了中国城市成长重要的制度内因：计划控制下无偿、无限期、无流动的土地配置制度。

20世纪80年代初期，长期停滞的土地经济学术研究开始复苏，城市土地的商品属性以及地租、地价问题开始成为学者们研究的重要课题（艾建国，2001）。这些研究是后来形成政府"捧着金碗要饭吃"这一通俗说法的理论基础。

1980年10月的全国城市规划工作会议标志着中国城市土地使用制度改革的正式启动，在这次会议上，提出了城市建设用地综合开发和征收城镇土地使用费的草案，并报经国务院批准实施。此后，中国城市土地使用制度改革拉开帷幕。一些重要的举措见表4-1中的归纳。

表 4-1　中国城市土地制度的改革脉络

时间	目标模式
1980	《关于中外合营企业建设用地的暂行规定》"中外合营企业，不论新征土地，还是利用原有企业的场地都应计收场地使用费"
1982	《中华人民共和国宪法》第10条规定："任何组织或者个人不得侵占、买卖、出租或者以其他形式非法转让土地"
1983	国务院颁发了禁止土地买卖和租赁的通知
1987	深圳率先进行土地使用权有偿出让和转让的试点，上海市发布土地使用权有偿转让办法
1988年4月	七届人大一次会议通过中华人民共和国宪法修正案。删去82宪法中有关不得出租土地的规定，改为"土地的使用权可以按照法律的规定转让"
1988年9月	国务院发布《城镇土地使用税暂行条例》，规定土地使用费改征土地使用税
1990年5月	国务院发布了《城镇国有土地使用权出让和转让暂行条例》，对土地使用权出让、转让、出租、抵押、终止以及划拨土地使用权等问题作了明确规定

资料来源：尹希果. 中国城市土地资源配置的制度经济学分析. 重庆大学学报（社会科学版），2000，6（1）：28—30.

1982年，深圳市率先向外资和合资企业征收土地使用费，1984年抚顺市开始进行向国内企业和个人全面征收土地使用费的试点工作，广州从1984年10月起开始在国内新建项目、中外合资项目和经济技术开发区中征收土地使用费。而其他一些城市也纷纷展开土地价值的研究和测算工作，揭示出了城市土地巨大的潜在收益，促使政府继续开展土地有偿使用的改革。但是，从本质上来说，征收土地使用费并没有改变城市土地划拨配置的性质，而且普遍来讲当时征收的城镇土地使用遍较低，对城市建设虽然有所帮助，但作用不大，更不能起到影响城市土地利用结构的作用，加上1988年费改税的财税体制改革的实施，使得地方政府的土地收益激励大为降低。

在这个过程中，作为改革前沿和窗口的深圳市，借鉴和吸收了中国香港土地批租的做法，将土地所有权与使用权分离，并对土地使用权进行有偿出让和转让。1987年9月至12月，深圳市以协议、招标和拍卖三种形式完成了对三幅土地的50年期使用权的出让，这三幅面积共约6公顷的土地出让收入，大致相当于深圳当时全年土地使用费的1.29倍，直接效益显著。20世纪80年代中后期启动的城镇住房商品化制度改革，也在财产权利方面对土地使用制度改革提出了新的要求。在深圳试验的基础上，1988年七届人大会议修改了宪法，在"任何组织或者个人不得侵占、买卖，或者以其他形式非法转让土地"这一条款后面，又补充了一句："土地使用权可以依法转让"。1990年5月以国务院55号令颁布的《中华人民共和国城镇国有土地出让和转让暂行条例》，进一步对土地使用权的多项经济权利做出明确界定，规定在获取土地使用权的同时，也可以获取有限度的占有权、收益权和处理权，使用者可以用出售、交换、赠予等形式转让使用权。

1988年的宪法修正案，明确规定了土地的使用权可以依法转让，国家依法实行土地有偿使用制度。1990年《中华人民共和国城镇国有土地使用权出让和转让暂行条例》明确了所有权和使用权分离的原则，使"出让"和"转让"成为有特定含义的行为，使得城市土地有偿有限期的改革纳入法制化的轨道，并逐步深入稳定，成为中国现行城市土地制度的核心特征。

随着国家政府对城市土地使用制度的不断改革，地方政府自20世纪80年代末以来，开始逐步掌控城市土地市场。地方政府掌控土地市场主要表现在三个方面：

其一，地方政府具有制订空间发展规划的能力，同时，在总体规划交由上级政府（或国家政府）审批的前提下，实际工作中对微观层次的详细规划具有调整的能力和一定的独立操控权；

其二，地方政府开始从原本为国家全部占有的土地收益中分得较大的份额，城市新增建设用地的使用权批租和出让可以为城市政府带来大量的收益；

第三，地方政府能通过既有的城市土地使用权的转移获取出让金收益。

对此，有学者认为，地权变化意味着重新界定一些利益的正当或不正当，如果存在着可选择机会，利益政治就会竞争对自己有利的安排。这种竞争的目标不完全在效率，而在对财富分配施加有利于自己的影响，否则就是政治上不可接受的；这种竞争目标也不完全在于稳固的支持一种规则建立，因为确定规则会限制利益变化和机会。[11] 中国土地使用制度的改革，其背后的力量正是利益的重构。

以土地使用制度改革为前提，中国城市成长管理开始呈现了新的特征。纵观 20 多年来中国城市成长管理政策的制度变迁过程，可以以 1988 年宪法修正案的通过作为一个转折点，考虑到宪法修正案的正式执行和有限的时效滞后，笔者把改革开放以来的中国城市成长管理界定为两个阶段：第一个阶段为 1978—1989 年，这个阶段是中国城市成长管理的转型初期，城市成长管理仍然以国家为主导，以限制城市成长为主要特征。第二个阶段是 1990 年以来的市场化主导时期，随着以宪法为保障的法制体系完善和社会经济发展演变，地方政府对城市成长的控制能力逐步成为主导，国家和地方政府在不同的指导思想下对城市成长进行的规制措施产生了新的特征。

4.2.2 城市政府与国家的土地收益分配变迁

伴随中国财政体制改革，地方财政的比例虽然表面上有所下降，但是地方政府的财政收支已经逐步从中央的指令中独立出来，即从一种单纯的核算单位转化成一个财政实体，地方的财权已经大大充实。所以尽量增加地方财政收入是地方政府表现政绩的重要方面之一。

在中国城市土地有偿使用改革过程中，地方政府过去鼓励企业发展以获取收益而造成城市土地低效蔓延的隐性关系逐渐显化。地方政府对土地收益的获取是城市土地使用制度改革中的初始动力，地方政府与中央政府对土地收益的分成博弈也在推动改革逐步深化的过程中扮演了重要角色。

城市土地有偿收益最初的尝试为城市土地使用费。从 1982 年起，深圳市和一些沿海经济比较发达的城市开始陆续向外商和合资企业征收土地使用费。抚顺作为全国试点城市，于 1984 年开始向包括国内企业和个人的土地使用者全面征收土地使用费，用于补偿城市建设的专项收支。由于地区经济发展条件限制和征收面较广，抚顺市当时的土地使用费标准较低，最高的市中心商业用地土地使用费只有 0.6 元/m^2·年，而大量的行政及公益事业用地则免于收费（王育琨，1992），1984 到 1987 年，抚顺市共征得土地使用费 2847 万元（杨重光，吴次芳，1996）。土地使用费的收取为地方政府开辟了新的财源，这些财政收入，对于欠账已久的城市建设而言确实能有一定的帮助，于是各地纷纷效仿。广州市 1984 年开始征收土地使用费，到 1988 年，每年征收的土地使用费已经达到 8000 多万元，接近当时所提每年 1 亿元的目标。

当各地方政府努力进行土地使用费的征收工作时，中央政府作为城市土地法定所有者的最高代言人则提出了"费改税"的动议。这一动议最早出现在 1984 年财税改革的"利改税"的财政部议案中，但由于涉及地方利益和中央利益的均衡，直到 1988 年 9 月国务院才正式发布了《中华人民共和国城镇土地使用税暂行条例》，并于当年 11 月 1 日起实施。由于该条例中对于全国的城镇土地使用设立了统一的低税率，不能体现区域差异和城市内部的区位差异，而且城市土地使用税的分成采取了地方和中央的"五五"制，所以地方政府对收缴土地使用税的积极性大为降低。同时，由于该条例中对于免税对象的界定比较模糊，地方政府就在这方面作了文章，尽量对中央所属单位用地征税，而对地方用地单位少征或不征税，转为采用其他的方式变相实现土地收益。这些地方政府实现土地收益的其他渠道有原来就已经存在的城市土地的实物地租形式，以及各种名目的集资、摊派和收费，以实现截留城市土地收益的目的。由此可见，在税费之争中，中央政府并没有得到太多的实惠。而且，由于土地税的收取是以中央在其他财政收入方面对地方放权的前提下得以实现的，所以，事实上中央政府进行土地使用的费改税的净收益很可能为负值。[12]

1987 年，中国的城市土地使用权出让和转让市场逐步形成之后，土地市场的收益分成也成为地方政府和中央政府博弈的重要内容。在 1989 年 7 月财政部颁发的《国有土地使用权有偿出让收入管理暂行实施办法》中规定：城市土地出让收益的 20％留给地方政府，其余 80％按四六分成，中央政府 40％，地方政府 60％。也就是说中央政府可以得到土地出让收益的 32％，地方政府可以得到 68％。不久中央政府又做出了让步，将中央财政所得部分的 85％～99％向地方政府返还两年[13]。

1992 年 9 月，财政部又发布《关于国有土地使用权有偿使用收入征收管理的暂行办法》，规定土地出让金总额的 5％应上缴中央财政，土地转让交易额和土地出租收入的 5% 应作为上缴中央财政的土地收益金或土地增值费；对连同地面建筑物一同转让的土地使用权，应根据房产评估价格，经财政部门核定，在交易总额中扣除合理的住房价款，其余额的 5% 作为土地收益金或土地增值费上缴中央财政。地方财政收取的土地出让金和土地收益金（或土地增值费）比例，由各省、自治区、直辖市和各计划单列市财政部门在核定合理的土地开发成本和住房价款的基础上，自行确定。这实际上又一次扩大了地方财政的土地收益的分成比例。

相对于中央政府在土地收益分成问题上的一再退让，地方政府则是不断地加强对城市土地收益的获取和截留。地方政府采取的主要对策有以下几点。

第一，继续强化实物地租形式，不纳入账面货币收益。

第二，将土地收益划分成若干部分，仅将其中的一部分如"土地出让金"等用于和中央摊账，其余部分则自己占有，而且尽量将摊账部分压低。

第三，通过地价的"优惠"引进投资，提升政绩。

第四，虚报瞒报，减少上交收益。据《中国土地报》1994 年 12 月 7 日报道，1993 年全国收取的土地出让金中，仅有 10 亿元进入中央和地方财库，还不足全年土地总收益的 2%，有大量的收益被地方政府作为预算外资金进行"体外循环"。

1994 年财税体制改革中，进行了国税与地税的税种划分，将一些与地方经济和社会发展关系密切、以及适合于地方征管的税种划归地方，其中就包括城镇土地使用税，房产税，耕地占用税，国有土地有偿使用收入等土地收益。但中央并没有完全放弃对土地收益的索取权，开始征收土地增值税，因为增值税属于中央和地方共享的税种，其中中央分享 75%，地方分享 25%。

4.2.3 国家稳步施行城镇住房分配制度改革

自从邓小平同志 1980 年提出出售公房，调整租金，提倡个人买房、建房的改革总体设想以来，住房分配货币化逐步在各地展开，房地产逐步走向市场化。1988 年 2 月《国务院关于印发在全国城镇分期分批推行住房制度改革实施方案的通知》（国发［1988］11 号）和《国务院办公厅关于转发国务院住房制度改革领导小组鼓励职工购买公有旧住房意见的通知》（国办发［1988］13 号）发出后，各地普遍加强领导，建立工作机构，制定规划，培训干部，拟订方案，积极试点，推进改革。自 20 世纪 90 年后，特别是 1992 年中国决定建立社会主义市场经济体制后,中国住房制度改革开始加速。1991年6月7日,国务院发出《关于继续积极稳妥地进行城镇住房制度改革的通知》(国发〔1991〕30号),同年11月23日,国务院办公厅转发了国务院住房制度改革领导小组《关于全面推进城镇住房制度改革意见》,指出"城镇住房制度改革是经济体制改革的重要组成部分",其根本目的是"要缓解居民住房困难,不断改善住房条件,正确引导消费,逐步实现住房商品化,发展房地产业",要求各地"从改革公房低租金制度着手,将现行公房的实物福利分配制度逐步转变为货币工资分配制度,由住户通过商品交换[14],取得住房的所有权或使用权,使住房这种特殊商品进入消费品市场,实现住房资金投入产出的良性循环"。为了深入贯彻1993年11月14日中国共产党第十四届中央委员会第三次全体会议通过的《中共中央关于建立社会主义市场经济体制若干问题的决定》,1994年7月18日国务院发布第43号文——《国务院关于深化城镇住房制度改革的决定》(国发〔1994〕43号),指出中国城镇住房制度改革的根本目的是"建立与社会主义市场经济体制相适应的新的城镇住房制度,实现住房商品化、社会化;加快住房建设,改善居住条件,满足城镇居民不断增长的住房需求"。1998年7月3日国务院发出《关于进一步深化城镇住房制度改革加快住房建设的通知》(国发〔1998〕23号),确立深化城镇住房制度改革的指导思想是"稳步推进住房商品化、社会化,逐步建立适应社会主义市场经济体制和中国国情的城镇住房新制度;加快住房建设,促使住宅业成为新的经济增长点,不断满足城镇居民日益增长的住房需求",并要求"停止住房实物分配,逐步实行住房分配货币化","全面推行和不断完善住房公积金制度"。自此,福利分房政策取消和金融等行业逐步进入房地产市场,房地产业被视为新的经济增长点,市场需求力量进一步释放。[15]

4.3 城市成长管理的转型阶段

4.3.1 城市成长管理转型初期(1978—1989)

总体而言,1978年以来,中国的城市发展又重新回到正常的路径。1978年3月,国务院在北京召开了第三次全国城市工作会议,会议制定并经党中央批准印发的中共中央 1978 年 13 号文件在新中国的城市发展史上具有重要的意义，这份题为《关于加强城市建设工作的意见》的文件明确："控制大城市规模，主要是控制市区的人口和用地，而绝不是控制生产和各项事业的发展"，"大城市的规模一定要控制。今后，各城市都要有人口和用地规模的控制指标。百万以上人口的特大城市，今后不要再在市区和近郊安排新的建设项目和大的扩建项目。进行必要的扩建和生产调整，应当做到企业有增有减，人口有进有出，从全市来讲不扩大人口和用地规模。要把那些易燃易爆、污染严重和直接为农业服务的企业、事业单位，有计划地迁出市区和近郊。在远郊建设新项目、小城镇，应严格防止与市区及近郊连成一片。50 万以上人口的大城市也要严格控制，切实防止膨胀成新的特大城市。中等城市要避免发展成大城市。"以这次会议为代表，整个 20 世纪 80 年代延续了新中国成立以来基于规模划分的城市发展方针。但更具有实质意义的是，随着国家经济体制改革的运行，城市成长开始成为国家和地方各级政府关注的一个热点问题。城市成长管理在这个时期开始重塑。

1980 年 10 月国家建委召开的全国城市规划工作会议是新时期城市规划工作发生重大转折的标志性会议。会议提出的"市长的主要职责，是把城市规划、建设和管理好"的方针，是新时期城市规划在国民经济和社会发展中综合职能作用的第一次体现。也是第一次以明确的形式把城市成长管理的部分权限交由地方政府。

"控制大城市规模，合理发展中等城市，积极发展小城市"的城市发展基本方针，是第一次完整提出，这一方针则基本延续了 20 世纪 50 年代的提法，对 20 世纪 80 年代的城市规划编制和管理产生了重要影响。与控制大城市空间扩张并行，国家全面促动小城镇和乡镇发展。改革开放以来影响中国城市管理工作的重要政府会议和文件被归纳在表 4-2 中。

表 4-2 改革开放以来影响中国城市管理工作的重要会议和文件一览表

时间	会议和文件名称	主 要 影 响
1978.3	国务院召开第三次全国城市工作会议，下达中共中央 13 号文件，强调要认真抓好城市规划工作	中国城市规划事业和城市发展建设开始拨乱反正，走上正常发展的轨道，从此发生了历史性的转折
1980.4	党中央书记处对首都城市建设方针提出四项指示	北京的城市总体规划是经党中央、国务院共同审查批复的，这是新中国成立以来首都第一个得到中央正式批准的规划方案，意义重大

续表

时间	会议和文件名称	主要影响
1980.10	国家建委召开全国城市规划工作会议，经国务院批转会议纪要（国发〔1980〕299号文件）	提出市长的主要职责是把城市规划好、建设好、管理好，并提出"控制大城市规模，合理发展中等城市，积极发展小城市"的基本方针
1984.1	国务院颁布《城市规划条例》	中国城市规划工作迈上了法制化的历程
1984.7	建设部城市规划局改为建设部与国家计委双重领导	进一步促进中国城市规划与城市国民经济发展计划相结合
1988	宪法修正案	
1989.12	《中华人民共和国城市规划法》颁布，成为中国城市发展建设领域的第一部法律	中国城市规划、建设、管理进入法制化的新时代，制定了国家实行严格控制大城市规模、合理发展中等城市和小城市的方针
1991.9	建设部召开第二次全国城市规划工作会议，其后国务院发出通知，转批建设部《关于进一步加强城市规划工作的请示》	提出要继续深化改革，努力提高城市规划设计和管理水平，把城市规划工作推向一个新的阶段
1995.10	建设部召开第三次全国城市规划工作会议	提出城市规划的主要任务就是统筹安排城市各类用地，综合部署各项建设，使城市的集聚结构和空间布局科学合理
1996.5	国务院下达《关于加强城市规划工作的通知》（国发〔1996〕18号文件）	这是在市场经济条件下国务院对城市规划工作的高度重视，是国家维护《城市规划法》的严肃性和采取有效方法加强城市规划管理的重要举措
1999.12	建设部召开全国城乡规划工作会议，会议讨论了建设部拟定的《国务院关于加强和改进城乡规划工作的通知》（征求意见）	是在世纪之交中国城乡建设面临新的形势下召开的一次重要会议。这次会议，对于提高城市和村镇建设水平，走有中国特色的城镇化道路，推进社会主义现代化建设，必将产生重要的影响

资料来源：任致远. 21世纪城市规划管理. 南京：东南大学出版社，2000：59—60。

从1978年到1989年，中国经历了从计划经济到商品经济思潮的转化过程。从这个时期总体发展来看，商品市场的双轨制是国民经济发展的重要特征，这个时期土地问题不甚显著，以城市发展方针、城市规划制订为主要表征的城市成长管理仍然遵循小城镇优先发展的路径。但是，农村地区土地产权在社区内的相对封闭、完整和乡镇企业由于资本利用效率领先、市场广大等迸发的发展态势极大的促动了小城镇的建设。以占全国总人口的比重计，整个20

世纪 70 年代，建制镇非农人口占全国总人口的比重停留在 4%，而 20 世纪 80 年代以来则明显上升，1984 年达到 5.1%，1990 年达到 6.8%。建制镇非农人口占全国市镇非农人口中的比重 1978 年为 32%，1990 年 39.5%。这个时期中国的城市成长总体上仍然呈现规模异质发展的模式，大中城市空间增长一直较为缓慢。1980—1990 年间人均城市建设用地从 $75m^2$ 提升至 $81m^2$，增幅为 $6m^2$。

随着改革的深入，地方政府对城市成长的决策权力变大，规划的制订权使城市政府逐步掌握城市成长管理的实际权利，而其他主体关注的重点是转型时期生产资料的寻租，对城市成长涉及的土地问题关注较少（也基本不存在合法的交易市场）。在这个时期，农村对城市成长所涉及的征地问题基本没有表达意志的权力，但由于乡镇建设和乡镇企业发展如火如荼，农村的就地城市化很大程度上耗散了城市成长的能力。转型初期城市成长管理的主要特征可以用表 4-3 来概括。

表 4-3 转型初期城市成长管理特征

成长管理主体	国家仍为城市成长管理主体，地方政府作用逐步加大	
各个主体角色	国　家	城市成长管理主体
	地方政府	补位城市管理权限，对城市成长意志逐步显现
	原土地使用者	主要仍延续计划经济时期对划拨土地的寻租逻辑
	开发商	与政府或原土地使用者合作开发的情况较多
	农村政府	建设乡镇企业，发展乡镇经济
	民　众	对城市发展和城市成长作用较小
主要特征	城市成长速度慢，计划导向性强，小城市和城镇增长迅速，尚未触动内城土地使用调整	
主要管理工具	计划指令与城市规划并行	

这一时期，成长仍以计划导向为基础，但是逐步突破了以工业企业发展为主旨的特点，改革前全面匮乏的基础配套、公共设施等空间建设加快。

4.3.2　城市成长管理市场化主导的转型时期（1990 至今）

20 世纪 80 年代前半期，土地交易都是被禁止的，城市仍然以贴边摊大饼的手段外拓（伴随少量具有飞地性质的开发区发展），采用强制的非市场价格征用土地的拓展模式，在这期间，小城镇的发展远远快于城市。1987 年开始实行土地使用权有偿使用制度以来，特别是 1990 年，中央政府把财权交给城市政府，真正实现了土地市场从"三无"到"三有"的过渡。

进入 20 世纪 90 年代以来，虽然国家对城市成长以控制为主，限制高规模级别城市继续增长的总体方针没有改变，但对个案有了新的理解。这个时期，随着计划经济逐步淡出历史舞台，社会主义市场经济开始逐步建立，国家对城市成长的全面管制也开始逐步放松。地方政府成为城市成长管理的重要主体，1989 年 12 月颁布的《城市规划法》为城市成长管理提供了重要的法律保障，并自 1990 年以后逐步显示出其影响力。

《中华人民共和国城市规划法》第二十一条规定，"城市规划实行分级审批制度。直辖市的城市总体规划，由直辖市人民政府报国务院审批。省和自治区人民政府所在地城市、城市人口在 100 以上的城市以及国务院指定的其他城市的总体规划，由省、自治区人民政府审查同意后，报国务院审批。除前述外的设市城市和县级人民政府所在地镇的总体规划，报市人民政府审批。其他建制镇的总体规划，报县级人民政府批准。""城市分区规划由城市人民政府审批。城市详细规划由城市人民政府审批。"第二十二条规定，城市人民政府可以根据城市经济和社会发展需要，对城市总体规划进行局部调整，报同级人民代表大会常务委员会和原批准机关备案；但涉及城市性质、规模、发展方向和总体布局重大变更的，须经同级人民代表大会或者常务委员会审查同意后报原批准机关审批。由此，以法律的形式确立了地方政府对城市成长的管辖权。

1990 年，中央政府把财权交给城市政府，城市政府一夜暴富。自此，城市由中央一级垂直统管下的执行者逐步转化为自身利益的自主追求者，变为一个具有残缺产权的土地使用者。城市的空间扩展也开始呈现新的特征。1992 年，邓小平南行讲话和中共十四大确立了社会主义市场经济体制，中国土地市场的发展进程大大加快。但同时也出现了一些失控现象，土地投机盛行，浪费严重，城市成长失衡。国家宏观经济形势的改变使全国各地爆发了规模宏大的"圈地运动"，据国家建设部公布的资料，截至 1993 年 3 月宣布清理时，中国大陆县级以上的开发区已达 6000 多个，占地 1.5 万 km^2，比中国当时城市用地面积总量 1.34 万 km^2 还多出 0.16 万 km^2。而且这还不包括那些未统计在内的村级、乡镇级开发区。单以湖南省为例，到 1993 年下半年，已建立各类开发区 300 多个，总面积达 2485km^2。但绝大多数土地开发的资金都无着落，无力进行"七通一平"等基础性建设,所以只见开发区挂牌、圈地,却不见有谁正式"开发"。直到1995年11月,仅湖南长沙一地因以上原因导致"晒太阳"的土地还有数百万平方米,有的已长达七八年之久。(何清涟,1998)

1993年,国家开始的经济软着陆和治理整顿开始对城市的异常成长进行新的规制,从1993年7月开始,全国城市土地市场进入调整阶段,整顿市场秩序,消化大量闲置土地。1993年出台了《中华人民共和国土地增值税暂行条例》,1994年颁布了《中华人民共和国城市房地产管理法》,这些法规为推动中国土地市场的法治化管理提供了重要保障。1992—1994年,城市建设用地的增加呈现非正常波动格局。增量城市建设用地的突发式增加和城市内部存量用地结构的较小变动成为主要表现。自1994年后,城市土地供给(城市成长的增量)和城市内部用地结构调整才开始步入较为健康的序列。从表4-4中可以看出,1994年来,中国总体上城市居住、工业、仓储等用地的结构比例有所下降,道路广场,交通、绿地等用地结构比例有所提升。特别值得注意的是,全国设市城市工业用地占城市建设用地总量已由1981年的27.6%,下降为2000年为22.0%(见表4-5)。这些数据说明,20年来工业用地比例偏高的状况已经产生很大改观。

表4-4 中国城市内部用地结构(1994—2000)

年份	居住	公共设施	工业	仓储	对外交通	道路广场	市政公用	绿地	特殊
1994	33.7%	10.3%	23.9%	5.3%	5.2%	7.8%	3.6%	6.5%	3.6%
1995	33.8%	10.4%	23.6%	5.1%	5.2%	8.2%	3.5%	6.5%	3.7%
1996	32.6%	10.9%	23.4%	5.3%	5.8%	7.5%	3.1%	7.8%	3.7%
1997	32.2%	10.9%	23.1%	5.1%	5.9%	7.7%	3.1%	8.3%	3.5%
1998	32.6%	11.1%	22.4%	5.0%	6.1%	7.8%	3.2%	8.3%	3.4%
1999	32.4%	11.1%	22.3%	5.0%	6.2%	8.1%	3.3%	8.3%	3.3%
2000	32.2%	11.4%	22.0%	4.7%	6.4%	8.2%	3.4%	8.4%	3.3%

数据来源:建设部编《中国城市建设统计年报》(1994—2000)。

表4-5 全国城市工业用地比重(占城市建设用地%)

年份	1981	1985	1990	1995	2000
工业用地比重	27.60%	26.86%	26.40%	23.60%	22.00%

从1996—2000年城市建设用地的分类增量（见表4-6）分析来看，绝对量仍然以居住用地、公共设施用地、工业用地为主。[16]

表4-6　城市建设用地面积增量（1996—2000）

年份＼分类	当年总增量	居住	公共设施	工业	仓储	对外交通	道路广场	市政公用	绿地	特殊
1996—1997	503.0	91.6	54.1	65.0	4.4	50.3	87.1	19.7	146.4	−15.7
1997—1998	1003.0	395.9	141.5	85.9	30.3	107.3	95.4	53.2	80.1	13.4
1998—1999	369.5	82.9	47.4	54.1	3.7	45.8	82.7	28.6	31.1	−6.9
1999—2000	1236.6	353.7	197.8	220.6	9.9	116.2	130.8	60.5	115.0	32.2
1996—2000累计	3112.1	924.1	440.8	425.6	48.3	319.6	396	162	372.6	23

数据来源：建设部编《中国城市建设统计年报》（1996—2000）。

需要说明的是，1996年后，各个地方的城市开始加速扩张。鉴于城市建设用地第二次高速异常增长，1997年，国家出台政策要求"冻结非农建设项目占用耕地"，但当年城市建设用地仍增加1003km²。1998年3月29日，国务院再次发出通知，明确规定至新修订的《土地管理法》出台之前，继续冻结非农建设项目占用耕地。1998年8月，世界上最严格的耕地保护法律依据——新《土地管理法》出台，以土地利用总体规划为龙头，土地用途管制为核心，实行耕地总量动态平衡，把农地转用的审批权上收至中央和省（自治区、直辖市）两级，同时提高了征地补偿费用。随着新修订的《土地管理法》的出台，国家通过对耕地的强制性保护产生了对城市成长的新规制措施，要求实现耕地占补平衡。同时规定"征用下列土地的，由国务院批准：基本农田；基本农田以外的耕地超过三十五公顷的；其他土地超过七十公顷的。"征用前款规定以外的土地，由省、自治区、直辖市人民政府批准，并报国务院备案。这一法规的出台和执行使城市成长管理面临了新的问题，从而又产生了新的特征（将在第5章予以进一步说明和分析）。1999年1月，国土资源部进一步下文严格限定了行政划拨供地和协议出让土地的范围，并限定了协议出让土地使用权的最低价格。2000年1月，国土资源部又下文要求各地加快建设土地有形市场，完善土地市场功能。

至2000年，中国656个城市的人均建设用地为106.76m²，和1990年的人均81.4m²相比，净增25.36m²。[17]而20世纪80年代的相同时间段内，人均用地净增只有 6m² 左右。[18]相较之下，20 世纪 90 年代的城市建设用地增长速度显然远高于既往。

进入 20 世纪 90 年代以来，随着改革的深入，地方政府对城市成长的决策权力变大，对土地收益的控制加强，对城市空间的扩张需求加大，并通过空间规划等行政手段逐渐成为掌控城市成长的主体；中央政府对城市成长的管理，尤其是低规模等级和低行政级别的城市的成长管理的控制能力减弱，虽然多次出台各项规制措施，但是由于对地方政府财政控制能力的降低，也影响到这些规制措施的实际执行效果。而其他主体，包括开发商和原有的划拨土地使用者等，在市场化逐步深入的条件下，采用更加灵活多样的手段在城市成长过程中实现自身利益。相比之下，城市居民和城市拓展涉及的郊区农民的意志虽然有所反映，但仍旧很微弱。市场化主导时期的城市成长管理的主要特征可以用表 4-7 来概括：

表 4-7 市场化主导时期的城市成长管理的主要特征

成长管理主体		地方政府逐步成为成长管理主体
各个主体角色	国　　家	多次出台不同规制措施，限制城市成长
	地方政府	成长管理主要主体
	原土地使用者	开始双轨制下的寻租
	开发商	想尽办法占地、囤地
	农村政府	以地换钱、建设小城镇
	民　　众	民众对城市发展和城市成长作用依然较小
主要特征		城市成长速度快，波动强，高规模级别城市成长更快
主要管理工具		城市规划

从土地使用制度改革开始，国家逐步放松了对城市成长的直接制约。逐步纳入正轨的城市规划，把地方发展的空间需求外显化，规划成为地方和国家对成长进行博弈的一个主要领域。

北京城市成长——建设用地的扩张（1992—2002）的实证[19]

1996 年到 2001 年的两次详查期间北京市建设用地总量变化不大，建设用地所占比例六年共提高了 2.7%，总的来说呈现稳定的缓慢上升趋势。但其中各类建设用地的构成比例在此期间有所调整，1996 年居民及工矿用地所占比例为 85.6% 到 2001 年下降至 81.8%，交通用地也由 14.4% 降至 13.4%，只有水利设施用地增加了两个百分点。

表 4-8　两次详查期间北京市建设用地分类统计　　　单位：公顷

年 份		1996	1997	1998	1999	2000	2001
建设用地	居民点及工矿用地	211238	220968	223047	215789.8	220711.9	238934.1
	交通用地	35537	35660	36016	36818.03	37537.73	39173.91
	水利设施用地	—	—	—	12304.25	12263.94	14096.82
	小 计	246775	256628	259063	264912.1	270513.6	292204.8
土地总面积		1631828	1641054	1641054	1641053	1641053	1641054
建设用地比例		0.1512	0.1564	0.1579	0.1614	0.1648	0.1781

新征建设用地变化状况分析：

表 4-9　1992—2002 年北京市审批征地面积　　　单位：公顷

年 份	建设项目用地面积
1992	2995.76
1993	4697.82
1994	4652.26
1995	2881.88
1996	2730.06
1997	3666.96
1998	1668.14
1999	1516.87
2000	2925.18
2001	5914.47
2002	5044.18
总 计	37500

纵观十年新征建设用地变化趋势，可大体分为三个阶段：

(1) 1993—1996 年。在这一时间段内，北京市年征用土地面积维持在 1100 公顷左右，略有波动，但幅度不大，最低和最高年份相差不足 200 公顷。这一阶段是北京市城市建成区面积稳步扩大的时期。

(2) 1997—2000 年。受国家强势土地政策调控的影响，这四年间城市年新征用土地面积相比前一阶段有很大减少，平均值不到 64 公顷，不足前四年的十七分之一。

(3) 2001 之后。2001 年城市新征土地面积急剧扩大，由 2000 年的 183 公顷猛增至 7500 公顷，这种异常的增长很大程度上应该是由于 2008 年北京申奥成功引致的大量奥运场馆建设用地需求和各工业园区建设用地需求增加所导致。2002 年新征土地需求相比 2001 年大幅减少，但绝对量仍然很大，达到 3690 公顷。

表 4-10　1992—2002 年征用土地的用途分类统计表　　单位：公顷

	农村用地				城镇用地				
	农用地	建设用地	未利用地	其他	建设用地	绿化用地	特殊用地	水域用地	其他用地
1992	2387.87	4379.87	26.32	38.08	8824.14	133.77	37.27	0	583.79
1993	2724.08	4717.08	74.09	14.03	9522.29	136.67	18.16	0	18.05
1994	3123.31	5117.31	270.3	39.93	10544.9	677.17	199.2	0.44	16.47
1995	2018.67	4013.67	6.19	141.1	8174.58	623.33	27.88	175	58.77
1996	1144.25	3140.25	3.67	47.78	6331.96	151.9	9.88	0.36	29.583
1997	1777.32	3774.32	54.03	73.38	7676.04	274.23	29.47	0.31	2.264
1998	1027.93	3025.93	41.63	629	6722.52	48.91	317.2	0	223.73
1999	2617.28	4616.28	221.7	916.4	10370.6	669.7	12.54	102	377.79
2000	1750.92	3750.92	33.2	407.6	7942.64	158.62	21.82	80.4	380.35
2001	3524.33	5525.33	168.6	112.4	11331.6	247.27	29.62	2.4	563.13
2002	3299.12	5301.12	210.6	331.9	11144.7	630.95	391.8	2.56	6.565
合计	25395.1	25395.1	1110	2752	54652	3752.5	1095	364	2260.5

4.4 小结

由于本研究的重点是对城市成长变动进行制度经济分析,而不是对过程本身,因此把很多描述的内容予以省略。在这些现象特征背后的深层次的制度经济分析将在下一章中进行。表4-11对第3、4两章中分阶段对新中国成立以来的城市成长管理的主要特征和表象进行了归纳与总结。

表4-11 新中国成立以来各阶段城市成长管理的特征变动

阶段		改革开放前 1949—1978	改革开放后 第Ⅰ阶段 (1978—1989)	第Ⅱ阶段 (1990—)
主体		国家为主,地方缺位	国家为主,地方启蒙	地方为主
理念	中央政府	控制城市增长 实现工业赶超	规模导向论,控制大城市增长,不抵触城市健康增长	限制城市成长,主要采用土地规制措施
	地方政府	执行中央政策	执行中央政策为主,关注地方收益	鼓励外延主导的高速增长
工具		计划控制	计划与规划并行	规划主导
内容		全面控制规模 工业导向 不存在经济区位	形式上限制外延、鼓励内涵的发展格局与实际外延为主,高速增长形成鲜明对比。	
其他主体角色	区域政府	传达指令的作用	基本缺位	基本缺位
	原土地使用者	多占地、占好地的倾向严重	利用土地作为合作开发的资本	置换、转让土地的使用权,获得资金 寻租获取双轨制利差
	开发商	缺位	与政府等合作开发较多	自主性更大,有实力者囤地
	农村政府	无条件服从国家安排	自发建设乡镇企业	建设小城镇、集地发展产业经济,谈判能力提升
	民众	缺位	基本缺位	有所改善,但总体仍然缺位

必须加以说明的是,区域政府在城市成长管理中处于基本缺位的状况。中国的行政体系,是多重区域政府共存的格局。这些区域政府中,尤以省级政府

的行政管辖权限最大,但即便是省级行政管理机构对城市成长的实质管辖能力都十分有限。另外,从中国城市竞争来看,可以分为两个层次,邻域竞争和跨区域竞争。国家关注的主要是邻域问题,而对跨区域竞争问题却很少探讨,如同处长江三角洲的浙江省北部和江苏省南部地区的竞争同时兼有邻域竞争和区域竞争的关系。区域政府从自身利益出发(实际上这是更大层面的集体理性与个体理性的博弈问题)往往对区域内的邻域竞争还会出台一些发展政策来进行督导,而对区域间竞争往往纵容本地城市以土地和空间作为资本,进行强势竞争。又由于区域政府本身的交叉和区域政府同时负担的多重角色,进一步降低了区域政府发挥职能的潜力。

注释:

[1] 转引自杨开忠,陶然,刘明兴.解除管制,分权与中国经济转轨.内部讨论稿.

[2] 关于中央抓大放小决策的运作过程和经济分析,可参见赵晓.竞争、公共选择与制度变迁—从"抓大放小"看体制转轨中政策效率改善的原因.中国经济研究中心讨论稿,No.C1999025,1999.文中对其原因的分析。

[3] 毛寿龙.中国政府功能的经济分析.北京:中国广播电视出版社,1996;170.

[4] 周业安.90年代中国的新制度经济学研究评介.教学与研究,2000(12):51—56.

[5] 参见赵晓.企业成长理论研究.北京大学博士学位论文,1999:170.

[6] 董国礼.中国土地产权制度变迁:1949—1998.来自中国农村研究网 http://www.ccrs.org.cn.

[7] 林毅夫.制度、技术与中国农业发展.上海:上海三联书店,1992:25—31.

[8] 周其仁.中国农村改革:国家和所有权关系的变化.香港:中国社会科学季刊,1994,夏季卷.

[9] 董国礼.中国土地产权制度变迁:1949—1998.来自中国农村研究网 http://www.ccrs.org.cn

[10] 意识到国家继续全面监督的困难和占有全部剩余权的激励失败。

[11] 张静.土地使用规则的不确定:一个解释框架."法律与社会"国际研讨会(2002.10)论文,来自中评网 www.china-review.com.

[12] 艾建国.中国城市土地制度经济问题研究.武汉:华中师范大学出版社,2001.

[13] 此即所谓城市政府在1990年一夜暴富的制度根基。

[14] 是指以买房或租房的形式,获得住房的所有或使用权。

[15] 参见李强.中国转型时期北京城市蔓延研究:以北京为例,北京大学博士学位论文(初稿),2004.

[16] 进行数据分析时，笔者发现上海市等地方数据具有重大误差，1994 和 1995 年城市建设用地均为 4435km^2，1996 年城市建设用地为 861.1km^2。上海数据的系统误差使 1996 年以前的数据统计在一定程度上失效。但即便如此，从 1990 年以来中国城市建设用地的扩张趋势却仍然十分显著。

[17] 1995—1996 年度统计指标发生转换，但多种统计资料中均未进行相应修正和有关说明，作者注。

[18] 袁利平．中国城市土地使用效率研究．北京大学博士学位论文（初稿），2002：42.

[19] 本部分据冯长春教授学术小组：北京市城市土地供给与需求研究总报告，2003：14—23 的内容．

第5章 城市成长管理制度变迁的理论分析

本章阐述了中国城市成长管理的演进是国家和地方两条路径并行的过程，在路径依赖效应下，国家基于自身的战略取向，仍然以控制城市成长为要旨，在这一总体框架下，选择低规模级别的城市和城镇作为促进发展的对象，以取代和控制市场导向的成长；与此同时，地方政府在逐步掌控土地使用权力的基础上，基于个体理性，往往通过空间规划和开发区建设为代表的多重手段实施高速扩张和外延导向的城市成长管理。在国家和地方城市成长管理冲突中，由于信息不对称、监控成本高、反馈存在时滞等多方面的原因，造成转型时期城市成长管理主体以地方政府为主导，城市成长呈现外延式特征，出现土地供给过量、内城建设失衡等问题。

在城市成长的过程中，划拨土地使用主体、开发商和农村政府的寻租构成了对城市成长管理主体——政府的俘虏，城市成长管理很大程度上体现了这些群体的利益，但是城市居民和农民的利益得不到反映并受到制约。在中国城市成长演进过程中，空间规划不单是主要的工具，同时也成为城市成长管理多元主体博弈的关注点，而除空间规划外的城市成长管理工具仍很不完善。

5.1 制度变迁与路径依赖

5.1.1 关于制度变迁的经济学理论

熊皮特曾经说过，"历史的叙述不可能是纯经济的，它必然要反映那些不属于纯经济的制度方面的内容"[1]。他提醒我们在研究历史时要注意经济制度因素对经济发展的影响。

新制度经济学认为，制度是一种为社会的安全和经济提供的有用服务，经济增长将由于制度性服务供求的变动而废弃某些现行的制度安排，新的制度安排将因此而创始，以捕捉伴随经济增长而至的获利机会。所以，制度变迁在发展过程中是不可避免的。正如舒尔茨所指出的："人们为了提高经济效益和社会福利正试图对不同的制度变迁做出社会选择。"后来波拉伊（1957）在分析工业革命的原因时也强调，制度变迁而不是技术变迁是经济发展的动因。[2] 林毅夫（1989）教授认为，从某种现行制度安排转变到另一种不同制度安排的过程，是一种费用昂贵的过程；除非转变到新制度安排的个人净收益超过制度变迁的费用，否则就不会发生自发的制度变迁。作为一个整体而言，社会将从抓住由制度不均衡产生的获利机会的制度安排创新中得到好处。由于制度结构中的制度安排是互相关联的，一个特定制度安排的变迁，也将因此引起其他相关制度安排的不均衡。当发生不均衡时，制度变迁过程最大可能是从一个制度安排开始，并只能是渐渐地传到其他制度安排上去。这种过程是在一个由历史确定的制度结构中发生，并以这个现行的制度结构为条件。建立一个新的制度安排是一个花费时间、努力和资源的过程。

制度变迁的过程可以划分为诱致性变迁和强制性变迁两种，诱致性制度变迁指的是一群（个）人在响应由制度不均衡引致的获利机会时所进行的自发性变迁；强制性制度变迁指的是由政府法令引起的变迁。诱致性制度变迁必须由某种在原有制度安排下无法得到的获利机会引起。然而，强制性制度变迁可以纯粹因在不同选民集团之间对现有收入进行再分配而发生。同时，自发性制度变迁通常也需要政府行动来加以促进和推动。对于强制性制度变迁而言，自上而下的政府行为是主导力量。（林毅夫，1989）

5.1.2 路径依赖

"路径依赖"（Path dependence）问题最早由保罗·大卫于1985年提出，他的结论是，在两个技术的竞赛过程之中，即使后来证明失败的技术方案比胜利的方案更优越，也不会放弃已经形成的技术路径。1988年，W. 巴兰·阿瑟进一步提出：一些小的历史事件可能导致一种技术战胜另一种技术。[3] 他认为，路径依赖具有自我强化的机制，表现为四个特性：①乘数均衡，其结果是不确定的；②可能的无效率，即一种成功的技术不一定比另一种失败的技术更好，只是由于运气好；③闭锁（Locking-in），一旦达成某种方案就很难退出；④路径依赖性，小的事件和偶然情形的结果使某个方案一旦处于优势，就会导致一个特定的路径。[4]

诺斯认为"由两种力量规范制度变迁的路径：递增报酬和由显著的交易费用所确定的不完全市场"。他认为，路径依赖指今天的选择受历史因素的影响[5]。吴敬琏也强调既得利益集团会使经济体制改革具有路径依赖。

实际上，制度变迁的路径取决于两个因素的制约：一是复杂的、信息不完全的市场，二是制度在社会生活中给人们带来的报酬递增。这两种因素使制度变迁一旦走上某一路径，它的既定方向会在以后的发展中得到自我强化。当制度在现实生活中找到了这种有效的自我增强机制时，制度变迁本身也就标志了人们的收入递增在广泛的范围内发生了，制度的变迁不仅得到了支持和巩固，而且能在此基础上一环紧扣一环，沿着良性循环的轨道发展，即出现所谓路径依赖轨迹；相反，当制度不能在现实生活中找到上述自我增强机制时，制度的变迁也就意味着人们的收入不能普遍递增，制度在现实生活和经济发展中得不到有效的支持，制度的变迁就容易朝着无效或不利于产出最大化的方向发展，结果制度变迁陷入锁定困境。这种制度变迁的性质，解释了时间和历史因素在制度变迁过程中的作用。

新经济地理学家从路径依赖的角度佐证了自动向最优空间格局发展的趋势并不存在[6]：由于区域发展是在规模经济的驱动下，一个经济空间的自我强化过程，某种偶然性和不确定性因素、历史和特殊事件、某种偏好、某一便捷的区位、一些微小的经济波动或某些生产要素的天然可获得性，都可能在自我强化的过程中趋于不断放大，而对区域格局的形成和区域经济的发展产生决定性作用。[7]城市成长中路径依赖表现强烈的一个重要因素，是正规制度所规定的既有利益格局难以改变。

5.1.3 制度势能释放的边际作用衰减规律[8]

值得注意的是，新制度经济学在分析制度在经济增长中的作用时提出了一个很有价值的观点，即在缺乏有效制度的领域或地区，或者一国处在新旧体制转轨时期，制度效率是最高的。同时，在制度创新过程中经济增长率也较高，一旦制度体系逐步完善以后，制度效率就会处于相对稳定的状态，这一理论对发展中国家特别是中国的经济体制改革进程尤其适用，即制度释放的边际作用递减。

从广域的格局来看，中国的经济增长自 1978 年以来一直处于一个较高速发展的阶段，这主要应归因于改革的成功，也即是制度变迁的功效。然而到1989年中国的经济增长却陷入低谷。1989年和1990年实际国民收入的增长率仅分别为3.7%和5.1%，大大低于1988年以前的经济增长率。之所以出现这种情况，大多数人认为是受政治风波影响的结果，然而更深入地去探究其中原因我们将发现，实际上是因为单独几项的制度安排的变革已经达到了尽头。[9]

从更长的时间跨度来看，1978年以来，中国经济的波动，一定程度上是一种制度波动，经济周期实际上就是制度创新周期，这种短周期历时约为5～8年，其实质是制度创新的边际收益由递增到递减而最后为零的过程，制度变迁成为中国改革20余年经济发展的最重要原因。[10]

从这个理论出发，考量城市成长发展的历程，同时也可以看到制度势能的边际作用衰减规律。

5.2 国家城市成长管理政策分析

在第3章的分析中笔者强调，中国重工业优先发展的赶超战略并行出了城市既得利益优先的发展构架，执行的是以中央意志占位的城市成长管理体制。与笔者观点不同的一些学者认为，计划经济条件下，排斥土地的价格形态，以单一计划手段配置资源，与此相应的财政预算制度无法使城市建设资金直接回收和循环。城市建设和维护所需资金主要来自于提取的5%工商利润和城市维护费，资金缺口大，这个原因才是由传统体制导致的真正弊端，制约了城市经济的快速发展。（艾建国，2001）这个观点忽视了一个重要事实，那就是中国政府的利益取向是工业化的赶超战略，在为城市提供基本的生活保障后，一切的资金都投入工业建设，才是当时认为的正经之道。分析改革开放以来的城市成长管理，必须考虑这一历史路径的影响。1978年的改革开放虽然开始逐步打破既往计划经济的格局，但对于城市成长管理问题而言，路径依赖效应一直影响着制度的变迁。基于此，国家对城市成长相关的利益取向和行为取向就逐步明晰。

实际上，可以认为国家的利益取向和行为取向是基于卡尔多—希克斯标准（Kaldor and Hicks Criterion）的：该标准规定只要计划实施中收益方能够补偿损失方而最终使结果得到改善，那么这项计划就是可行的。在计划的实施过程中，无须指明损益的任何一方，也与收益和损失分配结构无关，而是通过计算总净效益来加以评价。实际上这是社会发展过程中一种经济理性和经济导向，即政策是否对社会有效率，是否以最低的成本提供最大的效益。

5.2.1 国家的利益取向

在以经济建设为中心，鼓励地方发展经济的过程中，地方政府可能基于个体理性而产生不符合集体利益的行为，国家作为调控的最高机关，对城市成长所涉及的一些问题必须进行相应的调控。从总体上来看，国家的利益取向既有与地方发展重合的地方，又与之有一定的偏差。

1. 保护耕地

从中国人多地少的国情出发，中央政府始终关注耕地问题，一贯把粮食安全放在政府工作的首要位置，并建立了"保护耕地是中国的基本国策"的耕地保护制度。从很多学者把1998年新出台的《土地管理法》无恶意的称为"耕地保护法"一点，即可对国家保护耕地的利益取向得以明晰。土地管理法明确规定"国家保护耕地，严格控制耕地转为非耕地。国家实行占用耕地补偿制度。非农业建设经批准占用耕地的，按照'占多少，垦多少'的原则，由占用耕地的单位负责开垦与所占用耕地的数量和质量相当的耕地；没有条件开垦或者开垦的耕地不符合要求的，应当按照省、自治区、直辖市的规定缴纳耕地开垦费，专款用于开垦新的耕地"。同时，还规定"新增建设用地的土地有偿使用费，百分之三十上缴中央财政，百分之七十留给有关地方人民政府，都专项用于耕地开发"。

2. 强化对地方经济的剩余权掌握

周其仁（1994）曾对农村剩余索取权进行了精辟的分析。他认为，国家一旦开始放松对农村的规制，农民开始具有一定的剩余索取权和退出权，则农民和国家的谈判地位就发生了质的变化。这个过程一经发生，在没有极强的具有倒退色彩的强制性变迁的影响下，就必然逐步扩大，由此，农村和农民的谈判权不断提升，并从国家的不断退去中获取利益。

实际上，周其仁的分析框架同样可以应用于城市的发展。在同样的逻辑框架下，城市政府在获取了资源调用权和剩余索取权后，地方政府的谈判能力必然提升。1978—1993年，中央财政收入占全部财政收入的比例持续下降。有鉴于此，中央具有强化对地方经济的剩余索取权掌握的利益取向。

鉴于国家对城市土地供应市场反应滞后，和对地方经济发展直接掌控能力降低的事实，国家多次出台规制措施来强化对土地市场的掌控，通过住房制度、土地批租制度等改革，强化对地方经济发展剩余权的间接控制。1993年开始，国家的宏观经济调控特别强调了对土地市场的整理，以土地来获取对大型企业和大型基础设施等的决策参与权。在1994年实施了分税制改革，改革的一个基本目标是提高中央财政收入占全部财政收入的比重。1993年时这个比重为22%，2002年上升为54.9%。但这次分税制改革在提高了中央财政的收入，加强了宏观调控的能力的同时，也造成地方政府的收入大幅减少，使地方政府更加千方百计地寻求一切可能的收入来源。在这种情况下，城市政府对城市经营表现出高度的热情是很自然的事情。根据有关专家的研究，2001年，各级政府从土地一级市场获得的土地收入为1318亿元，占政府财政预算外收入的38%。国土资源部统计，到2002年年底，全国累计收取土地出让金达到7300多亿元。[11]

3. 鼓励乡镇企业发展，舒缓就业压力

在城市既得利益优先理念的影响下，国家不可能把城乡界限一举消灭。与之相反的，中央采取鼓励乡镇企业发展的思路[12]，一方面舒缓就业压力，另一方面旨在拉动全面的经济增长。

从1978年到1992年，中国乡镇企业单位数由152.4万个，上升到2079.2万个，平均增长速度为20.5%；乡镇企业就业人数由0.28266亿，上升到1.05811亿，年平均增长速度为9.9%；乡镇企业总产值由495.13亿元，上升到17583.9亿元，年均增长速度为29%。到1992年，中国乡镇企业总产值已占社会总产值的32.1%，正可谓，中国经济三分天下有其一。1996年，中国乡镇企业单位数已达2336.3万个，乡镇企业就业人数达1.35亿，全国乡镇企业营业收入达36616.4亿元。[13]

5.2.2 国家的行为取向

在前述国家利益取向的影响下，国家采取了多重保障机制，构建了繁复的管理体系，力图实现自身效用的最大化。除耳熟能详的耕地保护之外，这些行为取向集中于以下方面：

1. 制订规模导向的城市成长政策

在中国城市既得利益优先的逻辑起点下,受路径依赖的影响,国家执行的城市成长政策逐步集中于城市成长的规模。[14]由于多年来对城市建设的忽视和国际环境"冷战"条件下对小城镇的倚重,逐步出台了以发展低规模等级城市为主导,限制大城市发展的城市发展方针。从1978年的"控制大城市规模,多搞小城镇"到1980年的"控制大城市规模,合理发展中等城市,积极发展小城市",再到1990年的"严格控制大城市规模、合理发展中等城市和小城市",基本上就是在强调控制城市规模。

2. 具有规模累进性的发展规制体系

在中国多级政府并行的体制下[15],中央的监控能力是逐级递减的。中央政策的执行偏差随着行政级别的降低而有增大的倾向。国家出于对自身利益的考虑,必然强化对大规模(这些大规模城市往往是中心性城市)城市的规制,并通过科层构架向下进行辐射。另一方面,在城市既得利益优先发展理念造成的制度路径依赖下,中央政府对大城市空间扩张更具有抵制倾向,落实于规制措施必然产生关于城市规模的累加性,亦即,城市规模越大,对土地利用的规制强度越大,城市空间扩展过程中遇到的限制就越严格。

这种"抓大放小"的政策在监管上是比较容易的,其出台的理由是城市越大越浪费土地和城市越大越不经济的假设,并没有真正考察城市发展的正常规律。事实上,这种政策已经受到越来越多的学者的批评,认为其不符合城市发展的客观需求,是一种强加的变相的计划形式。这种歪曲错位的土地扩展规制政策,不仅在一定程度上放纵了中小城市用地的低效率拓展,也引发了大城市土地利用和空间发展中的很多问题。针对这种土地规制措施的效果,周其仁教授曾经指出:"以权力租金驱动土地流动,效果如何还需要长期追踪观察和研究。目前我看这套土地制度,逻辑的一致性还在其次,实际效果上'两不经济'的端倪已现,值得注意。这里所称'两不经济'现象,是指目前大都市因为行政控制过严,所以土地供给普遍不足,结果地价过高,可能步中国香港经济之后尘;而许多小地方,却同时因为行政控制松弛,使得那些没有什么效益的工业和城镇建设项目,大量滥占了农地。简单概括,一头严重浪费城市化的机会,一头大量浪费农地。"[16]

另外,除了依靠城市的规模等级这个指标之外,在中国城市发展中,由于发达地区与西部相对落后地区的改革意识、开放程度等有所差异，如果把这种差异考虑为市场经济条件下不同的规制强度，则可以从另一个视点来审视规制强度与城市空间扩张速度的差异。

开放地区城市空间扩张速度远远高于相对封闭地区的发展格局由此彰显。诚然，经济发达地区受到土地需求旺盛、其他资源累计相对丰裕等因素的影响，这种差异有可能导致城市空间增长的巨大离差。

3. 控制城市空间增长，鼓励就地城市化

1978 年以来，国家总体上对城市空间的成长持否定态度。在多次城市空间成长模式的政策变动中，首先重视生产性空间的拓展，这一点以各种类开发区为代表；其次，国家城市成长管理政策，往往把耕地的减少与城镇建设用地占用二者等同对待，很长时间内忽略了农村内部农业生产造成的耕地结构性减少和农村建设占地的情况，从而多次出台严格限制城市蔓延式增长的规制措施，甚至曾于 1997 年出台"冻结非农建设项目占用耕地一年"的限制城市成长的极端行为。而在国家限制城市空间增长的同时，鼓励农村就地城市化，默许了自下而上的城市化[17]。

4. 不认可流动人口

一个城市可以容纳相当于城市户籍人口百分之几十，甚至容纳城市规划（户籍）人口几倍的农民和其他外来人口。从中国多年来城市规划制度、城市统计制度与城市计划部门的工作进程来看，政策上和统计上都很少考虑农民进城并长期居住的事实。中国城市统计中，所列出的项目多为建成区面积和所谓的城市户籍人口。比如，深圳这个实际人口规模已达 600 万人的城市，其户籍人口不足 200 万人。北京市流动人口数量始终在 300 万人以上，但是，根据《规划法》其制订的城市建设用地规模，必须参按户籍人口规模与建设用地级别来进行核定。

此外，不认可流动人口还有一个人才本地化的悖论。本地化不够是制约甚至将成为珠三角发展的最大劣势。比如，深圳是移民城市，绝大部分为非户籍人口。第五次人口普查显示，深圳的户籍人口 132 万，而暂住人口却高达 580 多万，占了总人口的 80％，这其中又有 300 多万人是非户籍常住人口。他们长期在深圳生活和工作，是深圳不可或缺的力量。

这些非户籍人口没有得到本地化待遇，这些人也为深圳的发展做出了贡献。他们边干边学，做了几年之后，积累了一些知识与经验，但是工作几年后就离开了深圳，又换一批新人，工人的经验和技能总是停留在一个水平上，不能够得到理性的提高。另一方面，这些人在深圳赚了钱，就寄回家乡，很少能转化为当地的投资，对深圳的市场需求不利，而且也会延缓深圳资本的积累。

本地化不够，也造成深圳居民缺乏社区、主人意识，缺乏文化认同感，既限制了本地文化的形成，也导致居民难以全心致力于本地区发展（杨开忠，2004）。[18]如果这些流动人口没有"根"的感觉，那么整个城市的心态就会浮躁，既限制本地文化的形成，长期间的不能相互弥合的移民文化也会使地方缺乏凝聚力和创新活力。

从笔者调研的资料来看，大量的流动人口密集的生活和居住在城市的边缘区和所谓的极核区，很多人的生产和生活得不到必要的保障。他们的有效需求也得不到激发和满足。城市在这个本应成长而没有成长的过程中，由经济承担了政治成功的巨大负面成本，市民成为直接的被损害者。城市经济甚至由此而受到巨大的压抑，比如，北京的城市规划和城市实际居住人口之间的微妙关系可以用反追赶来形容，即不是城市规划预期未来城市健康发展的过程中随着城市的成长城市的规模应当是多少人，而是在这个过程中规划期末的人口甚至不到规划进行时的现状人口，这一方面造成基础设施、公共服务设施和城市的很多诸如金融服务信息居住等基本功能无法满足必要的需求，城市进入一个低层次循环的过程，经济发展受到成长管理政策的压制和压抑；另一方面，中国城市的真正竞争优势和重要的比较优势也在这个过程中被淡化和削弱，甚至成为未来中国城市在亚太和全球经济中竞争能力丧失的起点。这些流动人口多的城市，无法探寻一个良性的均衡发展路径，由此只能通过"创租—寻租""曲径通幽""暗度陈仓"等手段实现城市的变形成长，尽管这种成长往往不被官方所承认，但是这种甚至是负载了罚款和不合理、不正当竞争关系的区域却成了重要的经济增长极。这个过程就是在城市不能提供重要生产资源的基础上，厂商在自身竞标曲线满足的条件下，实现的对土地的非官方（寻租）开发的过程。

5. 以人事制度保障政策实施

地方政府能够在地方资源和资产使用方面获得相当大的控制权力，但是有关地方控制权的一个至关重要的方面，即地方一定级别以上的高层官员的人事任免权，始终是牢牢控制在中央政府的手中。在某种程度上，中央政府的这种人事任免权是一种制约地方政府行为权力的重要平衡力量。由于地方政府官员的在职权力，其职位也是和大量的"控制租金"以及升迁机会联系在一起的，地方政府官员同样是存在各种欲望的，纯粹无私为公的假设在现实中很难实现，一旦被免职或贬职会受到严重的损失。所以，他们仍然会在利用手中控制权力的同时迎合上级的意志，积极保住自己的职位。从这一点来看，人事制度成为国家监控地方执行行政好坏的一个重要砝码。

5.3 地方政府的城市成长管理决策分析

改革开放以来，地方政府开始逐步成为城市成长管理的主体，对地方政府成长管理制度决策的分析也主要从利益取向与行为取向两个方面展开，同时考虑双轨制的土地供给政策和地方收益基础对地方政府城市成长管理决策的影响。

5.3.1 地方政府利益取向

改革开放以后，中央与地方实行"分灶吃饭"，于是地方政府的利益就具有相对独立性，即作为国家机关的一个特殊层次，城市政府具有既不同于土地经营主体，又不完全趋同于中央政府的利益追求，成为国家土地所有权的实际代理者。法人代理理论[19]表明，当所有权与控制权分离时，代理人总是寻求在满足一定所有权益的条件下实现自我收益的最大化，而这一最大化往往与所有者权益的最大化并不一致。地方政府的利益取向，在强化竞争优势，实现发展壮大的总体利益取向之下，具有多重性的特征，也往往与国家利益取向相关。

1. 从总体上看，地方政府强化规制以掌控企业发展

改革开放以后，随着国家占位的退却，作为城市成长管理主导的城市政府在新的条件下承担了原来由国家承担的角色。城市（地方）政府作为一个行为主体，首先要考虑自身利益。一个政府只能也必须从本地的利益出发，制定发展目标和规划，追求自身利益，尤其是财政收入增长，提高本地区人民的收入

水平、就业与福利水平。如果政府本身是企业的所有者或实际"控股"者，承担着亏损的责任，它自然不希望亏损。为此，它可以利用政府社会管理者的职能，利用其特有的垄断权力，来保护自己作为所有者的利益。在转轨经济中，政府一方面是企业的实际控股者，另一方面是社会的管理者，这种深刻的角色冲突，使得政府可能利用它作为社会管理者的垄断性的权力，来谋取它作为所有者的利益。[20]在这个过程中，地方政府往往出台并强化对企业的规制。

对此，余晖曾运用 Pelzman 教授的管制均衡理论，结合中国的管制实践，得出了一个修正性的结论：在一个代议制不完善的（指议员与选民脱节），而且存在大量国有企业的国家，管制者不可能扮演中立的角色，协调厂商和消费者的利益冲突。它更有可能与企业结成利益同盟，一道来掠夺消费者的利益。并指出，以前是与国有企业联盟，现在是与外商和某些私营企业联盟。[21]从这个意义出发，城市成长管理体现的选众意志基本为城市企业所独占，改革开放20年来城市居民的"喊叫"能力虽然总体上有所提升，但是距离真正参与城市成长管理的制订还有很大差距。与改革开放前不同的是，在这个阶段，重工业化优先的发展理念有所减弱，取而代之的，是对各种所有制基础和各种产业类别企业的全面关注。

2. 实现空间扩张和城市级别提升

20 世纪 80 年代初期，地方政府只能借由国有企业的资产升值来进行自我扩张，但是随着 20 世纪 80 年代后期土地使用制度的改革，土地收益给了地方政府巨大的驱动力。地方政府为了获取大量的征地收益，实现城市地位跃升，具有扩张城市空间的利益取向。在中国目前的设市标准与城市级别相对应的体系下，地方一旦突破设市规模，政府系统（包括全部行政人员）的级别都将随城市级别的提升而提升。即，对乡镇政府而言，发展成为小城市往往是其目标，对小城市而言，发展成为中等城市是目标，依此类推[22]。

3. 吸引国家投资和基础设施建设，屏蔽负效用建设项目

由计划体制转向市场机制以来，中央政府不断的实施与地方政府分权的改革。这种改革一方面使得地方政府有了经济发展的自主权，并承担起推动经济发展和地区综合实力提高的责任；另一方面使得地方政府脱离了计划式的资源流动与配置，使政府必须以市场为导向寻求经济发展的推动因素，争夺稀缺的

生产要素特别是资金要素。[23]

在制度能量释放的过程中，由于过多强调了为国家职能实现而抽取地方的税收，也即收入分配过程制订中国家比例较高的体系（胡九龙，2002），地方政府在面对既往建设欠债、政府自身发展等一系列问题的基础上，只能通过税收收益提升和扩大收益范围（收费）来得到解决。而在这个解决问题的体系内，由于地方的可控收入主要集中在土地收入和未来国家减免国税后的地方税收上，地方政府就有放量增长的意愿，相当程度上导致鼓励数量型增长的发展模式。

同时，在国家行政体系的经济"准绳"考核体系下，地方政府必然全力关注地方经济的发展，注重招商引资。而在外资（及民营资本）的稀缺性供给下，地方政府就有通过土地收益的减低换取未来税收收益及地方发展的诉求。这样，市场化的制度变迁过程，更多地掺入政府意志的内容。而这种政府意志的掺入，更多重视地方经济的产出导向，忽略生产之外的维度，这一"先生产，后生活"的发展思潮相当程度上影响到未来的发展。

从城市发展的角度来看，城市政府（包括城市内部的诸多利益集团）都具有吸引国家投资和大型基础设施建设的意愿，从而促动本地经济发展。但同时，地方政府也往往抵触可能为本区域带来负效用的建设项目。

这一点并非中国所独有，而是世界各地共存的一个现象。即便在市场经济发育的美国和欧洲，由于各城市的土地利用规划都通过其独立的法定程序制定，上一级政府也无权干涉，因而在各地安排工业布局时，也仅仅多出于对自身利益的考虑，而很少考虑外部性问题。公共设施建设项目选址则非常困难，特别是对于像发电厂、垃圾填埋场和转运站、污水处理厂等这类居民必备的公共设施建设项目，大家都有这样一种心态：别盖在我家后院（Not in My Back Yard，NIMBY），所以各地方政府特别是社区居民对这类项目布局总是千方百计加以阻挠，选址过程颇伤脑筋。[24]

由于土地和城市基础设施是在政府管制下的生产要素，具有不可流动的特性，在交通费用和劳动力等成本都较为一致的情况下，政府通过直接投资和动员社会各种资源大力改善城市基础设施，以形成土地在价格—质量的比较优势，把流动的生产要素固定在自己的地区。因此政府对经济发展的责任转变为如何吸引流动的生产要素，在生产要素稀缺特别是资金稀缺的情况下，政府间的竞争就不可避免。[25]

5.3.2 土地双轨制和地方收益基础对地方成长管理政策的影响

1. 土地投放双轨制的影响

目前中国执行的仍是行政划拨和市场出让双轨并行的土地投放政策。根据2000年全国土地证书年检结果的初步统计,全国城镇国有土地80%的宗数是通过划拨获得,所占面积在98%以上[26]。在协议、招标、拍卖等三种土地出让方式,95%以上的政府土地出让都采用协议出让方式,市场化程度较高的招标和拍卖方式在土地出让中所占比重极小。(招标地价一般是协议地价的3~5倍,拍卖地价一般是协议地价的4~10倍[27]。)同时有偿出让和无偿划拨的"双轨制"的存在,以及有偿出让中不同的交易方式,都意味着巨大的利益机会。这些利益机会为政府官员提供了创租的空间,很多组织和个人通过各种寻租手段从政府手中以划拨和协议方式获得土地。由于土地投放双轨制的存在,划拨用地无偿无限期使用的特征进一步强化了地方政府在城市成长管理过程中选择大量投放土地、外延式发展和利用土地作为吸引物吸引企业入驻本区的利益取向。

2. 地方收益基础的影响

与中国城市地方收益的基础是企业所得税不同,美国地方城市的收益主要来源于不动产税[28]以及居民所得税;另外,联邦和州的转移支付对地方发展具有至关重要的作用。因此,在美国的宪政体系格局下,地方政府有尽力吸引本地"用脚投票"的居民和尽可能从上级政府的转移支付中获取更大收益的利益取向。

表5-1显示,在1966—1967年度中,美国地方政府的总收入中有65.3%来自地方来源收入,其中最大的是不动产税,它占了总收入的43.2%和地方收入的66.2%,从州政府得到的财政拨款占到了总收入的31.7%。在1986—1987年度中地方政府的总收入中仍有62.0%来自地方,这时候不动产税仍占总收入的28.3%,占地方收入的45.6%,政府间转移支付提升到占总收入的38%,比重增长了3.3个百分点,并且,州政府和联邦政府的转移支付都有所增加。在1986—1987年度中不动产税仍然是地方来源中的最大的一部分。正如Charles Dudley Warner所言,"税收通常是来源于城市土地"。但

是就全国范围看,从州政府那里得到的政府间转移支付已经成为地方政府收入的最大来源。[29]

表 5-1　美国地方政府的收入来源比例

	1966—1967	1986—1987
地方来源	65.3	62.0
不动产税	43.2	28.3
其他税收	6.7	10.1
收费和其他收入	15.4	23.6
政府间转移支付	34.7	38.0
州政府	31.7	33.3
联邦政府	3.0	4.7

* 包括公园和公共娱乐,住房,社会发展,污水治理以及其他环境设备

资料来源:政府调查(1967,1987),美国商业部,转引自 Arthur O. Sullivan. Urban Economics (the 4th ed.). Mc. Graw-Hill Press,2000.

反观中国,目前不动产(房地产)税体系还远未建立起来,作为不动产保有税的房产税只发生于出租住房和生产性部门之中,大量的居住物业不纳入税基;土地增值税只发生于土地交易过程;土地使用税为定额从量方式,与区位虽有关联但不甚紧密。即便如此,涉及不动产的税收总额仍然很低,笔者在南方某经济发达省份的副省级市调研时,该市土地部门每年征得的土地增值税不足千万,相对于每年若干亿元的土地出让金收入,只处于几近可以忽视的局面。在全国 660 多个城市中,共有 20 多万家国有企业,用地面积 70 多万公顷,土地资产总量达 5 万亿元[30],但这些资产并未成为城市发展的资金动力源泉,由于缺乏土地使用效率的监管机制,土地使用效率低下也就并不鲜见。由此,在城市用地的空间布局中,优地往往没有得到优用,行政办公和工业用地占用城市中区位优越的土地,使得土地的区位优势不能充分发挥作用。如在"一五"时期规划建设的新工业城市,行政办公用地占据着中心区优越的地理位置,其次是工业用地。很多老城市的建成区,用地布局的混乱状况至今还没有根本改观。148 如果参照西方国家 1% 左右的物业税水平,中国国有企业蕴藏的潜在收益(但对于企业而言更是压力和动力)就达每年 500 亿元人民币以上。在考虑城市空间重新调整,考虑居住、商业等其他收益性土地资源的情况下,地方的受益程度将远远超过 500 亿元/年的水平。

另外，从转移支付的角度来看，由于中国的多级财政体系，国家直接投资（如道路等基础设施）的影响效力远远超过某一单一级别政府对城市的转移支付[31]。这样，地方政府从城市成长中获取的潜在收益的渠道，就回到前述的依托新增土地资源和吸引企业入驻两个重要方面，因此地方政府必然选择外延式的增长模式。

3. 城市内城建设对城市成长模式的推挤

张庭伟（2001）曾将20世纪90年代中国城市空间的变化概括为主要表现为城市建成区向外扩展以及与此同时发生的城市内部空间的重新组合。同时指出城市空间变化的外向扩展和内部重组这两大方面是互相关联、互为因果的。没有建成区的向外扩展，外迁的企业和居住区就无去处，则城市内部空间的结构重组无从实现。没有内部重组造成的推力，郊区化就推动了动力而无法产生。

但是在很多城市成长的过程中，我们却发现城市内部重组的相对无力。由于内城改造的成本远远高于新城开发，一定程度上由于利益的逆向驱动，成本推动形成对成长模式的外向型推动。

特别是，政府缺乏旧城改造的直接动力进一步造成城市成长的增量发展倾向：在政府未意识到危旧房旧城改造对城市经济发展的推动作用的时候，政府的注意力放在了见效快的其他产业的引导和城市新区的建设上。特别是长期以来形成的"一手高指标，一手乌纱帽"的管理模式，使政府部门的注意力紧盯在上级部门和上级领导上，对危旧房旧城改造要么等待上级的资金和政策，要么干脆留给后人。而对不同的地方政府来说，多数情况下是在等待其他区的改造，既可以学习人家的经验，又可以根据其他区的改造投资，争取更多的资金（李振亮，2004）。

5.3.3 地方政府行为取向

1. 放松土地供给规制、促动企业发展

政府的管理范围和管理权限受行政区划的严格限制，任何政府领导，都无权也不可能将其管理范围和管理权限延伸到周边地区，更不会站在周边利益的角度去考虑本地区的行政与经济工作。这样，地方政府作为城市土地资源的供给者，关心的经济效益，不仅包括由土地使用权出租产生的直接经济效益，还包括由土地使用权出租后产生的财政收益。在一个封闭的城市内部或者快速增长而需求旺盛的区域，土地批租的效益很可能成为政府率先追逐的目标，但是在中国改革开放以后大量城市政府的外部竞争下，很多区域只能理性的选择以土地的低门槛实现对企业的吸引。因此，地方政府在实际工作中都有放松土地供给规制的动力驱使。即便是在北京，2003年出台的海淀区地方制度也规定了城市土地非挂牌上市时的优惠政策：2003年3月，海淀区在其首次新闻发布会上宣布，经过充分论证，区政府决定把海淀区北部地区的产业用地降低到每亩30万元左右，与现行地价综合比较，平均降幅达60%。在发布会上，发言人指出："最近，北京市为进一步优化发展环境，出台了建立本市土地储备制度，在各区县设立土地整理储备分中心。海淀区在落实土地储备制度、统一组织土地一级开发的基础上，制定出降低产业用地门槛的具体政策。这些政策中包括对一些特别的产业用地，如重点企业、重点纳税大户能落户海淀的，还在降低后的地价上再给予优惠；对根据海淀自然资源和生态环境进入海淀生态办公区的跨国公司总部和世界500强企业，将给予更大的优惠。"[33]

新闻链接： 国务院查处江苏违规建钢铁项目相关责任人

http://www.sina.com.cn 2004年04月28日22:13

新华网北京4月28日电 国务院总理温家宝28日主持召开国务院常务会议，听取了监察部、发展改革委等部门对江苏铁本钢铁有限公司违规建设钢铁项目查处情况的汇报，责成江苏省和有关部门对有关责任人做出严肃处理。

江苏铁本钢铁有限公司自2002年初筹划在常州市新北区魏村镇、镇江扬中市西来桥镇建设新的大型钢铁联合项目。该项目设计能力840万吨，概算总投资105.9亿元人民币，2003年6月进入现场施工，2004年3月江苏省政府责令全面停工。

经查，2002年5月以来，为实施该项目，铁本公司法人代表先后成立7家合资（独资）公司，把项目化整为零，拆分为22个项目向有关部门报批。2002年9月至2003年11月，常州国家高新技术产业开发区管委会、江苏省发展计划委员会、扬中市发展计划与经济贸易局先后越权、违规、拆项审批了铁本合资公司的建设项目。铁本公司未取得环保部门批复环境影响评价报告书即开工建设，严重违反了国家环境保护法、环境影响评价法的有关规定。

2003年以来，常州高新区管委会、扬中市政府在未依法办理用地审批手

> 续的情况下非法批准铁本公司征用、占用土地,并违规组织实施征地拆迁,导致铁本公司违法占用土地 6541 亩(其中耕地 4585 亩,含基本农田 1200 亩)已无法复垦,造成大量耕地被毁。2003 年 12 月,江苏省国土厅违规批准了常州市涉及铁本公司的 14 个批次的土地 5988 亩,致使铁本公司项目部分非法占地合法化。
>
> **新闻最后强调**:要进一步贯彻落实好中央政治局最近分析中国经济形势后提出的经济工作的一系列方针政策和宏观调控的各项措施,增强全局意识,切实维护国家宏观调控的统一性、权威性和有效性。决不允许有令不行、有禁不止,自行其是。要进一步树立和落实科学发展观,坚持"五个统筹"要求,对执行国家产业政策的情况进行自查自纠,对盲目投资、低水平重复建设的在建项目进行清理整顿。决不能急功近利,片面追求眼前利益和局部利益,忽视长远利益和全局利益。要进一步建设法治政府,各级领导干部要努力提高依法执政、依法行政、依法办事的能力,严格按照法定权限和程序行使权力。决不允许有法不依、有章不循、违法行政、弄虚作假。要进一步完善对投资活动的管理和监督制度,国家机关工作人员要提高责任意识,减少行政管理的漏洞,结合《行政许可法》的贯彻落实,明确责任,严肃纪律。决不允许失职渎职、损害国家和人民群众的利益。

2. 加速空间扩张

城市政府对本地土地控制的"内在性"常使市地供给量大于本地区资源最优配置要求。一般而言,如果土地所有者充分维护其市场权益,必然会在土地的市场供给中尽力利用其垄断地位,最大限度地寻租,以实现土地供给的最大利润。如图 5-1 所示,在这种情况下,即使是没有计划上限,土地所有者也会将土地供给量确定在 Q_m,因为此时的利润最高。但这一最高利润,并不代表土地所有权的实际控制者——政府的最大利益。如果有关监督力量要求土地供给的市场利润不低于 A_0,那么,政府官员便很可能在满足这一条件的基础上,不去选择最大利润点 Q_m,而是 Q_a。作这一选择的动因,并非一定是腐败,而是有着政绩诱使、经济激励、减少控制成本等比较复杂的原因。

改革开放以来,发展一直是硬道理,而创办多少开发区,建立多少合资企业,引进多少资金,创造多少产值,增加多少就业,不仅是发展的衡量指标,也是政府官员政绩的考核指标。既然扩大土地供给有利于上述指标的抬升,进

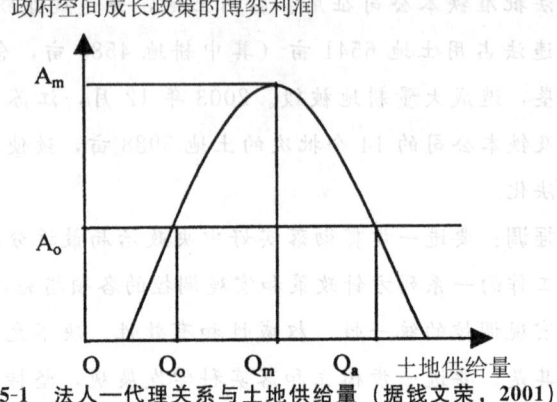

图 5-1 法人—代理关系与土地供给量（据钱文荣，2001）

而有助于政绩的表现，而土地供给的机会成本又只是国家认购限价的农产品收益，乱建开发区、越权批地，而忽略应得的土地供给垄断利润，也就在所难免。在一定条件下，只有增大土地供给，优惠土地开发，率先实现空间扩张，才能吸引投资，扩充经济总量。（钱文荣，2001）因此，在国家土地管理部门再三强调保护耕地和限制建设用地扩张的同时，各个地方却以种种手段实现城市空间的高速扩张。而其中尤以通过城市规划和具有独立土地审批权的开发区建设来实现扩张的意愿最为突出。

3. 摊大饼式邻域拓展为主要形式

从中国城市发展的客观事实来看，城市在发展的过程中受到资金、资源、制度以及人口政策的强力束缚，城市的成长一般只呈现出邻域扩张的现象（有学者把这种现象形象的总结为"摊大饼"）。城市决策群体在考虑城市空间拓展问题上也基本上从边际成本，或者朴素的说从财政能力的角度出发，往往只是在城市迫切需要外拓的时候选择成本最低的区位引导城市发展。1990年以来，随着改革开放的深入，土地的出让收益成为城市政府重要的财政来源，由此，城市政府更加愿意选择城市边缘接近市区的可控区位作为城市发展的预留空间，而一般不会选择距离城市建成区更远的区位。这一点，从中国城市卫星城建设的若干失效案例可以加以佐证，城市政府忽略对卫星城的非生产性投资（如医疗、教育、文化等），卫星城的自生能力很差，选择卫星城发展模式的城市也往往呈现摊大饼的格局，最终包容规划的卫星城。

从理论上，我们可以得知，由于地租竞标曲线的存在以及地租竞标曲线与区位、距离和地方土地利用功能的强势关联，使得这种接临发展的空间增长模式造成对中心区地租的反挤压,即随着空间的进一步扩张,城市中心区的影子地租更高,亦即所谓外溢—回波效应,从而造成中国的城市发展过程中,多数城市形成了以城市单一地段负载全部或者大多数城市功能的单中心、强中心结构。虽然城市中心区虽然受到经济利益(机会成本)的冲击,但是由于历史原因造成的城市中心区人口密度过高、城市建设密度过高、拆迁难度大,政府选址城市中心区等问题的存在,造成城市内部用地效益的低下。

由此,城市在发展中往往采取为摊大饼的格局。跨越式发展、多中心结构、旧城复兴诉求等虽然在很多城市已经是市场经济条件下,为了健康发展必须实现的成长模式,但是,城市决策群体往往基于其个体的有限理性以及政府作为"巨物"模式和"民主"模式复合体的特质而不会去选择投入更大,短期效益不显著的跨越式、多中心发展路径,往往基于财政预算和行政绩效采取问题导向和成本导向而不是更为理性机遇或者效益导向,选择简单而不易产生问题的放量扩张的摊大饼模式促进城市空间发展。

4. 完成上级计划指令

从政府部门的内在运作而言,城市政府部门必须完成上级对其的指令。自上而下的政绩考核制度,是衡量各级政府与部门及其领导政绩的标准;作为政府领导,出于满足"政绩"考核和自己"升迁"的需要,往往被迫制定一些不切实际(总量规模偏大、结构失衡)的发展计划,其行政行为及发展目标,具有短期性和极强的本位色彩。在这样的体系下,地方政府同时受到自身利益取向的影响,又要尽可能完成上级的计划指令,因此就必须采取一定的手段来保护农地,并从实际收取的土地收益中按比例上缴中央,以完成指标。这样,地方政府作为介于中央政府与土地经营者之间的特殊层次,具有双重性。结合前述分析,地方政府一方面为了执行中央政府政策或上级政府的指令,采取各种手段和措施阻止耕地的浪费和破坏,以尽量完成指标;另一方面,又常常表现出地方经济"守护人"的身份,对某些非法占地亮绿灯。在这个具有悖论色彩的双重角色中,城市政府最终往往选择规划这一基本的城市成长管理工具来进行寻租和平衡。

5. 实现对重要区位的先占和控制

(1) 霍特林(Hotelling)区位博弈模型

霍特林(Hotelling)(1929)提出区位博弈模型,讨论区位选择问题,该模型后来成为研究博弈论的最重要模型之一，在主要的博弈论著作中均有描述。

局中人：n 个。

博弈顺序：参与人同时选择区位。

支付或赢得：消费者均匀地分布在 [0, 1] 区间内，密度函数等于1。价格为1，生产成本为0。销售者根据自己所在的位置排序为 $x_1 \leqslant x_2 L \leqslant x_n$，$x_0 \equiv 0$ 且 $x_{n+1} \equiv 1$。销售者 i 自己两边的距离上各吸引一半的顾客，因此销售者的收益为

$$\pi_1 = x_1 + \frac{x_2 - x_1}{2}$$

$$\pi_n = \frac{x_n - x_{n-1}}{2} + 1 - x_n$$

或者，对于 $i-2, L, n-1$

$$\pi_i = \frac{x_i - x_{i-1}}{2} + \frac{x_{i+1} - x_i}{2}$$

在只有一个销售者的情况下，所有的顾客都只能向这个销售者购买商品，因此这个销售者选择什么区位是不重要的。如果价格是选择变量，且需求是有弹性的，我们可以预期垄断者会选择 $x=0.5$ 的位置。

在两个销售者的情况下，无论需求是否有弹性，两个销售者都会选择 $x=0.5$ 的位置。试想一个销售者对另外一个销售者所在位置的最优反应，就会发现两个销售者都会选择 $x=0.5$ 的位置是一个稳定的纳什均衡。一个销售者对另外一个销售者所在位置的最优反应是：总是使自己与中点之间的距离比竞争者与中点之间的距离不大。因为两个销售者都这样做，所以最后两个销售者会都位于中点，并各自占领一部分市场。

在三个销售者的情况下，这个模型没有纯策略的纳什均衡。因为位于两端的销售者会向中点靠拢以挤占中间销售者的市场份额，所以任何销售者位于不同位置的策略组合都不是均衡。如果有两个销售者位于同一点的话，第三个销售者会使自己离开这两个销售者一段距离，这样第三个销售者占领的市场份额最大的话，位于同一点的两个销售者中就会有一个销售者移动到第三个销售者另外一端的位置上，以抢占第三个销售者的大部分市场份额。所以这里唯一的均衡是混合策略均衡。Shaked（1982）计算得出对称的混合概率密度 $m(x)$ 为

$$m(x) = \begin{cases} 2 & \text{若} \frac{1}{4} \leqslant x \leqslant \frac{3}{4} \\ 0 & \text{其他} \end{cases}$$

Simon（1987）证明：在任意的 n 个参与人和 m 维空间的霍特林区位博弈中都存在着一个均衡，但有可能是混合策略均衡。

因为价格不能灵活调整，所以竞争市场的结果是缺乏效率的。如果一个仁慈的社会计划者或一个垄断者能够使自己和消费者靠得更近一些，并索要一个较高的价格的话，他们选择的区位将不同于市场竞争下的企业所选择的区位。特别是，当两个互相竞争的企业都选择中点时，消费者的福利并不比只有一个销售者时更好。社会计划者或者垄断者会使两个企业分别位于 $x_1 = 0.25$ 和 $x_2 = 0.75$ 的位置，这时消费者和销售者之间平均距离最小。下图是两个社会计划者干预后的图示。

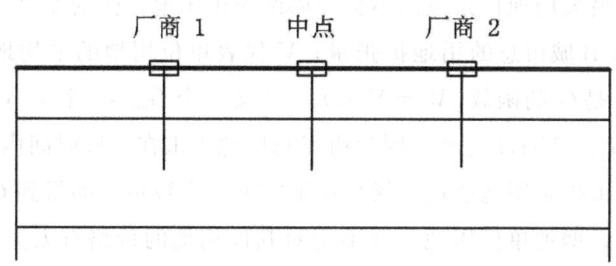

图 5-2 霍特林（Hotelling）区位博弈模型

（2）城市政府区位控制能力强化的途径

城市政府为了更多地控制自身利益，不断强化其区位控制能力。一方面，通过各种基础设施和大型组团建设构建具有渗透能力的空间发展格局，通过发展逐步吞并邻域的次级区域，例如杭州市所辖的萧山、余杭二市就于 2000 年撤市设区，成为杭州市直接统管的区域。另一方面，地方政府对平级的地域往往采取边缘占先的发展战略，各个城市为吸引毗邻城市的消费者，均纷纷将商业和大型居住组团等安排在两市的边界地区[34]，这些关键的区位成为地方政府在区域竞争中重要的"棋眼"。另外，受到城市行政边界的影响，很多城市区位控制能力的强化体现在城市发展方向中。对此一点，学界、政界和民众多有切身体会，从北京—天津的背向发展[35]到珠江三角洲、长江三角洲内部若干城市的"模糊"发展，都体现了忽视市场力量的思潮。

（3）城市政府主导用地扩张的动力——"用地扩张悲剧"

王纯（2004）以广东省新会和江门为例证，参按哈丁（Harding）（1968）关于牧羊人的博弈模型[36]构建了一个近似相邻城市用地扩张规划的简化模型[37]。模型认为，城市政府与牧羊人的角色相似，明知道自己的扩张行为必然导致经济过热，甚至宏观失控，但现在谁都在扩张，如果谁先停下来，就会失去眼下发展的机会，并且宏观失控的后果谁都有份，并不会因为某个城市不参与就能够避免。

博弈局中人：相邻两城市政府为博弈参与人，将它们分别城市用地扩张的过程，看作是相互之间的一场博弈。[38]

策略空间：两市随着城市社会经济的发展都有增加用地的需求，设 A 城市为 j，B 城市为 x，采用单位用地（$1km^2$）的概念，A 城市的策略空间为 $g_j \in (0, T_j)$，T_j 为 A 城市的最大扩张用地的范围（目前情况下为 A 城市行政区划的范围），B 城市的策略空间为 $g_x \in (0, T_x)$，T_x 为 B 城市的最大扩张用地范围，假设最大用地扩张范围不会妨碍两城市用地扩张的需要。$G = g_j + g_x$，代表 A 城市 B 城市总的用地扩张量；V 代表单位用地的平均地价。一个重要的假设是 V 是 G 的函数，$V = V(G)$。定义一个 G_{max}：当 $G \leqslant G_{max}$ 时，$V(G) > 0$；当 $G > G_{max}$，$V(G) \leqslant 0$，因为市场总用地需求在一段时间内（规划期内）是一定的，如果扩张用地超过市场总用地需求一定数量，即得到 G_{max}。当用地扩张量很少时，增加单位用地也许不会对其他用地的价格有太大的不利影响，但随着扩张用地的不断增加，每只羊的价格会下降，因此，假定：

$$\frac{\partial V}{\partial G} < 0, \frac{\partial^2 V}{\partial G^2} < 0$$

如图 5-3 所示：

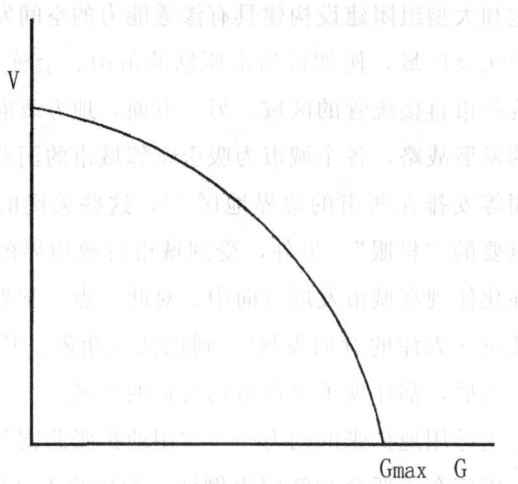

图 5-3　单位扩张用地价格随总扩张用地的增加而下降

在这个博弈中，每个城市政府的问题是选择 g 以最大化自己的支付。假定每单位用地的政府开发成本为 c，那么支付函数为：

$$\pi_j(g_j) = g_j V(G) - g_j c$$
$$\pi_x(g_x) = g_x V(G) - g_x c$$

最优化的一阶条件是：

$$\frac{\partial \pi_j}{\partial g_j} = V(G) + g_j V'(G) - c = 0$$

$$\frac{\partial \pi_x}{\partial g_x} = V(G) + g_x V'(G) - c = 0$$

上述一阶条件可以作如下解释：增加一个单位用地有正负两方面的效应，正的效应是这个单位用地本身的价格 V，负的效应是这个单位用地使所有之前的其他单位用地价格下降。

上述两个一阶条件定义了两个反应函数：

$$g_j^* = g_j(g_x)$$
$$g_x^* = g_x(g_j)$$

因为，

$$\frac{\partial^2 \pi_j}{\partial g_j^2} = V'(G) + V'(G) + g_j V''(G) < 0$$

$$\frac{\partial^2 \pi_x}{\partial g_x^2} = V'(G) + V'(G) + g_x V''(G) < 0$$

$$\frac{\partial^2 \pi_j}{\partial g_x \partial g_j} = V'(G) + g_j V''(G) < 0$$

所以，

$$\frac{\partial g_j}{\partial g_x} = \frac{\frac{\partial^2 \pi_j}{\partial g_x \partial g_j}}{\frac{\partial^2 \pi_j}{\partial g_j^2}} < 0$$

就是说，A 城市与 B 城市的最优用地增加量随对方的用地增加而递减。两个反应函数的交叉点就是纳什均衡：$g^* = g_j^*, g_x^*$，纳什均衡的总用地增加量为 $G^* = g_j^* + g_x^*$。

观察一阶条件会发现，尽管每个城市政府在决定用地增加时只考虑了对自己增加的用地的影响，而并不是对两个城市所有增加用地的影响。因此，最优点本政府边际成本小于两城市边际成本，纳什均衡的总用地增加量大于最优的用地增加量。这一点也可以证明：

将两个一阶条件相加，可以得到：

$$V(G^*) + \frac{G^*}{2}V'(G^*) = c$$

而最优的情况如下式所示：

$$\underset{G}{Max}\ GV(G) - Gc$$

其最优化的一阶条件为：

$$V(G^{**}) + G^{**}V'(G^{**}) = c$$

这里，G^{**} 是两城市一起最优的用地增加量。比较两城市最优的一阶条件与单一城市最优的一阶条件可以看出，$G^* > G^{**}$，两城市用地过度扩张了，从中可以看出 A 城市 B 城市扩张用地的博弈动因。

（4）重复囚徒博弈效应及其扭曲

无论是从经济地理维度的考量还是传统经济学界的发展研究观点都认为，城市（或者城市群）在重复性的集体理性与个体理性的选择间，有望打破一次性囚徒博弈低水平的纳什均衡条件，通过对"超级囚徒困境"的研究，发现和证明了人们彼此之间进行合作的可能性和合理性。他们证明，"重复性囚徒困境"（ierated prisonersdilemma）条件下，"有条件的合作"策略将是理性经济人的最优选择：

所谓"重复性囚徒困境"博弈，是指相同的博弈者会不断重逢，即不断重复面对相似的囚徒困境的选择条件。重复为博弈产生了新的动力结构。在重复性囚徒困境下，理性博弈者将考虑，如果我拒绝合作，不断背叛，为了减少你的损失你也背叛。通过重复，博弈者可按对手以往选择而决定当前选择。背叛有可能遭到惩罚，合作有可能获得收益。如果博弈者关心未来收益，而且博弈没有确定的时间限度，被惩罚的威胁似乎足以高到保证每一博弈阶段的稳定合作。例如，存在一种所谓的"一触即发"策略，即"只要你背叛，我随后将永远背叛。"公共选择理论学者证明，在一种典型的交换情形下，当博弈者双方背叛时，只能维持现状，失去了双方获益的机会。而如果双双合作，就也可能争取到双双获益的结果。通过反复合作，我们可反复从我们囚徒困境的交易中获益。因此，当人们重逢的机会足够大的情况下，即使没有外力的强迫，理性经济人为了双方的利益也会合作。

在"重复性囚徒困境"研究方面，最有成就者当推罗伯特·艾克斯罗德（Robert Axelord）、泰勒（MichaelTaylor 1976）、哈丁（Russell Hardin 1982）等人。在其《合作的进化》（Evoution of Cooperation 1984）一书中，艾克斯

罗德用实验证明，在重复博弈条件下，一次性囚徒困境下背叛的占优策略将会为有条件合作的占优策略所取代，换言之，在一次性囚徒困境中，选择不合作策略的博弈者，在"重复性囚徒困境"中，将会采取合作策略以最大化个人利益。即"有条件合作"策略将是重复性囚徒困境下博弈者的占优策略。实验结果证明，对博弈者最有利的策略，是简单的"针锋相对"（tit—for—tat）策略。这一策略最早由博弈论者 Anatol Rapoport 提出。其具体方法是，博弈者在第一回合，先采取合作策略，以后，一旦对方背叛，自己也背叛；对方合作，自己也合作；简言之，除第一回合外，以后总以对方上一回合策略回应对方，即所谓的"以其人之道还治其人之身，"或"一报还一报"。无数重复实验证明，"针锋相对"，也称"有条件合作"策略是重复博弈条件下，导致个人利益最大化的策略。

艾克斯罗德的实验证明，在一项长期重复进行的博弈中，即使对利己主义者来说，合作也是理性的。[39]

这样，对各个城市之间或者前述的各个主体而言，由于其主体之间的竞争关系并非简单的一次性博弈格局，主体之间存在重复性博弈的可能（甚至说是无限次博弈的可能），这样在前述的重复性囚徒博弈研究的支撑下，大量的城市间内耗、城乡间内耗和城市间以邻为壑现象理应得到避免。

但是，不幸的是，由于地方发展比较体系过于强调地方经济发展水平和发展速度，地方行政体系的评判标准也是地方的经济发展态势，因此，地方官员和其他相关组织的很多成员对市场的"巨物"身份得以充分表露，长期均衡下的重复性博弈被行政任期，资金争夺等多元要素冲击而散、断。可能的区域理性在这样的前提下得以向地方理性复归，地方不可能从区域的角度对发展进行全方位的考量。[40]

5.4 其他利益主体的意向与举措

5.4.1 土地使用者与开发商

对城市成长关联最大的利益主体是土地使用者（包括划拨土地使用者和出让土地使用者两种类型）和开发商，这两个群体都关系到城市成长的最终选择。

1. 利益取向

(1) 划拨土地使用者：实现模糊产权下的收益硬化

在任何土地制度下，土地的权利都不是一个单独的权利，而是多项不同权利的集合。调查表明：相对期限短的土地使用权，如果权利范围较广并且有保障，也可以促进土地使用者对土地进行更多的投资；相反，即使土地使用权的期限（名义上）很长，但是缺乏保障而且权利的内容较少，也不利于引导投资增长。在渐进式改革过程中，正是由于缺乏制度的保障和必要的竞争环境，造成城市土地使用者，特别是区位良好的划拨用地使用者无法支持任何考虑长远的措施。在此背景下，对单位享有土地持有权资格的认可是临时且非正式的，它并不能使产权臻于完整和合法。不完整的、模糊的产权是难以保护也难以转让的，在变革的环境里，事实上的控制也是无法持久的。[41]但是一旦有机会进行交易，持有土地的"单位"就急切希望能将未受法律保护的、临时的、不确定的产权转变为实实在在的易受保护的资产，即将土地资产转化为货币资产。

(2) 出让土地使用者与开发商：实现利润最大化

对于出让土地的使用者和开发商而言，实现利润最大化是其最核心的利益取向，他们必然会采用各种手段（包括正常的市场手段和寻租等等），增加土地使用的潜在收益，并可能鼓励政府采取相应的土地投放政策和城市成长管理手段来实现其收益。

2. 行为取向

(1) 既得利益逐步开始准备变现

一旦土地产权得到非正式的认可或土地产权为非完全市场手段获取（如协议出让等），所有的土地使用单位都非常积极主动地寻求其所持有土地的再开发机会。再开发的过程不但使企业完成了不确定既得利益的硬化，也从侧面协助了城市空间的利用优化。对于这些原土地使用者而言，其获取的收益除了可以在城市的外围进行企业的重建外，更可以通过土地级差收益获取大量的发展资金。

统计显示，处于上海市中心的静安区，在1993—1996年之间批准了总楼面面积为820万 m^2 的再开发项目，其中400万 m^2 的项目是由持有土地的"单位"提出的。在1997年于新加坡、悉尼和墨尔本举行的上海房地产展销会上，仅当时的黄浦区（指未与南市区合并前）就有38个由单位持有的地块向外国投资者推销再开发计划。许多持有土地的单位受到房地产业经营利润可观的诱惑，纷纷加入开发的行列，建立合资或独资的开发公司。1988年有95家开发公司注册，1994年跃至惊人的2099家，至1998年6月，更成倍增长为4012家。[42]

（2）以非完全市场导向获取用地，实现扩张

中国城市土地使用制度虽然实现了从"三无"到"三有"的转化，但是几近无偿的划拨使用制度仍然占主导，协议出让又是出让土地的主体。在此条件下，包括既有土地使用者的各方利益主体都具有获取划拨用地或者采用协议手段获取建设用地，实现扩张，继而通过变现获取收益的行为取向。1992年2月4日，北京市举行首次土地招标，在为期4天的招标期内，竟无一位投标者光顾。道理很简单：能花少许钱打通关节弄到行政划拨地，又有谁会去要那代价高昂的"招标"竞买地？（何清涟，1998）

（3）构建灰色市场，私自征地

由于中国土地使用制度不够完善，许多个人和组织不经过政府同意，私自进行土地征用和土地出让，许多土地经过灰色交易进入市场。据估计，全国每年由土地的隐形交易导致的收益损失在100亿元以上[43]。隐形土地市场的存在，分流了正常的市场需求，加上非正常的交易手段和交易价格，导致了土地价格的扭曲，使得市场信号失灵。[44]也造成政府对城市成长管理的部分失控。

5.4.2 农村集体

与改革前城市成长征用土地过程中较少考虑农村集体收益相比较，改革开放以来，国家开始逐步强化对农村集体土地收益的保护。在城市成长过程中，与农村集体发生关联主要集中于城市外拓过程中所涉及的农村土地占用一项，即外延发展中的征地过程。

从目前中国的土地利用政策来看，国家征用农村土地主要执行按原用途补偿的标准。《土地管理法》四十七条规定征用土地的，按照被征用土地的原用途给予补偿。征用耕地的补偿费用包括土地补偿费、安置补助费以及地上附着物和青苗的补偿费。征用耕地的土地补偿费，为该耕地被征用前三年平均年产值的六至十倍。征用耕地的安置补助费，按照需要安置的农业人口数计算。需要安置的农业人口数，按照被征用的耕地数量除以征地前被征用单位平均每人占有耕地的数量计算。每一个需要安置的农业人口的安置补助费标准，为该耕

地被征用前三年平均年产值的四至六倍。但是，每公顷被征用耕地的安置补助费，最高不得超过被征用前三年平均年产值的十五倍。……支付土地补偿费和安置补助费，尚不能使需要安置的农民保持原有生活水平的，经省、自治区、直辖市人民政府批准，可以增加安置补助费。但是，土地补偿费和安置补助费的总和不得超过土地被征用前三年平均年产值的三十倍。

虽然1998年新《土地管理法》较以往提高了土地征用补偿标准，但国家执行的征地标准往往与市场价值差异甚远，孟延春博士在对北京市边缘区的调查中发现，一亩普通的菜地如果稍加改造变为商业用途，每年即可收取6万元左右的租金，不仅高于种菜的收成，也高于单纯的征用转让补偿。[45]因此，农村集体往往有两方面的抉择倾向：

其一，对于区位较好发展较快的地方，相对于通过正规渠道被征为国有土地后再进行非农开发而言，自发自主开发能够让农村集体组织取得更多的经济效益，这些区域的农民往往选择自行开发的手段，实现经济增长；

其二，对于很多经济欠发达城市周边的农村而言，城市征地进行的补偿往往尚不及农作生产的效益，这些地方对征地具有强烈的抵触情绪，希冀保留为农作状态。

需要注意的是，农民虽然作为农村土地的实际使用者，但是，由于中国农村土地制度只在"集体"的范畴内形成了对产权的控制，产权的社区边缘是清晰的，但是对内部而言，由于没有确切地分割到乡、镇、队，产权的社区边缘却是难以辨清的。在这样的土地制度下，由于乡村集体领导的所谓权威性和时效性，必然在和城市政府之间进行交易的过程中产生多重博弈关系。城市政府与乡村政府，乡村政府与上级乡镇，乡村政府与周边的同级乡村，乡村政府与村民等等利益主体之间存在的博弈关系都影响到城市空间扩张的过程。

在目前的分配体系下，农村征地的收益并非全部为农民所掌控，各级村镇政府实际上往往占有征用土地价值的大部分，因此，农村集体领导的利益实现实际上就成为征地过程中的主要决定因素。如果农村的自行开发和灰色市场能够超过征地给领导带来的收益，则灰色市场往往大行其道，另外一种重要的格局往往是在城市的边缘区，由于农村征地的收益往往与市场实际价格相差甚远，在对土地需求旺盛的区域，农村政府特别注意对土地资源的"保护"，往往选择"居其值""早出手，先得月"等手段屏蔽或者阻碍城市政府对城乡土地使用模式利差的垄断性收益；而一旦征用土地过程中，集体领导的潜在收益超过自行开发带来的收益或农业生产累计带来的收益，则乡村政府领导往往选择促进征用的决策，甚至希望加快城市化进程，尽早征地，在任期内实现土地资本的货币化，从而获取个人利益。在这个过程中，乡村政府与周边的同级社区的竞争往往成为农村土地加速流入城市的重要根源。也就是谁能卖地谁就有本事，谁就能发财，而不是在乎农民的收益如何日后的保障到底如何。这样的案例似乎已经屡见不鲜。

在抵抗农村政府的过程中，由于土地的征用价格与区位脱节，仅仅按照作物经济价值进行判断，对土地的投资不能获取地租的直接回报，因此，具有一定理性的农民出于对自身养老的保障需求和潜在的谈判成本提升预期，具有扩大宅基地面积和强化住宅建设的倾向，将这类投资作为对抗城市土地使用主体低价征用土地的一个重要手段。从全国范围来看，无论是江浙等经济发达省份还是湘鄂等经济发展相对欠发达省份，农村的住宅建设都在如火如荼地进行。只有通过这样的手段，才能更有力的对抗城市和乡村政府的征用决策。

5.5 国家与地方城市成长管理博弈

笔者在本章以大量的篇幅分析各个利益主体的利益导向和行为导向，其目标并不是孤立的研判某一主体的决策，而是在弄清这些决策主体的决策根源之后，分析解释中国城市成长的事实。

表 5-2 国家与地方城市成长管理取向矩阵

主体 \ 管理内容	占地规模	区位要求	成长模式	功能分区
国家	降低城市建设用地，强化对高规模级别城市的控制	尽可能少占耕地	强调内涵，集约利用土地	无具体要求
地方政府	希冀实现大规模高速度增长	蔓延增长为主；开发区强调的飞地式增长	外延为主	逐步导入纯化的分区思想

从前文和表 5-2 的分析中可以明显地看出国家与地方在城市成长管理取向上的差异。然而从中国城市成长的实践中存在的问题来看（见绪论部分 1.1.2），地方政府的行为取向成为城市成长管理的主导，同时，问题也多集中

暴露于此。是什么原因造成国家行为取向的执行失灵和地方的全面胜利呢？本节，笔者试图从博弈均衡的角度来进行理论分析。

5.5.1 国家部分行为取向不符合经济规律

必须指出，在中国高度紧张的人地矛盾下，高速城市化过程中各级政府都应当注重集约使用土地。在符合社会主义市场经济导向的大方向下，导入偏紧的城市成长管理政策是很重要的。总体上来看，国家执行严格的以空间限制为主导的城市成长管理无疑是正确的。但是，在城市发展过程中，国家的部分执行行为却存在着不足。

国家行为取向的先天不足，首先表现在长期推行计划经济制度的路径依赖使市场经济的推行存在相当的困难，很多领域对市场经济的认识尚不全面、不充分。

其次，国家在发展的过程中逐步强化耕地减少主要是由城市建设引致的发展逻辑，强化对城市化特别是城市成长的限制实际上是一个误区。这一方面是由于每年发生的大量耕地被改造为鱼塘、果园等农业内部生产用地结构调整，往往不太容易引起注意。另一方面，在非农业建设用地中，存在严重的浪费和其他不经济现象，尤其是 20 世纪 90 年代初的"开发区热"，使得非农业建设用地尤其是城镇建设用地成为耕地保护人士和部门议案反对的众矢之的。[46]但是王一鸣等（2000）提供的数据揭示了这是一个误区："耕地数量减少的主要原因不是城镇发展，而是农业内部结构调整占用耕地。开发区热盛行的 1990—1995 年间，全国耕地净减少 2201 万亩，其中农业结构调整占用耕地占 64.5%，各类建设占用耕地占 19.1%，自然灾害损毁占 16.4%。1995 年全国城镇建设用地占各类建设用地的 26.09%，若按这一比例推算，则整个'八五'期间城镇建设占用耕地仅为耕地减少总量的不到 5%。"

第三，国家构建的规模导向的城市成长管理政策具有先天不足。通过规模这一简单的量化指标来衡量、控制和引导城市发展，是计划经济时期一种简便易行的管理思路，但是这种城市发展方针在市场逐渐占据主导地位的社会经济生活中遇到了很多难题，而且在实际执行过程中由于阻力过大，其实现程度也已经大打折扣[47]。正如有学者指出"大都市因为行政控制过严，所以土地供给普遍不足，结果地价过高，可能步中国香港经济之后尘；而许多小地方，却同时因为行政控制松弛使得那些没有什么效益的工业和城镇建设项目大量滥占了农地。简单概括，一头严重浪费城市化的机会，一头大量浪费农地。"[48] 同时，从表1-1中也可以直观地反映出低规模级别城市的人均用地规模过大，土地利用效率偏低的事实与国家成长管理的初衷有悖。

第四，国家强调的以农地收益为基础的农地征用补偿机制与市场脱节，在对农村集体的分析中已有说明，这里不再赘述。

5.5.2 信息不对称下地方政府的强大与国家的无力

1. 地方政府充当"现管"角色

地方政府除了具有代行国家土地所有者身份，可以出让土地使用权外，国家的城市法律体系还确立了地方政府对城市空间的规划权和部分规划修订权，使得地方政府对城市成长问题具有强力的发言权，成为城市成长这一问题的直接"现管"。在前述财税体制下，地方政府为了扩大实际支配的资金，积极扩大土地收益，其做法一方面是拓展征税对象，吸纳企业入驻，提高征税税率，另一方面，必然在任期内多批地、多卖地，于是造成了城市的外延式扩张，侵占了大量的城郊农地。

新闻链接：调查显示违规高尔夫球场均由各地国土部门批准
http://finance.sina.com.cn 2004年05月14日 07：09 中国青年报

来自国家有关部门的调查显示，目前全国已建成近200个高尔夫球场，遍及27个省、自治区、直辖市。其中广东54个，北京28个，上海13个，海南、山东、河北、福建、江苏、天津均在5个以上。据不完全统计，这些球场总占地约33万亩，另外还有拟建的高尔夫球场70多个，计划总占地15万余亩。

按照国家征地审批权限，用地超过1000亩以上的，须报国务院审批。一个18洞的高尔夫球场，需占用土地近2000亩，不少球场占地更大。据了解，如此大宗占用土地的高尔夫球场建设项目，通过国土资源部审批的仅有10个。那么，这么多的高尔夫球场，又是谁批建的呢？

一份某省关于高尔夫球场建设情况的调查显示，这些球场的用地审批机关均为国土部门，而立项批准机关则有省政府、外经贸委、计委等部门；土地取得的方式基本是协议出让，另有租赁、划拨、招标等形式，还有的根本就未办理出让相关手续；占地最大的近5200亩，其中占用耕地近1800亩；

> 有的球场球道区与配套设施占地比例几乎达到 1∶1。这些项目，有的采取租赁农民土地的方式，有的地方政府采取先将某片土地规划为绿化用地，然后作为绿化项目由开发商建设高尔夫球场；有的则采用化整为零的方式，逃避国家审批。

2. 国家规制的执行失真与反馈噪声

出于管理上的需要，政府部门从中央到地方常设置多个级别。理论上，同一个机构的上下级之间具有共同的目标，机构内部下级服从上级的原则有利于各项政策的顺利推行，从而达到预期目标。但实际上，每一级别的机构都有各自相对独立的利益，因而其目标并不完全与上级的目标相一致，各项政策在执行过程中出现偏差是常见现象，设置的级别和层次越多，可能出现的偏差也越大。中央关于保护耕地的基本国策到了基层往往就大打折扣，城市和其他非农建设占用耕地数量年年超过中央计划指标便是一个重要例证。[49] 同时，地方只在需要的时候（包括规划审批或者修编时，地方政府换届需要等等）才把一些关键内容反馈于国家，进一步造成国家规制的滞后。

面对客观存在的信息不对称性（即信息偏在和信息隐匿）、信息噪音加大（因本位利益）、知识或信息能力的有限性、高昂的信息成本以及不确定性因素的大量存在，中央政府不可能获取、并供给准确而连续的信息，同时由于地方、部门、企业本位利益的存在及其对中央信息（即使是较正确的信息）提供的自利性筛选，必然导致信息传递渠道不畅和信息机制扭曲。[50] 在农地向非农用地转变中，政府既能获得土地改换用途而取得的产业级差收益，还能以批租形式获得几十年地租。如此双重收益给城市经营者带来的好处，使中央政府有关保护耕地的要求在地方往往形同虚设。按理土地行政部门可以利用行政监察职能防止乱占耕地。可是在城市经营模式下，土地资源行政管理机关同时又是土地经营者，结果当然是尽量满足土地经营需要。只有在几年一次的土地普查或航测后，才会显示耕地减少的实况，但是到那时为时已晚。[51] 因此，即使在 1997 年中央下文"冻结非农建设项目占用耕地"后的一年内，耕地也依然减少约 18 万公顷，[52] 虽然这其中不都是被非农建设占用。

在以上中央政府不断加强对耕地的保护，并严格城市用地扩张限制的做法面前，地方政府在土地收益和城市发展政绩的诱惑之下，仍然没有言听计从，往往上有政策、下有对策，即便是面对潜在的处罚，由于利益的巨大驱动和

"造福一方"的心理支撑,"因公违法"事件仍屡见不鲜。

在中央政府与地方政府对土地收益的分成历次博弈中,地方政府似乎总是处于相对优势,有相当的主动权。

钱文荣(2001)认为从中国城市成长的脉络和土地所有制基础来看,地方政府的优势地位主要有以下的几个来源:

(1) 实物地租是地方政府获取土地收益的重要形式;

(2) 地方政府是城市国有土地所有权的现实代理人,是"现管";

(3) 财税体制改革中的一些漏洞也使得地方政府的资金运作空间扩张。

艾建国(2001)则认为,中央政府在上述博弈中屡屡退败。但是,中央政府在土地收益问题上的退让是以放松搞活整体经济为出发点的,并且在某些时候,是以加强对其他收益来源的控制为谈判条件的,因为土地实在是一种位置固定的不动产,地方管理更加切合实际。但是,当土地使用情况关乎民生安全时,中央政府代表全局的利益又会挺身而出。

钱文荣的分析没有考虑土地资源仅为全要素中一部分的事实,分析略显无力,而艾建国的分析虽充分考虑了国家作为"公"利益代表的特征,但是在一定程度上忽略了国家整体的有界理性问题。一旦考虑政府政策的内在制度背景,就仍需再次回到对剩余索取权和谈判权的关注。笔者认为,由上到下的政令执行往往以规模为线索,在规模等级体系和城市等级体系基本一致的条件下,距离国家层级近的地方政府的规制效果由于监督成本比较低和政府谈判能力强,中央的威慑力往往较大,执行比较好;而层级的下端,由于监督的制度成本很高,因此执行的噪声和理解的偏差,甚至导致误导性执行。这样,在多级的政府体系下,国家的意志随着层级的加深其执行的效果递减,在国家执行具有规模累加性的土地利用规制措施的基础上,愈发加剧了博弈的恶性循环。

新闻链接: 新一轮圈地风席卷全国 地方好大喜功推波助澜

http://house.sina.com.cn 2003年11月30日 21:56 南方日报

2003年以来各地设立开发区5524个,占地3.51万 km²

* **新一轮圈地风席卷全国**

今年年初,各省市人大、政协全部换届,新一届地方政府纷纷出台施政纲领,随之,新一轮圈地热兴起。

一些地方政府片面理解发展经济的内涵,为追求政绩,好大喜功,搞了许多"形象工程",是造成各地乱占滥用土地的原因之一。

这些年土地违法大案要案多次发生，但真正受到查处的政府官员寥寥无几，甚至出现"明受批评，暗得实惠"的怪现象。

各地要严格实施土地规划计划，从严控制用地规模，坚持"三个不报批、一个从严"。

据新华社北京 11 月 29 日电针对目前各地存在的盲目滥占乱用土地现象，国土资源部有关负责人分析指出，违法圈地存在一定的周期性。新一届地方政府就任之初，常常会刮起一轮圈地风。而地方政府在土地占用方面"犯法"难以查处或者处理偏轻则是许多人敢摸"高压线"却未受损伤的重要原因。

* 新一轮圈地风不容乐观

国土资源部新闻发言人王世元在接受《经济参考报》记者采访时说，圈地现象在 20 世纪 80 年代出现了一次高峰，1992 年又出现了一个周期，今年年初第三轮圈地风席卷全国。

今年年初，全国各省市人大、政协全部换届，新一届地方政府纷纷出台施政纲领，随之，新一轮圈地热兴起。据国土资源部督察组调查，今年以来，各地设立的开发区数量多达 5524 个，占地面积更是惊人，达到 3.51 万 km^2。重庆市经过治理整顿撤销了 50 多个开发区，海南省撤销了 67 个。而浙江省有 742 个开发区，规划面积 4000 多平方公里，相当于全省现有城市和建制镇面积的 3.6 倍。

* 地方政府好大喜功推波助澜

国土资源部规划司潘文灿司长分析说，一些地方政府片面理解发展经济的内涵，为追求政绩，好大喜功，搞了许多"形象工程"，是造成各地乱占滥用土地的原因之一。他说，从经济发展的规律来看，中国要从一个相对落后的国家走向富裕繁荣的现代化社会，必然要经过工业化阶段，工业化难免要占用一些土地。就这一角度而言，土地的工业化利用有其必然性。但是，使用土地不得违反国家制订的土地利用规划，不能违规滥占土地。与此同时，各地在发展经济的过程中，为了招商引资，不惜竞相压低地价甚至以零地价将子孙田送与他人，令人痛心。

* 惩治不力难以真正遏止非法占用土地

要从严审查加强报批：在土地利用中，规划起到了龙头的作用。有的地方政府为多占土地，随意修改规划。王世元在接受记者采访时说，国土资源部刚刚下发了关于进一步采取措施落实严格保护耕地制度的通知，要求各地

> 严格实施土地规划计划,从严控制用地规模,坚持"三个不报批、一个从严",即凡是不在土地利用总体规划确定的建设用地范围内的各类开发区(园区)和城市建设用地,一律不报批;凡是没有土地利用年度计划指标的,一律不报批;凡是没有通过建设项目用地预审的,一律不报批。从严审查城市总体规划修编确定的建设用地总规模,超过土地利用总体规划确定的建设用地总规模的,不予通过审查。同时,严格控制规划修改和调整,严禁擅自修改和调整规划。
>
> 实际上,这些年土地违法大案要案多次发生,但真正受到查处的政府官员寥寥无几,甚至出现"明受批评,暗得实惠"的怪现象。国土资源部一位调研土地执法问题的干部表示,如果碰了这根"高压线"不用付出身败名裂的惨重代价,想根本遏制非法占用土地就难以实现。

5.5.3 基于威廉姆森科层控制和最优企业规模模型的城市成长扩展

威廉姆森对现代企业理论的发展做出了重要贡献,作为现代企业理论的代表人物,他一直注重对企业存在和企业与市场的边界的研究。在《企业组织:厂商、市场和政府控制》的第 3 章"科层控制和最优厂商规模"中,他对企业的科层控制和最优规模作了一个综合性的研究。以这篇文章为借鉴框架,可以引申至城市成长管理领域,尤其适用于中国多级政府并存的现象。

1. 模型的原始基本假设

假设一个科层组织的商业企业,有以下特征。

第一,只有最低科层级别的雇员做体力劳动,更高层的雇员所做的工作完全是管理性的(计划,预测,监督,会计等)。

第二,产出是生产性投入的固定比例。

第三,支付给最低层雇员的工资是 W_0。

第四,每一个上级的工资是他的每个直接下属工资的 $\beta(\beta>1)$ 倍。

第五,控制的范围(监督者能够有效控制的雇员的数目)在所有的科层级别都是一个固定数;$S(S>1)$。

第六,生产和要素价格是参数。

第七,所有的非工资变动成本是产出的固定比例。

第八,一个上级的意图只有 $\bar{\alpha}(0<\alpha<1)$ 被下属有效地满足。

第九,控制损失是沿连续的科层级别严格累积的(不存在制度的补偿)。

2. 基本模型的推导[53]

定义

$S=$ 控制范围

$\bar{\alpha}=$ 一个下属对上级的目标的贡献的工作部分($0<\bar{\alpha}<1$),它是一个依从参数

$N_i=$ 在第 I 科层级别的雇员的数目 $=S^{i-1}$

$n=$ 科层级别的数目(决策变量)

$P=$ 政府的产出价格

$W_0=$ 政府职员的工资

$W_1=$ 在第 I 科层级别的雇员的工资 $=W_0\beta^{n-1}(\beta>1)$

$r=$ 每单位产出的非工资变动成本

$Q=$ 产出 $=\theta(\bar{\alpha}S)^{n-1}$

$R=$ 总收入 $=PQ$

$C=$ 总变动成本 $=\sum_{i=1}^{n}W_iN_i+rQ$

假设 $\theta=1$,目的是求解 n 的值(科层级别的数目,以及企业的规模)从而最大化净收入。

$$R-C=PQ-\sum_{i=1}^{n}W_iN_i-rQ$$

$$=P(\bar{\alpha}S)^{n-1}-\sum_{i=1}^{n}W_0\beta^{n-i}S^{i-1}-r(\bar{\alpha}S)^{n-1}$$

$$\sum_{i=1}^{n}W_0\beta^{n-i}S^{i-1}=W_0\left(\frac{\beta^n}{S}\right)\sum_{i=1}^{n}\left(\frac{S}{\beta}\right)^i$$

其中,$\sum_{i=1}^{n}\left(\frac{S}{\beta}\right)^i=\dfrac{\left(\frac{S}{\beta}\right)^{n+1}-\left(\frac{S}{\beta}\right)}{\left(\frac{S}{\beta}\right)-1}\approx\dfrac{S^{n+1}}{(S-\beta)\beta^n}$

因此,得到

$$R-C=P(\bar{\alpha}S)^{n-1}-W_0\frac{S^n}{S-\beta}-r(\bar{\alpha}S)^{n-1}$$

将这个表达式差分,并使其等于零,我们得到 n 的最优值:

$$n^* = 1 + \frac{1}{\ln\bar{\alpha}}\left[\ln\frac{W_0}{p-r} + \ln\frac{S}{S-\beta} + \ln\left(\frac{\ln S}{\ln(\bar{\alpha}S)}\right)\right]$$

其中 $\beta < S$,$\bar{\alpha}S > 1$

从模型中我们可以得出以下结论。

第一,最优的 n 值随着对监督者目标的依从度 $\bar{\alpha}$ 的增加而增加。

第二,如果在连续的科层级别间不存在意图的损失($\bar{\alpha}=1$),则最优的 n 是无限的。只有递减的需求曲线或上升的供给曲线才会对这种情况下的城市规模造成一个静态的约束。反过来,在中国城市治理体系中 $\bar{\alpha}<1$ 的过程中,最优的 n 不可能是无限(或者说多层次)的。

第三,最优的 n 值随着控制范围(S)的增加而增加。直觉可能使我们预期越扁平的组织(较少的科层级别)应该与越宽的控制范围相对应,但显然这是不正确的。

第四,最优的 n 值随着级别间(β)的工资倍数增加而减少。

3. 模型的基本结论

对于任何给定的控制范围,连续的科层级别交流时发生的简单的系列再生产中的扭曲都会产生不可减少的最小长度的控制损失,另外,如果科层级别间的目标不同的话,控制损失就更大。

4. 对城市成长管理的推广

把科层的层次控制和最优规模模型直接推广到城市政府体系内部具有一些显著的"鸿沟",但是从总体上来看,这些鸿沟却是无伤大雅的。实际上,只要把商业企业的假设更改为政府序列,这个模型就可以解释城市成长管理中的科层控制和最优规模。

威廉姆森这一模型引证了笔者对国家城市成长管理政策推行失灵的分析。与西方扁平而相对清晰的城市管理体系不同的是,中国城市成长管理除了国家之外,还存在多级嵌套的政府体系。这些政府体系的存在正如上述模型中所表达的一样,造成了大量的噪声和偏差。这种城市管理体制已不能适应目前中国城市成长的新形势。因此,从这一模型出发,中国政府治理结构的扁平化应当成为今后发展的一个指向。

新闻链接：湖北实行省管县财政体制 打破省管市市管县模式
www.news.sohu.com 2004年05月12日 06：47 来源：中国青年报

省管市、市管县（市）的财政管理模式，将被湖北省打破，取而代之的，是省管县（市）的财政管理体制。今天，湖北省财政厅正式对外发布了《关于省管县（市）财政体制改革的具体实施意见》。

在推进省管县（市）财政体制改革座谈会上，湖北省常务副省长周坚卫说，进行此项重大改革有4个原因：

一是财政部明确提出了进一步完善省以下财政体制的要求；

二是目前县（市）一级的财权与事权不对称，财政供养人员过多，县乡政府债务沉重，资金调度困难，绝大部分县（市）依靠省财政转移支付，才能保证国家规定工资和津补贴的正常发放；

三是部分市由于自身财政比较困难，不同程度地集中了一部分县（市）财力，省对县（市）财政的一些扶持政策和补助资金等难以及时落实到位；

四是省对县（市）的财政信息和实际情况掌握不够准确、不够及时，难以加强对县（市）财政的有效监管。

据了解，湖北省的这一改革，暂不调整财政收支范围，但对不符合支持县域经济发展要求的市、县（市）收支范围划分，省财政将予以规范和调整。

实行省管县（市）的财政管理体制的基本原则是：维持现行利益分配格局；共同支持县域经济发展；坚持权责统一；坚持积极稳妥、有序推进。

实行省管县（市）财政体制的范围是：原实行省管的武汉市等17个单位继续实行省直接管理（含所辖区），全省52个县（市）（不含恩施州所辖的8个县市）实行省管财政体制。

湖北省政府要求，改革后，省对下的各项转移支付补助，要按照规范的办法直接分配到市、县（市）；省专项补贴资金，由省财政厅会同省直有关部门直接分配下达到市、县（市），同时抄送市财政及有关部门。

《意见》还规定：从2004年6月1日起，湖北省各市、县（市）人民银行国库直接对省报送收入报表，同时，省直接确定各市、县（市）的资金留用比例，资金留用比例一年一定。

5.5.4 国家的对策：强化规制与扩大管制机构规模

姚洋（1999）曾经构建了一个探讨企业家预期与政府规模之间关系的模型，通过一个两阶段的信号传递模型将讨论数学化，模型揭示了政府规模和企业家预期之间的负相关关系。如果把制度成本考虑为一个整体的话，多层次的国家城市成长管理机制就无限度地提升了潜在的政府规模。[54]对城市成长管理这一问题，也存在同样的情况。

国家在对地方城市成长控制无力的过程中，分别采取强化规制和扩大自身规模的方法来强化利益实现。

1. 强化规制措施

从中国城市发展来看，国家在放权开始后，出于保护耕地和控制收益的双重目标取向，多次希冀回收对土地投放的监控权。特别是在 1990 年以来，先后出台数十条有全国影响的规制措施，限制土地投放。根据新《土地管理法》的有关规定，所有农地转用审批权限上收到国务院和省级两层，即便是一个县级单位在城市化的过程中可能征用的基本农田都需要国务院进行审批，同时省级土地利用机构、市级部门等都成为制约土地供给的上级政府。

2. 扩大自身规模，强化监管力度

公共选择理论家曾利用经济分析的方法从五个方面总结了政府扩张的原因。

第一，政府实行供给公共产品和消除外在性的职能时的扩张。

第二，政府在进行如何财富再分配时的扩张。

第三，利益集团造成的政府的扩张。

第四，官僚机构倾向于政府扩张。

第五，财政幻觉与政府扩张，即政府不让公民感受到税负的增加，而通过发行国债的方式，增加政府公共开支，达到扩张的目的。

对于城市成长管理而言，国家的管制主要集中于城市建设用地占用耕地的问题，由于国家的一级监控存在很大的难度，地方政府又具有连同用地主体（企业等）绕开中央规制的倾向，国家只能通过不断壮大国土管理部门实现对微观个案的监控。在原有计划部门和城市建设部门掌管城市成长的基础上，

1990年成立国家土地局（后于1998年与地质矿产部、国家海洋局，国家测绘局合并为国土资源部），使国家土地部门形成了多头管理、增大规模的实际状况。国土部门成立10余年来，也不断进行自身强化。

3. 强化规制与扩大自身规模的影响

规制越强（或者是姚洋等人所指出的是政府规模越大），企业家的预期往往就会有下降的趋势，从这个角度来看，投资主体必然更多地选择规制较少或者政府规模较小的城市，具有这种管理属性的城市其成长的速度往往更快。但是，考虑到规制强化后交易成本的提升和规制造成的直接收益损失，实际上部分高级别城市的交易成本反而低于一些低级别城市（特别是时间成本和制度的执行成本），因此，20世纪90年代以来，高规模级别城市成长速度加快与此不无相关。

如图5-4描述了改革开放以来中国城市成长管理的构架。可以看到，城市成长领域，在国家与地方政府的博弈过程中，地方政府具有相当的优势。中国城市发展的实际轨迹中，也可以看到地方政府主导的外延式、高土地供给的城市成长管理模式占据主导。当然，信息不对称还不足以支撑地方政府在博弈中的占优地位，地方政府实现其利益导向的成长管理，依靠的主要工具也就是城市成长管理的主要工具即城市规划。

5.6 规划成为利益博弈之工具

在中国的法制和宪政体系下，城市政府试图实现的利益取向、多方主体利益的博弈关联必然要通过特定的行为来实现，作为城市成长管理工具主体的空间规划本身恰恰成为利益博弈的工具。

5.6.1 规划成为合法的先占土地，规避规制的手段

从政府的利益取向分析中已经明晰，中国地方政府往往采取事后寻租的手段，从其他方面来获取土地的收益，并且依此建立可调控的规划机制，制订和修改城市发展规划，使之成为重要的寻租途径。

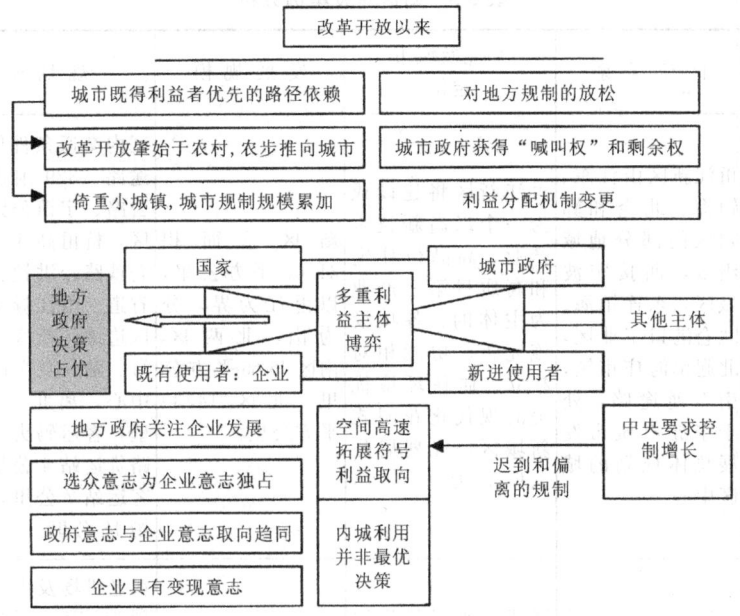

图 5-4 改革开放以来中国城市成长管理构架

1. 通过规划先占土地

从全国范围来看，相当多城市政府都具有提升行政级别和获取更多建设发展用地指标的期望，而这两个期望实现的根本在于人口规模的提升。这就只能从规划这个合法但是难于进行实质监督的渠道出发。据杭州某县级市公安局提供的资料表明，2000 年底，该市市治所在地镇域户籍总人口为 9 万人，1995—2000 年间，人口年均增加不足 2000 人。但其 2020 年规划人口达到 17.5 万人，人口增长几近 100%。实际上，人口规模背后的土地才是规划扩张的真正目标，按该市人均城市建设用地 100m²/人计算，规划期内可"合法"征用土地达 8.5km²，是该镇目前建成区面积的 1 倍多。

下面我们就国内的宁波甬江新区、郑州东部新区、泰州市新区、湖州仁皇山新区、贵港城北中心区、常州戚墅堰新区、南京河西地区、沈阳浑南新区、杭州市滨江新区、西宁市城南新区、南宁高新技术产业开发区、苏州高新技术开发区等 12 个城市新区的功能定位、规模及用地布局等情况进行归纳总结。[55]

表 5-3 新区建设案例分析

新区名称	区位关系	功能及城市定位	发展规模	规划要点
宁波市甬江新区	甬江新区由江东、镇海、北仑和鄞州区的部分地域组成，西接宁波城区，东连镇海、北仑港口工业区，北起镇海庄市镇，南至通途路，处于宁波市城市发展总体规划的城区中心。	甬江新区将建设成为一个以高新技术产业、高品位住宅和高质量第三产业为主体的、各项设施完善、功能相对独立、居住环境优美的现代化花园式新城区，规划居住人口35万。	新区总面积31.05平方公里，以甬江为界，分为南、北两区，南区16.66平方公里，北区14.39平方公里。	区内交通条件优越，通途路、329国道、江南公路、宁镇公路贯穿新区，杭甬高速公路、北仑铁路、洪镇铁路、34省道、甬江隧道紧挨新区边缘。新区处于宁波海、陆、空交通枢纽的中心，离北仑港10公里，客运码头5公里铁路货运站4公里，铁路客运站7公里，栎社机场18公里。
郑东新区	郑东新区位于市区东部，西起107国道，东至拟建的京珠高速公路，北起连霍高速公路，南至机场快速路。	郑州未来经济发展除加强现有的工业、旅游、商业贸易、农业等产业外，要重视21世纪三种新的成长产业，即IT产业、物流产业、生物产业（生态产业或遗传基因产业）。	新区规划总面积约150平方公里。	在老机场及周围地区规划为CBD用地，以金融、办公、商务和居住功能为主。在西北部规划了8平方公里的人工湖（龙湖），其周围为低层居住区，在伸入龙湖的半岛上布置副中心，以旅游、居住为主，连接CBD和副中心的为商业、文化城市中心轴线。
泰州市新区	新区位置选在老市区南侧。	规划地段分为东、西两个功能区。东片为行政区，是市政府及其行政办公机构所在地；西片为金融商贸区，是未来泰州市经济活动中心，同时兼具文化娱乐中心功能。	南宫河以东约1平方公里范围内，向南经寺巷镇、刁铺镇、口岸镇，直达长江北岸的高港（现名泰川港），绵延20公里有余。	行政区北侧、商贸区南侧分别为城市绿地和市民休闲公园。为了强调城市形态和它的整体魅力，规划中把行政、商贸两区结合起来，根据两区的不同性质和功能特点，进行功能区划和结构组织。两功能区既各自独立、自成体系，又互相关联、相互渗透，构成泰州市现代化新区中心的窗口形象。

续表

新区名称	区位关系	功能及城市定位	发展规模	规划要点
湖州市仁皇山新区	位于湖州中心城区北部，介于城市旧区与北部太湖风景区之间。	增强城市服务功能，增强城市辐射能力，扩大和带动城市区域整体发展，建设行政中心，体育中心，科技文化中心。	总面积约3平方公里，用地形态似三角形。	行政中心区占地42公顷；商务区占地55公顷；居住区76公顷。
贵港市城北中心区	贵港市中心城区南梧大道以北。	贵港市城北中心区是以综合功能为主的、包含有城市行政办公、商业金融、文化娱乐及生活居住职能的城市新区。	目前中心城区建设主要集中于西江北岸、黎湛铁路以南的狭窄范围，中心城区居住用地和公共设施集中于老城区。	三区三轴的形式；三区：文化娱乐区、行政办公区、金融商贸区三轴：城市景观轴、城市商业轴、城市绿轴。
常州市戚墅堰新区	新区地处常州市中心市区边缘地带和城乡接合部是常州市"一城四翼"发展重点中的东翼，因此，今后将作为常州市的副中心城来发展。	将作为常州市的副中心城来发展。由于新区内包含的丁堰和潞城乡镇工业基础好，有一定规模，以及戚区的城市建设面临的新的发展和需要。要求城市与乡村互为依托、协调综合、融合发展，包括城乡产业结构的融合、城市人口的融合和城乡空间形态的融合。	—	以融合的原则：经济结构融合的新型社区。1）城乡融合经济结构；2）新旧融合经济结构；3）国内、国际融合的经济结构；4）人口结构融合的新型社区；5）社会结构融合的新型社区；6）生态结构融合的新型社区。
杭州市滨江新区	滨江城中心区启动地块位于滨江城中心区的东北部，北至钱塘江南岸，东面为十甲路，南面为迎春路，西面为落英路。	分为南北两大功能区，北部为城市的公建区，南部为居住用地。生活舒适、环境优美、格调灵活、特色鲜明"的现代化城区。	中心区6.5平方公里，启动区总用地面积约2.52平方公里。	中心启动地块是滨江城区级中心所在地，是杭州南部的副中心，是塑造滨江城市形象及钱塘江沿岸景观的重要地区，也是城市景观和环境质量的高要求地区。中心区启动地块可以分为南北两大功能区，北部为城市的公建区，是滨江城的区级中心，同

续表

新区名称	区位关系	功能及城市定位	发展规模	规划要点
杭州市滨江新区	—	—	—	时又是杭州市的副中心，它包括行政办公中心、文化娱乐中心、商业金融中心及科技会展中心、广播影视中心、医疗中心及沿江的旅游观光带等部分，是滨江城重要的功能区。南部为居住用地，根据控规，中兴小区属于长江路东居住区，中兴路以南居住用地属于中兴路居住区。
西宁市城南新区	城南新区位于西宁市南郊水磨地区以南，湟中县徐家寨三岔路口以北。	建设成为房地产业、商业贸易、信息产业、行政办公、旅游观光、文化娱乐、生态园林、青藏高原特色资源精深加工的现代化生态城区。	南北长约11.3公里，东西宽约2.3公里，总面积30平方公里。	城南新区采用了"一心两轴"的规划结构，即以市民广场为核心，结合商业、文化娱乐等设施为一体的行政商贸中心区，以新城大道为核心的城市拓展轴和以第一大道为依托的商贸发展轴。
南宁市高新技术产业开发区	高新区位于南宁市西郊，距市中心2公里。	广西的科研、文教中心。汇集48所高等院校、专科学校和科研院所，约6000名科技人员，是发展高新技术产业的重要依托。	高新区规划面积为18平方公里，新区规划面积8.5平方公里。	由中心区、农业生物工程示范区、相思湖别墅、保税仓储区和科技工业园组成，另在市区设有"科技一条街"和"壮宁工业园"。
苏州新区（苏州高新技术开发区）	位于苏州市西部，东起京杭大运河，南至向阳河、横塘镇北界，西至天池、天平、灵岩风景区，北至浒关新区。	将整个区域规划成中央商贸区、环中心生活区、科技工业区、休闲娱乐区。华东最大的游乐园——苏州乐园。保持江南水乡城市特色的现代化新区。	苏州新区规划总面积52平方公里，首期开发面积25平方公里。	苏州新区的开发建设有两大目标：一是加速高新技术产业的聚集，成为苏州市经济发展的新的增长点。二是建设一个现代化的新区域，成为苏州城市建设的新的发展空间。

续表

新区名称	区位关系	功能及城市定位	发展规模	规划要点
沈阳市浑南新区	浑南新区位于沈阳市中心城区南部，由浑河沈阳城市段及其毗邻的浑南地区两部分组成。浑南新区是沈阳市核心区结构性拓展的重要举措，是沈阳市的重要组成部分。	以高新技术产业为主导，以教育、科技、人才为支撑，集高新技术产业、金融商贸、教育科研、生活居住、休闲旅游为一体的沈阳市现代化科技新城区，环境优美的国家级高新技术开发区。	规划范围81.2平方公里。	浑南新区整体布局为多中心带状组团结构。自西向东规划6个组团，依次为长白综合组团、高新产业区组团、中央商务区组团、大学城组团和两个居住组团。带状结构布局自北向南依次为：浑河绿化景观区—低密度居住和科研区—浑南大道中央开发走廊—中密度居住和科研区—绿化隔离带—产业开发区。规划结合浑河支流和组团间的快速道路，形成向浑河开敞的放射形组团隔离绿带。各组团用贯通东西的浑南大道带状公交走廊维系浑南新区的整体性。
南京市河西地区	位于南京古城的西南方向，是疏解旧城职能的重要地区和主城拓展的主要地区。	滨江特色与现代文明交相辉映的新城。河西功能定位在三个方面：1. 以文化、体育、商务为主要功能的城市副中心；2. 以滨江风貌为特色的主城西部休闲游览地；3. 就业与居住相对平衡的中、高档居住地。	总面积约54平方公里，不含江心绿洲。	1. 区域商贸服务中心假设下的河西空间发展模式 2. 区域文体休闲服务中心假设下的河西发展模式 3. 城市文体副中心假设下的河西空间发展模式 4. 主城附属地区假设下的河西空间发展模式

2. 通过规划规避规制

对很多大城市规模以上级别的城市来说，由于国家的监控力度较强，直接通过总体规划进行扩张有相当的难度（参见前文城市规划法的有关规定），这些城市往往采用年度内少报、漏报区域内土地（特别是农地）存量的手段来进行对监控的规避[56]。另外，这些城市往往还采取曲径通幽的手段实现对规划审批者的寻租，即在总体规划报批时采取偏小的口径，而在例行的城市规划修编的过程中，不断强化具有空间渗透能力的规划扩张。

1994年北京市政府正式批准了首都规划委员会办公室《关于实施市区规划绿化隔离地区绿化的请示》，希冀将绿带建设逐步纳入法制轨道。但是到1998年，绿化面积和水面面积共计42.1km^2，仅比1993年30km^{2}增加12.1km^2。建设用地却在5年内由原来的80km^{2}猛增到118.3km^2[57]。

5.6.2 规划成为土地利用主体寻租的主要领域

对城市内部的土地使用主体而言，其寻租的行为除发生在一些不符合法律法规的领域之外，还集中于对规划这一"合法"领域的寻租。当规划内容成为寻租者的目标之后，城市成长管理的执行不但与理性发展有了偏差，而且与多重主体利益的协调也不相一致。规划此时不仅成为反映地方政府意志的手段，也成为土地使用主体俘房政府和寻租的必经之路。

土地使用者对地块的寻租模式包括获取土地、更改土地使用用途、提升容积率、降低公共配套设施、侵占隔离绿化组团等多种手段，表现为对经营性物业的超强度开发倾向和对非收益性物业的躲避性寻租等等。如1994年《北京市人民政府批转首都规划委办公室关于实施市区规划绿化隔离地区绿化请示的通知》中指出"允许在绿地内适当安排公园和体育、娱乐设施等，与绿地无矛盾的经营性建设项目，其建筑基底面积不超过总绿化用地面积的2%～3%（建筑层数限1—2层）"。而到2003年5月北京市的绿化隔离带中已建有30多个楼盘项目[58]，并且都超过两层。

同时，在开发商逐利行为的影响下，新城开发的利益驱动远大于旧城改造，企业外迁超越居民点外迁的意愿[59]。如第2章对俘房效应所做的说明，由于对政府规制的不同需求认知和行动方式，容易组织的小利益集团往往会赢得竞争，大的利益集团却常常会因为搭便车效应（free rider effect）的存在而处于相对劣势。[60]

从笔者对某大城市规划设计研究院的调研来看，该规划院50%以上的业务总量为详细规划的调整。而调整中的绝大多数是对地块用途和使用强度的调整，如提高容积率、改变收益用地比例、改变建筑限高、降低公共服务设施用地总量等等。这样，某一地块的收益提升必然产生对外围地域的外部效应，毋庸置疑这种效应以负面效应为主。笔者在对北京市东城区某房地产开发小区进行调研的过程中，发现该小区最初的设计规模为占地 4.61 公顷，建筑面积 9.56 万 m^2，规划容积率为 2.07；而最终在规划基地的原址上建筑面积达到近 15 万 m^2。在 1993 年审定的 9.56 万 m^2 基础上增加了约 5 万 m^2。后增用毗邻企业用地 0.32 公顷，使总用地面积达到 4.93 公顷，但全部地块建筑面积更达到 16.7 万 m^2，地块容积率达到 3.39，远高于最初的规划限制。

需要注意的是，开发商的寻租行为在中国的城市发展过程中也开始逐步形成一定的社会分层现象。这些开发商通过价格、区位等手段实现自身利益的最大化的同时，也造成了城市空间的社会分层。对城市内部而言，与计划经济时期多种用途土地混杂相反，纯化使用空间的倾向成为主流。但是，发达国家的经验早已证明，人口分化、城市空间分化是造成诸多如交通压力、社会治安城市问题的根源。也有学者认为，因收入不同带来的人口分化、在城市空间上产生隔离，由此破坏合理的社会结构，则是普遍承认的市场经济的弱点，是引入市场经济的必然结果。[61]中国城市内部分层也在逐步发生，是否会重步这一后尘，需要谨慎思量。

5.6.3 规划成为制度变迁的关键

经济特区建设创建了体制外改革的模式。盛洪（1996）曾分析过体制外改革的若干方式："允许在国有经济之旁发展非国有经济，是产权制度的体制外改革；允许一些新产品的自由定价，是定价制度的体制外改革；允许计划分配体制之旁发展出自由市场，是市场组织的体制外改革；等等。"而这种在经济制度的"真空"建立市场制度的改革，可以避免产生较大的摩擦，因而简单易行且成本低廉。中国城市土地使用制度改革实质性的突破，也正是发生在深圳经济特区和上海虹桥开发区，它们以土地使用权出让和转让的方式回避了中国宪法中土地不得出租和出让的禁令，以改革实践和地方立法促进了中国宪法的修正。经济特区和沿海开放城市的超前性以及所取得的巨大成效的示范性对其他地方政府提供了极大的激励。（艾建国，2001）而市场导向的城市规划成为这一制度变迁中的关键变量。

从目前的情况来看，国家和地方之间以规划作为制度变迁表现平台的博弈是持续进行的。国家出台的不断强化的总体规划审批体系、建设用地审批体系是新的强制性制度变迁；耕地保护、停止征地、住房制度改革、拉动内需、对基础设施投资、改变用地结构等手段是地方政府制定规划的必要前提；而国家对概念性规划的认可则是地方政府诱致性变迁的胜利。直至今天，国家依托规划来规制城市成长的努力仍在继续，2003年3月建设部做出规定，从今年7月1日起，凡未按要求编制和调整近期建设规划的土地，不得出让国有土地使用权。规定要求：国有土地使用权出让前，出让地块必须具备由城市规划行政主管部门出具的拟出让地块规划设计条件及附图。规划设计条件必须明确出让地块的面积、土地使用性质、建设密度和绿地比例等。没有城市规划行政主管部门出具的规划设计条件，国有土地使用权将不得出让。同时，获得出让使用权的土地在使用过程中，还将接受规划行政主管部门的整体规划跟踪管理。[62] 在土地利用规划体系中，也逐步强调土地用途管制的作用。

地方政府在实际工作中，充分利用了具有法律效力的规划的弹性。广州、杭州等地的概念规划屏蔽了既有规划体系（总体规划与详细规划），更多地把市场条件下城市成长的需求反映出来。这些概念性规划的探索，实际上已经鲜明地指出单纯依靠行政区划的限制和对城市成长需求的不承认，根本无法从实质上控制城市成长。由于政策和制度带有的偏见以及在经济学意义上的不合理性，即所谓荆轮效应影响，和政府以政绩和社会稳定为最大化目标的考量，既往的规划编制体系和实施审批机制，会忽略不良的城市成长管理政策对城市发展的负面影响，这种状况需要在制度演进中得到进一步的改观。

5.6.4 作为城市成长管理工具的规划存在缺陷

不能否认，作为城市成长管理工具的空间规划仍然存在诸多的缺陷：规划的编制仍较多地偏重于物质建设规划，注重于确定规划期的人口和用地规模；性详细规划由于受总体规划时效性差等因素的影响，往往不能从全局上把握城市土地开发利用的规模和强度；各地所编制的区域规划或市域城镇体系规划，有的由于可操作性差，有的由于规划滞后而不能发挥作用。特别是，目前中国很多城市的规划编制工作不能适应城市建设发展的步调，城市规划的覆盖率太低，即便在北京市，目前城市规划在总体规划层面上的覆盖率也不足50%，更不用说比较具体的详细规划。由此，在城市边缘地区，即城市成长的主要区域，城市规划不能提供明确有效的规划条件指导，所以城市成长中的盲目性就产生了。凡此种种规划本身的缺陷，影响了城市规划对城市土地利用应有的宏观调控作用的发挥，也是区域发展缺乏指导、重复建设频繁的重要原因。[63]

例如，由表 5-4 可看出，广州市于 1992 下半年—1999 年上半年间，土地的供应以白云区和天河区为主，而又以位于城市西北的白云区为最，这与广州城市总体规划中提出的以东南方向为主导的发展方向是不相符合的，[64] 而北部地区的大发展也给流溪河水源的保护带来威胁。

表 5-4　广州市土地供应（1992 下半年—1999 年上半年）

	东　片			南　片		北　片			
	天河	东山	黄埔	海珠	芳村	越秀	荔湾	白云	小计
1992 年下半年	414.1	11.5	162.1	238.6	69.6	60.9	62.4	491.2	1510.3
1993 年	1347.2	51.5	676.3	887.7	244.3	16.2	65.8	1487.5	4776.4
1994 年	506.6	198.7	193.2	212.7	28.7	19.5	80.6	851.6	2091.6
1995 年	649.5	275.6	208.4	77.8	13.7	17.5	117.1	930.7	2290.3
1996 年	314.9	38.4	147.0	389.5	99.6	3.6	6.5	370.0	1367.5
1997 年	385.3	36.1	8.1	96.1	10.9	6.0	17.7	158.5	718.9
1998 年	1007.0	161.4	194.7	1148.2	781.0	2.2	5.1	4291.5	7591.1
1999 年上半年	321.0	60.3	140.4	75.6	9.9	12.0	28.9	312.6	960.7
合计	4945.6	833.5	1730.2	3126.2	1257.8	137.8	384.2	8893.6	21308.8
比例	23.21%	3.91%	8.12%	14.67%	5.90%	0.65%	1.80%	41.74%	100%

资料来源：李红卫. 广州城市土地供应与规划管理策略研究. 城市规划，2002，26(5)：20.

此外，由于城市土地收益机制特别是不动产税机制尚未建立起来，资金缺乏的政府对城市基础设施等城市规划建设的实施往往望洋兴叹。平安大街改造工程系 1998 年北京市重点工程，其实施的主要目的是缓解内城交通瓶颈，恢复故有街区的商业氛围。但是，平安大街的改造中崇尚资金的自我平衡也造成了相当困难。据了解，这笔资金主要是由参与平安大街改造的开发商从建设银行贷付，而开发商则获得沿街地块的开发权利。这样做表面上解决了资金问题，实际上却隐含着危机。20 亿元修路费用摊到两侧开发用地中，加上用地内的拆迁安置费用，每平方米用地上的土地开发费用超过 1.5 万元。仅仅为了达到资金平衡，开发用地的平均容积率也需要达到 5 以上，是改造前这片地区容积率的 5～6 倍。[65] 实际上由于历史风貌保护的规划限制，根本不可能达到如此之高的容积率，表面上是开发商亏本，实际上是国有银行在背后硬撑。在这种前提下，城市政府优先把资金投入到面子工程之中也就不足为怪。这就造成了以政府为主导的规划不合经济规律以及规划实施中的变形。

5.7 小结

通过前文的论述，改革开放以来的城市成长管理实际上可以归纳为以下几点。

第一，地方政府基于自身利益的考虑，对城市成长进行外延式、大供给量式的选择是城市成长管理的主要特征。这个时期，城市规划、具有独立土地开发权益的开发区的设立以及城市政府自身的外迁是主要的成长管理工具和措施。地方政府在其三重利益取向中公的利益、自身利益都引致快速外延式发展的成长管理决策，而上级政府和国家利益的要求和规制可以通过以规划为主要工具的城市成长管理进行规避。

第二，在这一时期，基于路径依赖的国家城市成长管理理念，以规模作为控制成长的标准，具有先天的无效性，国家成长管理政策所预期达到的集体理性由于监督失灵、信息不对称和时滞效应而失效。

第三，城市内部的土地使用主体，无论是新进的开发商还是划拨土地的使用者，都具有获取利益寻租的倾向，缺乏法律保障的规划成为寻租指向的目标，进一步加强了外延式增长的趋势。对于城市内部而言，由于寻租和变现需求，造成内城土地不符合市场规律的交易屡有发生，供给过量造成的总体上的用地低效率，寻租造成的个案土地使用强度变化破坏了城市空间的合理性，外部性问题成为一个发展中被忽视的空白点。

第四，由于政府对城市内部投资无法直接回收，外部性的空白点为理性的地方政府所规避，取而代之的是进行具有行政表现力的形象工程建设。

第五，对于乡村而言，一方面由于中国城乡级别差异影响和城市对农村权益的实际忽视，造成农村土地征用的无序和过量。农村对抗城市征地的手段包括集地外租、乡村工业园区建设等多方面，但是无论如何，这样的对抗努力在城乡不对等的条件下都难以奏效。对于农村政府而言，出于变现需求，实际上也存在囚徒博弈的情况，虽然农民是不愿意的，但是政府意志，特别是当城市政府和乡村政府意志一致之后，农村土地也成为乡村政府实现自身利益的一个重要资源，从而造成城市空间的外拓。

第六，改革开放至今，城市成长管理工具体系仍很不发育，以空间控制为主要内容的城市规划是城市成长管理的主要工具，城市规划本身的缺陷和问题也影响到城市成长管理的实施效果。同时，其他工具体系建设还比较滞后。

注释：

[1] 熊皮特. 经济分析史（卷1）. 北京：商务印书馆，1991：29.
[2] Schultz, Theodore. Distortions of Agricultural Incentives. Bloomington：Indiana University Press, 1978. p. 1114.
[3] 朱勇，徐广军. 现代增长理论与政策选择. 北京：中国经济出版社，2000：94—102.
[4] 参见沈体雁. 基于知识的区域增长. 北京大学博士学位论文，2000：113—114.
[5] 诺斯. 制度、制度变迁和经济绩效. 上海：上海三联书店，1994：127.
[6] Martin R, Sunley P., Paul Krugman's geographical economics and its implications for regional development theory：a critical assessment. Economic Geography，1996，72(3). pp. 259—292.
[7] 引自沈体雁. 基于知识的区域发展. 北京大学博士学位论文. 1999：32.
[8] 本部分系笔者与杨保军先生讨论的共同成果。
[9] 韩晶，朱洪泉. 经济增长的制度因素分析. 南开经济研究，2000（4）：58.
[10] 韩晶，朱洪泉. 经济增长的制度因素分析. 南开经济研究，2000（4）：56.
[11] 地方政府逐利倾向驱动城市扩张，中经网（www.cei.gov.cn）2003-12-11.
[12] 另一层原因是国家在20世纪70、80年代还原未意识到第三产业的作用，认为在工业化超前的社会中必须实现农村的就地城市化和就地工业化。
[13] 宝贡敏，朱允卫. 规制与中国乡镇企业的崛起、发展. 浙江学刊，1998（3）：17.
[14] 城市成长的规模论认为：城市依其不同的发展条件，总是存在某个临界点，高于或低于这个临界点，城市的发展都处于相对不经济中，因此这个临界点的城市规模应是人们孜孜以求的适度规模。规模经济和规模不经济是城市成长应当具有适度规模的理论依据，各界人士由此分别从经济效益、就业带动能力、城市拓展成本等方面寻找支撑和论据。
[15] 中国行政体制有中央、省、副省、计划单列、地区、市、县等多个级别，十分繁复。
[16] 周其仁. 农地征用垄断不经济. 中国改革，2001（12）：29.
[17] 即指发生在农村地域，由基层社区政府发动和农民自主推动的、以农村人口在农村内就地转移，建立小城镇为中心的城市化过程（崔功豪，2002）。
[18] 定位：全球性城市之一——访中国区域科学协会会长、北京大学中国区域经济研究中心主任杨开忠，深圳特区报，转引自http：//www.bahr.com.cn/rsj/redie2.htm.
[19] Richard G Lipsey et al. Economics (10th Edition). New York：Harper Collins, 1993.

[20] 张维迎. 政府管制的陷阱——产权、政府与信誉. 北京：生活·读书·新知三联书店，2001.
[21] 余辉. 政府经济治理结构中的行政管制. 北京大学讲座，梁宇整理，来自博士咖啡 http：//www.doctor-cafe.com/default1.asp? category=6&tid=6.
[22] 一个比较特殊的现象是中国的城市从中等城市规模（城市非农业人口20万～50万人）向大城市规模级别跨越（城市非农业人口50万人以上）的问题。作为中等城市是鼓励发展的对象，而一旦跨越人口规模又成为受到严格限制的对象。国内很多城市处于这样的境遇之中，既要受到规制的制约又要想办法实现发展，从而有了规划的规模悖论。
[23] 李郇. 珠江三角洲城市间竞争的模式探讨. 广东社会科学，2002（4）：24—29.
[24] 黄勇. 美国大都市区的发展与管理，浙江社会科学，2001（3）：39—43.
[25] 李郇. 珠江三角洲城市间竞争的模式探讨. 广东社会科学，2002（4）：24—29.
[26] 石晓平. 土地资源可持续利用的经济学分析. 南京农业大学博士论文，2001：95.
[27] 孙佑海. 土地流转制度研究，南京农业大学博士论文，2000：184.
[28] 西方不动产税的征收税基为评估的不动产价格，按照某一固定比率交纳，这样，一方面提升了城市财政收入，另一方面成为调整、优化城市土地利用结构的重要手段。
[29] 引自 Arthur O'Sullivan. Urban Economics（the 4th ed.）. McGraw-Hill Press，2000.
[30] 钟京涛. 划拨土地使用权必须全面流转. 中外房地产导报，2001（19）：19—20.
[31] 石成球. 关于我国城市土地利用问题的思考. 城市规划，2000，24（2）：11
[32] 如某一城市所获取的转移支付需要上级城市（或省级部门）的支持，而上级部门又必须纳入更高层的转移支付序列进行考虑。
[33] 见：海淀区今天宣布北部产业用地降价60％. 北京晚报，2003-3-27.
[34] 这一点与博弈论中海滩卖冰棒的经典案例十分近似，本书不再赘述。
[35] 在相当长时间内，北京开始打造西北片区，而天津积极拓展东南片区。可喜的是，2004年通过评审的北京市空间发展战略中开始将发展的目光更多地集中于全局，而不是主要考量北京，北京的重点发展方向也将随之改变。
[36] "公地悲剧（tragedy of the commons）"是经济学在阐述外部不经济时，常用的一个经典案例。它讲述的是，一个村庄有 n 户农民和一块草地，农民可以在草地上通过养羊谋取收益。如果草地归某户所有，那么只有他才可以自由地在草地上放羊，这时他会依据利润最大化的原理，选择一个合适的饲养数量，记为 q1。如果草地为公地，n 户农民都可以在草地上自由地放牧，那么他们会从个人收益最大的原则出发，选择自己最优的饲养数，这时草地上羊的总数等于 n 户农民饲养数目之和，记为 q2。q1 基于草地的私有性质，它既是符合个人最优，又是符合社会最优的羊的数量。q2 基于草地的共有性质，经济学中已经证明不等式 q1<q2 成立，从不等式可以看出，尽管 q2 也符合 n 户农民的个人最优，但它并不符合社会最优，而且它还导致了放牧的外部不

经济问题。经济学家以此认为，如果草地的产权公有，那么 n 户农民只要有利可图，他们就会不断地增加羊的饲养量，最终导致公用草地的过度放牧。这就是"公地悲剧"的由来和核心结论。

[37] 王纯．城市空间发展方向规划的博弈问题．北京大学硕士学位论文（初稿），2004．

[38] 前提假设：完全信息；静态博弈；用地的总需求一定；混合策略空间。

[39] 袁瑞军．囚徒困境中的最佳选择——重复博弈条件下的集体行动困境初论．科学决策，1998（5）：41—43．

[40] 杨保军．珠江三角洲区域成长与协调发展研究．北京大学博士学位论文（初稿），2004．

[41] 朱介鸣．模糊产权下的中国城市发展．城市规划汇刊，2001（6）：22．

[42] 朱介鸣．模糊产权下的中国城市发展．城市规划汇刊，2001（6）：22．

[43] 何清涟．现代化的陷阱——当代中国的经济社会问题．北京：今日中国出版社，1997：66．

[44] 杨遴杰．我国城市土地储备制度研究．北京大学博士学位论文，2001：34．

[45] 孟延春．北京郊区化及其对策研究．北京大学博士学位论文．1998．

[46] 王一鸣，杨宜勇等．关于加快城市化进程的若干问题研究．宏观经济研究，2000（2）：9．

[47] 周一星等学者在国内较早的进行了对不同级别城市拓展的绩效评定，从统计资料反馈的情况来看，均与初始意愿偏差甚远。

[48] 周其仁．农地征用垄断不经济．中国改革，2001（12）：29．

[49] 钱文荣．试论我国农地利用及保护中的市场缺陷与政府不足．浙江社会科学，2000（5）：144．

[50] 参见柳新元．利益冲突与制度变迁．武汉：武汉大学出版社，2002：90．

[51] 孙永正．城市经营的五项风险．摘自商道资讯网 http://www.sttt.net/show.asp?id=1100．

[52] 钱文荣．中国城市土地资源配置中的市场失灵、政府缺陷与用地规模过度扩张．来自卡特动态 http://www.card.zju.edu.cn/data/2000-4.doc．

[53] 这部分内容参考了赵晓博士论文的相关内容：赵晓．企业成长理论研究．北京大学博士学位论文，1999．

[54] 姚洋，支兆华．政府的角色与改制的成败．中国经济研究中心讨论稿，No.C1999022，1999；精简内容刊中国经贸导刊，1999（23）：20．

[55] 表 5-3 参见：林坚等．山东省济南市城市空间战略及新区发展研究．中国城市规划设计研究院主持课题，2002．

[56] 国家硬性控制的结果往往是大城市规划"红线"屡屡被突破。

[57] 刘新雷，黄建华．"绿带"将给北京带来什么．《北京青年报》，2000 年 3 月 30 日．

[58] 李雪妍，李霄峰．绿化隔离带地区楼市异军突起．《北京日报》．2002 年 11 月 20 日．

[59] 企业外迁超过居民点外迁速度主要有三个方面的原因：(1) 企业用地容积率低，拆迁安置价格低；(2) 城市政府鼓励内城"退二进三"的政策优先推动企业特别是工业企业外迁；(3) 企业自身的发展需求和土地资源存量达到土地交易的门槛规模，便于交易。

[60] 在城市开发的过程中，除了对土地市场的垄断一项外，小开发商在很大程度上具有与大开发商相似甚至超越性的寻租能力。

[61] 张卫宁，李保峰．城市结构形态变化的新问题——德国城市结构形态变化的启示．城市问题，1998（4）：62—63．

[62] 北京现代商报，2003 年 04 月 01 日，转引自 http：//house.sina.com.cn．

[63] 参见石成球．关于我国城市土地利用问题的思考．城市规划，2000，24（2）：13．

[64] 李红卫．广州城市土地供应与规划管理策略研究．城市规划，2002，26（5）：20．

[65] 方可，章岩．从"平安大街"改造工程看北京旧城保护与发展中的几个突出问题．城市问题，1998（5）：27．

第6章　中国城市成长管理改革探讨

本章旨在提出今后中国城市成长管理潜在的改进方向。城市成长管理的出发点应当从既往的经济成长导向，即注重产业发展和财政收入，转到注重全要素的整合能力的提升；城市成长管理主体也应当打破目前城市政府一维主导的状况。基于管理的渗透能力和政府角色定位，国家应当逐步成为市场导向的城市成长外部规制制定者和基础性建设的实施者；区域政府的作用应当受到重视，并被赋予更大的权力，以通过提升不合作的成本来降低城市化过程中地方政府出于个体理性的盲目扩张倾向和负外部性问题；地方政府仍然应当作为城市成长管理的主体，但是城市土地使用权的掌控应当以市场化运作为基础，打破目前城市政府"球员和裁判"的双重角色。在此基础上，笔者认为，中国城市成长管理必须处理好产权和竞争的关系，以竞争为先导促进产权制度的完善。

承接第 5 章最后笔者进行的总结，可以得出今后中国城市成长管理演进所面临的几个重要抉择：转变城市成长管理的指导理念；调整各级政府在城市成长管理中的角色定位；正确处理竞争与产权的关系，这三个方面，是中国城市成长管理改革的重要出发点和重要手段。

6.1　发展观：实现从经济成长到成长经济

纵观中国城市成长管理制度演变的过程，无论是改革开放以前以重工业企业建设为导向的城市成长方案，还是改革开放以来普遍的以吸引各类型企业为主导的地方发展观念，经济成长都成为城市的第一发展要旨，由于土地市场的"公地"属性和土地资源支配的便捷性，城市的空间成长只成为经济成长的附庸。为此，城市成长管理必须首先实现发展观念的转变，即全面实现从经济成长到成长经济的认识论转变。

6.1.1 理性的城市发展——获取成长经济

从前文对城市成长管理研究的综述中可以总结出，城市成长管理主要是政府作为一级行为主体对"城市"这一公共物品的空间成长进行管理。如果把城市考虑为一个微观个体，城市中的居民考虑为偏好相同的微观要素，城市政府代行决策而没有任何主观色彩和倾向，则城市成长的唯一目标就是充分利用自身资源，获取成长经济。"城市作为特殊的区域，通过经济的结合在其内部实现经济一体化，以整体性的态势组织内部的经济活动使'资源配置在不断增长的空间范围内调整与重组'"（杨开忠，1989）。科斯（1937）在《企业的性质》一文中指出，通过形成一个组织，就能节约市场运行的某些成本。"企业就是这样一种组织形式，它的存在有助于节约市场的交易费用，即用费用较低的企业内部交易替代费用较高的市场交易"。企业的规模被决定在企业内交易的边际费用等于市场交易的边际费用或等于其他企业的内部交易的边际费用那一点上。是选择企业还是选择市场，取决于两种形式的交易费用孰高孰低。[1] 与企业相类似，城市也是人类活动的一种组织形式，也是为了节约市场运行的交易成本而产生的一种制度安排。城市区别于乡村的显著特征，既体现在城市拥有更高的社会分工和专业化水平，也反映在城市人的行为方式更趋向于组织化和制度化。城市化实际上是两个并行发生的过程：一个是人类在空间上的聚集引起分工和专业化不断深化的过程；另一个是人类的组织形式和制度体系不断完善提高的过程。前者有助于降低生产成本，后者有助于减少交易成本。企业在城市集中能否带来效益的提高，关键取决于城市的制度环境能否产生有效率的市场。以上分析有助于人们对城市化和工业化的相关性有更深刻的理解：企业聚集于城市并不必然导致效益的提高，只有当城市制度的建立使交易成本减小到一定程度时，城市化带来的集聚经济效益才会发生。

笔者认为，城市成长的根本动力并不是唯一的，除了竞争这个已经被以往理论进行过相当详细和精确的分析，并且已为人们所普遍认识了的"外在动力"和"营销"这类基于实体资源利用的发展思路之外，还有一种成长的"内在动力"，这就是城市内存在的大量基于制度基础的未利用资源和由此造成的不均衡状态。这种"内在动力"，却是以往的理论所没能充分注意到的。未利用资源之所以可以看作成长的根本动力之一，是因为其具备两个基本特性：(1) 未利用资源是持续不断存在，永远不可能被完全开发利用掉的；(2) 未利用资源具备能动的性质，它会主动地刺激利益主体的革新。这两个特性和竞争是完全一样的。[2]对于城市成长问题而言，中国城市内部的土地使用潜力、未被货币化计量的土地收益和土地使用制度成本降低的潜力都应当作为未利用资源看待，从而可以进行进一步的挖掘。

作者认为，不能单一的将土地的利用作为考察的指标，而应当把土地利用的总效益和其他的效益捆绑在一起进行综合考虑。城市成长管理最终关注的应当是城市的持续竞争力，城市成长要同时关注城市产业的发展和城市成长机制的构建。

6.1.2　实现从重生产到重消费的成长经济转型

既往中国城市的发展作为工业化的辅助工具，更多地注重城市的生产功能。但随着市场经济的深入推行，中国经济增长的瓶颈已经从生产转移到消费，市场规模扩大的速度决定了经济成长的速度。

既往的研究表明，城市的集聚是因为既可以提高生产的效率，又可以提高消费的效率，扩大市场的规模。生产向城市集聚，只不过是市场集聚的一种伴生现象。这就合理地解释了为什么生产可以远离城市（尤其是那些不为本地市场生产的乡镇企业和大量外企），为什么在大规模工业出现之前，世界上就存在城市了，为什么"变消费性城市为生产性城市"会造成灾难性的后果，为什么认为信息社会可以分散生产的可能将导致城市的消失的种种预言无法成为现实（赵燕菁，张兵，2001）。凯恩斯（1934）曾指出了政府在经济衰退时在财政基础上扩大内需的必要性，而没有看到消费组织创新的巨大潜力。经济周期的波动很大程度上是由于生产组织和消费组织发展不同步造成的。只有消费组织创新才能从根本上释放潜在的市场，恢复经济的活力。而城市就是经济中仍未释放出来的巨大组织资源。[3]这种将城市作为组织资源的看法与笔者前述的未利用资源的解释异曲同工。

对高速城市化进程中的中国而言，实现成长经济要注重空间的能动作用，在强调生产功能的同时，改变对消费的吸引力度。成长经济的目的不但要实现生长集聚，还有培养消费集聚的功能。

6.1.3 辨析城市核心竞争能力特征

在帕拉哈莱德和哈默的术语体系中，企业的能力要成为"核心竞争能力"，必须满足三个标准：①给顾客带来真正的利益；②难以被模仿；③能够进入到各种市场。据此，有学者认为，区域核心能力至少具有几个基本特征（沈体雁，2000），对此，笔者将其推广至城市系统：

1. 独特性

城市核心能力首先是别具一格。对一个具体区域而言，其核心能力呈现出鲜明的特点，难以被其竞争对手所仿制。有些能力可能为别的区域所掌握，为社会公众所控制，不能确保企业获得持续的竞争优势，因而不能称为核心能力。因此，并不是所有的能力都是核心能力，如罗马、北京的历史，丽江的文化等。

2. 城市的衍生性

城市一旦形成自己的核心能力，就有可能在某一领域建立竞争优势，并不断地衍生出一系列创新成果，进而开辟新市场，使之保持持久的竞争优势。因此，可以说核心能力是城市创新的源泉。

3. 学习积累性

城市核心能力的形成是一个历史的过程，它更多地依靠长期的经验和知识的积累，而不是一时突发地形成。城市核心能力不能通过简单地模仿来建立和发展，而必须通过不断地积累、学习，才能形成自己独特的核心能力。

4. 路径依赖性

在城市核心能力的获得过程中，城市发展的历史具有重要意义。因为核心能力既是个人或组织在历史发展过程中通过各种学习机制积累的结果，也是下一个发展阶段和发展战略的起点。城市核心能力是在特定的城市背景下，沿着特定的方向产生并演化的，它与城市的技术、结构、文化、价值观等独特性质有关，并体现了城市特有的历史文化氛围和地方惯例。如果脱离这种特定的情景，也就称不上核心能力了。核心能力的概念意味着，尽管在流动性不断增加的经济空间（流空间）中，区位、自然资源等因素的作用相对下降，但是，一旦某种偶然和外在因素促进了城市核心能力的建立，那么，这些因素将对城市发展起到根本性的作用。

6.1.4 依托成长经济理念带来的城市成长管理改进

1. 广义的成长经济超越了狭义的企业基础论调

与狭义的企业基础论调不同的是，实现成长经济相当于把蛋糕做大。在这个框架下，土地不再仅仅作为企业拓展的载体出现，更进一步的，土地成为与其他要素和软环境一起构筑城市竞争能力的基础。引入广义成长经济的理念，采用地方营销理论、城市（区域）价值实现论、交易成本论，服务经济论等等以取代单纯的土地价格成本论，使得城市成长更具有空间之上的实质意义。

2. 成长经济导向弥合并统一了国家和地方的利益取向差异

作为"公"的利益的成长经济是协调多方利益的根基，是政府的根本职能，国家和地方始终都在关注成长经济的实现。但是，在原有的体系下，政府往往为企业的发展所俘虏，逐步成为企业（特别是工业）发展的附庸，除却企业之外的居民利益、其他利益集团利益和真实的成长利益都被片面的抛弃。更要注意的是，中央的理性和地方集体的理性之间产生了脱节，两者利益取向的差异造成城市发展的混乱和浪费（周其仁，2002）。

在成长经济理念的导向下，作为资源整体一部分的土地资源，其利用必然更加受到重视，通过引入适当的竞争制度和有限度的放权，地方政府过量的土地供给倾向也可以得到缓解。

3. 成长经济导向纠正了地方政府的错位

成长经济导向的另一重优势在于使地方政府更加关注于服务职能的培养，政府具有逐步摆脱同企业关联的利益驱动基础，便于树立政府"公立"角色。这种地方政府的角色定位有助于国民经济整体质素的提升。

4. 协调选民和利益集团利益

广义成长经济导向能够最大化区域居民和相关利益集团的总体效益，提高社会福利，从而使中国在委托代理制度尚不完备的过程中体现这些弱势群体的利益。

6.2 破解博弈悖论

应对前文的分析,中国城市成长管理的发展必须解决个体理性与集体理性的博弈悖论等问题,而其中的关键就是改变信息不对称和博弈主体之间的监控关系。

6.2.1 强化监督力度:一个简明博弈模型的推广

1. 基本模型

本书借鉴艾建国(2001)构建的一个对于城市土地使用博弈的理论模型[4],并对其加载城市成长中的经济学含义。在城市成长所涉及的寻租过程中,虽然表现的是利益集团和政府之间的博弈,但实际上却是利益集团与政府管理部门的博弈。博弈中的局中人包括监督者和具有有限理性的利益集团。监督者的纯策略选择是监督或不监督,利益集团的纯策略选择是寻租或不寻租。设监督者的正常收入为 I,利益集团的寻租为 R,寻租罚金为 S。假设只要监督者实行监督寻租就会被发现,此时利益集团寻租的得益(或效用,下同)为 $-S$,不寻租则得益为零。若监督者无论利益集团是否寻租都履行其监督职责,所付出的劳动也获得了相应的报酬,因此得益为零。在监督者不监督的条件下,若利益集团寻租成功,其得益为 $-D$;若利益集团不寻租,其得益为零,而监督者并未履行职责,却获得正常收入,相当于不干活白拿钱,因此其得益为 I。由此得出本博弈模型的效用矩阵如图 6-1 所示。

		监督者	
		不监督	监督
利益集团	寻租	R, −D	−S, 0
	不寻租	0, I	0, 0

图 6-1 博弈效用矩阵

由此可见,这种博弈不存在纯策略的纳什均衡。下面求混合策略的纳什均衡。设 p 为利益集团寻租的概率,q 为监督者实行监督的概率。

利益集团选择不寻租($p=0$)的期望得益为零,选择寻租($p=1$)的期望得益为:

$$U_1(1,q) = R \times (1-q) + (-S) \times q = R - (R+S) \times q$$

利益集团寻租与不寻租无差异的条件是 $U_1(0,q) = U_1(1,q)$。解得：$q^* = R/(R+S)$。当监督者实行监督的概率 $q > q^*$ 时，寻租期望得益为负值，利益集团将选择不寻租；反之，若 $q < q^*$ 时，寻租期望得益大于零，利益集团将选择寻租；若 $q = q^*$ 时，利益集团随机选择寻租或不寻租。

监督者选择监督（$q=1$）的期望得益为零，选择不监督（$q=0$）的期望得益为：

$$U_2(p,0) = (-D) \times p + I \times (1-p) = I - (I+D) \times p$$

监督者实行监督与不监督无差异的条件是 $U_2(p,0) = U_2(p,1)$。解得：$p^* = I/(I+D)$。当利益集团寻租概率 $p > p^*$ 时，不监督期望得益将为负值，监督者将选择监督；反之，若 $p < p^*$ 时，不监督期望得益大于零，监督者将选择不监督；若 $p = p^*$ 时，监督者随机选择监督或者不监督。

根据以上分析，混合策略纳什均衡为：$p^* = I(I+D)$，$q^* = R(R+S)$，也就是说，利益集团 $I/(I+D)$ 以的概率选择寻租，监督者以 $R/(R+S)$ 的概率选择监督。

2. 减少寻租的可能途径

策略一：加重对寻租的经济处罚。设罚金由 S 增加到 S_1，这将使利益集团在监督者同样的混合策略下寻租的期望得益为负值，即 $U_1(1,q^*) = R - R \times (R+S_1)/(R+S) < 0$，此时也有 $U_1(1,q^*) < U_1(0,q^*)$，故利益集团会停止寻租。利益集团不寻租又将使监督者不监督的期望得益大于监督的期望得益，故监督者选择监督的概率也会下降。当下降到 $q^* = R/(R+S_1)$ 时，利益集团寻租和不寻租的期望得益相等，利益集团会再次选择混合策略，从而达到新的混合策略纳什均衡。由此可见，虽然加重对寻租的经济处罚短期内可以抑制寻租，但在长期却会使监督作用弱化，寻租活动不可能改观。事实上，国家在多次清理整顿隐形市场的过程中，包括国家对地方政府的处理过程中，主要运用的是处以罚金、收缴隐形收入等手段，虽然在短期有所成效，但长期却收效甚微，隐性收益并没有明显减少。新的《土地管理法》出台后，仍有大量"以罚代法"的现象，客观上对违法行为形成激励。这一策略收效并不大。

策略二：对履行监督给予奖励 K。则图中监督者实行监督的得益均变为 K，若 $K \geqslant 1$，则意味着对监督予以重奖，此时该博弈转化为有唯一的纯策略纳什均衡（0，K）。即监督者选择监督，利益集团选择不寻租。但是，这实际上是对监督者本应履行职责的双重付费，同时也将使制止寻租的管理成本大为增加，因而并不现实。若 $K<1$，则监督者选择监督（$q=1$）的期望得益 $U_2(p,1)=K$，选择不监督（$q=0$）的期望得益 $U_2(p,0)=I-(I+D)\times p$，当监督与不监督无差异时，有 $U_2(p,0)=U_2(p,1)$，得：$p_2^*=(I-K)/(I+D)$。显然，当利益集团仍以概率 p^* 选择寻租时，由于 $U_2(p^*,1)=K$，$U_2(p^*,0)=0$，有 $U_2(p^*,1)>U_2(p^*,0)$，所以监督者会选择监督，则利益集团寻租期望得益将为负值。但在长期中利益集团仍然会选择混合策略，但寻租概率将降到 p_2^*。同时，监督者也会再次选择混合策略，从而达到新的混合策略纳什均衡。因此对监督者履行职责给予一定奖励可以降低寻租概率，但同时也加大了管理成本。

策略三：加重对失职监督者的经济处罚。设处罚由 D 增加到 D_1，这将使监督者在利益集团同样混合策略下不监督的期望得益为负值，即 $U_2(p^*,0)=I-(I+D_1)\times I/(I+D)<0$，此时有 $U_2(p^*,0)<U_2(p^*,1)$，故监督者会选择监督，则利益集团寻租期望得益将为负值。虽在长期中利益集团仍然会选择混合策略，但寻租概率将降到 $p_3^*=I/(I+D_1)$。同时，监督者也会再次选择混合策略，从而达到新的混合策略纳什均衡。因此加重对失职监督者的经济处罚既可降低寻租概率，同时也不会加大管理成本，因此是优等策略。

通过对艾氏模型的理论分析可以得知，加重对失职监督者的经济处罚是最优策略，对履行监督者给予适当奖励是次优策略，而加重对寻租利益集团的经济处罚则是收效不大的劣等策略。考虑现实情况后，对上述模型进行修正：设 R' 是考虑利益集团寻租成本后的寻租净得益，且 $R'>0$，寻租者对监督者的行贿为 F，则当 $F<D$ 时，容易证明该修正模型混合策略纳什均衡只是概率值 p^* 和 q^* 发生了相应变化，并不影响以上结论成立；当 $F>D$ 时，则该博弈有唯一的纯策略纳什均衡（R', $F-D$），这样，监督者变成了寻租者而选择不监督，利益集团则选择寻租，双方都获得了租金。因此，政府只有加大对失职监督者的处罚，使 $D>F$，或者同时运用法律手段进行处罚，才是减少寻租的最有效策略。

当 $F>D$ 时，俘虏效应的经济含义就十分清晰的得以数学表达。而这种情况，正是中国城市成长管理过程中最为突出和最为重要的特征。

3. 对模型的探讨

城市成长问题涉及的主体远远超出具有有限理性的利益集团和监督者两个群体。笔者也曾尝试通过构建一个更加繁复的模型能够一揽子的解释这样的问题。但是，经过对理论和中国城市成长过程的重新认知，笔者最终放弃了一个基本成型的复杂模型。实际上，只要将前述简要模型的主体进行多重迭代，就可以较好的解释问题。

第一重博弈关系可以认为是国家与地方政府之间的博弈。由于国家不可能对自身进行处罚和奖赏，因此，国家的最优决策只能是不断的提升对地方政府的惩罚。从这个意义上也就解释了国家不断强化规制的原因。但正如前文所述，由于信息不对称等多方面的原因，国家对城市成长的规制加强并不能产生较好的效果。在模型中的短期收益问题也由于反馈时滞效应而被大大的冲抵。

第二重博弈可以认为是地方政府与土地使用主体之间的博弈，从这个意义上来看，监督者就变成了地方政府，利益集团就是地方土地使用主体，国家作为监督者的上级机构出现。从这个意义上来看，似乎更能体现上述模型的经济学含义和对该模型的一般认知。前述模型的含义已经十分清晰，但其最优决策的政策含义仍然是加重对失职监督者的经济处罚。

第三重博弈实际上是国家与土地使用主体之间的博弈，国家在对抗城市政府相对无力的情况下，基于对土地使用主体的惩罚提升，采取了最为严格的耕地保护计划、十分严格的旧城区和文物保护计划等等措施来提升对土地使用主体的直接成本。

以上的分析仅仅是对国家、地方和地方内的土地使用主体而言的简化模型，得到的结果一致指向国家强化对地方政府和土地利用主体的惩罚，这一点与国家实际采取的政策不谋而合。但是，由于土地使用主体（通过寻租和俘房政府）与地方政府具有利益的同一性，考虑到上一章进行的分析，国家在上述三重博弈中实质上均处于劣势。

4. 模型的引申探讨

以上述模型为基础，在考虑到各个地方之间的竞争和中国城市成长管理中区域政府的实质缺位的基本事实下，中国城市成长管理发展的重要基本问题也就逐步清晰了。

第一，从前述模型的最优决策来看，提升对监督者的惩罚是一个极为有效的方法。而在实际工作中，国家也自始至终意识到并采取了这个方法，但是，由于信息不对称和过多的科层结构，造成了执行偏移。因此，如何能够切实的反馈并贯彻对监督者的惩罚就是一个必须首先解决的问题。

第二，在解决这个问题的同时，区域间的囚徒博弈关系必须得到解决。

从这两个基本点出发，加之前章对国家城市成长管理理念施行无力的分析和科层模型构架的结论，笔者认为区域政府的职能地位提升对中国城市成长管理具有十分重要的意义。

同时，模型假设的前提是延续目前城市政府作为监督者的同时掌控土地一级市场的基本事实。正因为此，土地使用的微观主体通过寻租和对政府的俘虏就可以有效地规避政府可能执行的监督。因此，降低城市政府能够掌控的直接收益，而通过市场化手段实现就十分必要。

国家在逐步退出对城市成长管理基于规模的规制累进体系和过严的城市成长管理政策体系之后，并不应仅仅充担一个公共产品提供者的角色。与之相反，对于数量大大减小的区域政府，国家的实际监控能力更强，因此，国家可能通过更为精确的信息反馈实现集体理性的最大化。

6.2.2 国家在城市成长管理中的作用

从西方发达国家的经验来看，国家或联邦政府在城市成长的过程中都承担一定角色，但是这种角色更近似于外部规制条件的制定者，技术条件变动的倡导者和区域基础设施的投入者三个方面。以美国政府为例，美国联邦政府在相当长时间内（1940—1946，1950—1970）通过直接财政支出，而不仅仅是硬性的规制措施，抑制中心城市，推动了郊区的发展。

对中国政府而言，在成长管理中的角色应当转换为主要关注基础设施建设，灵活运用财政政策，构建财税保障机制，以市场为导向倡导城乡对话等几个方面，除十分必要的耕地保护外，国家应当逐步退出对城市成长的直接控制，特别是应当取消具有规模累进性的城市成长管制体系。

1. 关注基础设施建设，灵活运用财政政策

中国的积极财政政策下，加强基础设施建设不但在今天来看是重要的，从长远来看更是符合中国社会主义市场经济的建设需要。

2. 导入不动产税制，构建财税保障机制

实现成长经济并不能只停留于形式，中国城市成长过程中的大量未利用资源必须纳入市场化经营机制，在这其中，不动产税制的建设应首当其冲。

（1）不动产税是政府收益的回报前提

西方国家城市不动产税是城市财政的重要基底，而中国目前城市不动产税体系还远远没有构建起来，政府投资的正外部性多为既得利益主体所享有，但是政府的收益却很难得到回报。以北京为例，轻轨建设带动了周边房地产价格的升值，但是政府却难以在其交易过程中获取相应的利益回报。只有通过城市不动产税制体系的建立，才能加速带动城市内涵式发展，调整土地使用结构。

（2）注意存量划拨土地问题

在通过规范的一级市场保证城市新增用地以规范手段进入土地市场的同时，还必须妥善处理历史遗留的大量划拨存量土地进入土地市场的问题。由于历史原因，这类土地的获取是无偿的或者低价的，必须为它们提供合理的市场进入机制，通过合理分配利益和加强监管，使这些土地进入二级市场。否则，持有这些土地的现使用者有足够的利益驱动，通过各种违规的、隐形的方式将这些土地投放入二级市场，妨碍了市场机制的建立，对于正常的市场秩序造成冲击，目前土地市场存在的问题还将继续下去。[5]

需要注意的是，与渐进式的改革相似，不动产税征收宜急宜渐，只有这样才能够更平稳和可行的实现预期的目标，避免快速制度变迁带来的负面影响。

3. 在农村征地过程中导入市场化运作手段

现行的按照"平均农作产值"为计量基数的补偿办法，没有参照市场自由交易价格进行补偿，补偿标准普遍偏低，难以真实体现农村土地所有权的权利收益，并且对征用权的使用由城市政府垄断，乡村只能主动接受或被动接受，实际上促成了城市空间不经济的蔓延式扩张。对于农村土地而言，更需要用货币体现价值衡量的不对称标准[6]：即人们普遍认为对于自己失去财产所牺牲的效应要大于取得等量财产所获得效应，因而出于对当前拥有的财产的偏好，人们既不愿出手也不愿购买；若被人买走，那么人们对失去财产索取的价格要高于获得同等财产所愿意支付的价格，即人们对自己财产的价值衡量存在一种不对称现象。由于这种价值衡量的不对称现象，即便在拆迁中给予了充分的补偿，而人们依然会感到不公平。因此，周其仁教授（2002）提出的[7]：废除目前"民土变国土"的城市用地制度，确立农民放弃农地要"得到市场水平的代价"的准则应当作为最低的补偿标准。把目前仍然模糊不清的"集体产权"、特别是关于土地的各种权利，清楚地界定到农户头上，在村庄一级做到"政经分开"，是中国城乡协调发展，实现城乡帕累托改进的重要举措。

实际上，把农村土地的产权租金放归农村所有，并要求农村根据规划，按照城市化的要求和标准进行一定的基础设施和配套设施预建设，不仅是解决城乡土地控制的一个重要手段，而且也是切实推进农村城市化的一个重要举措。

可喜的是，国家已经开始意识到国家引致的土地所有权属和使用权属改变的补偿应当发生变化，2004年宪法修正案的通过更是从根本大法角度确立了这一点。

新闻链接：宪法原条文与修改后条文对照表

http：//www.sina.com.cn 2004年03月15日21：49 新华网

> 《中华人民共和国宪法》第十条第三款
> 原条文：国家为了公共利益的需要，可以依照法律规定对土地实行征用。
> 修改后条文：国家为了公共利益的需要，可以依照法律规定对土地实行**征收**或者征用**并给予补偿**。

6.2.3 加大区域政府职能，提升地方不合作的成本

如第2章笔者引用Hare（2002）的论述，在美国州政府是担任城市成长管理承办人的候选人。对中国而言，承接上文的分析，强化地方城市政府之上的区域政府职能具有关键性的作用。

一方面，在国家监督成本居高不下，存在信息不对称和反馈时滞的条件下，通过"国家—区域—地方"三级政府的联动能够更加有效地减少管理层级，国家的管制效力更加集中，也可以使国家走出城市成长管理部门不断自我膨胀的误区。另一方面，通过强化区域政府的职能，则在本节模型中的结论可以发生根本性的变更。区域政府提升的监督惩罚成本不但能够有力的促动地方政府自律，更为重要的是，可以有效地遏制因徒博弈盲目追求个体理性的悖论和土地供给中的"牧羊人悲剧"问题的发生。

笔者认为，从目前中国的行政体系出发，加大省级政府调控力度，弱化地级城市和县级城市的行政级别，推行县市平级运作体系（引入竞争机制）是中国城市成长管理过程中降低制度噪声和解决囚徒博弈问题的一个重要渠道。在这个过程中，要特别注意对投票交易的屏蔽。

1. 投票交易的内涵

众所周知，一般情况下的决策是基于投票结果的，而投票的结果往往是采取过半数的所谓民主模式。由于过半数投票规则的缺陷，所以在现实的城市成

长过程中会存在投票交易的现象。投票交易包括两种：一种是买卖选票，就是某一城市（市区）在得到足够补偿以后投票赞成于己不利的议案，或者支持与自己无关的议案；另一种就是互投赞成票，即投票地方在投票赞成自己强烈偏好议案的同时，也会赞成对自己有损害的议案，以换取别人投票赞成自己偏好的议案。这种现象已经在若干地方的城市成长中屡见不鲜。

下文，笔者借用一个简单例证来说明互投赞成票的配置和分配效应。考虑见表 6-1 的两个议案 X 和 Y，两个议案单独进行表决，A 和 B 可以通过互投赞成票的方式使两个议案都获得通过，从而得到正的净收益。

表 6-1　互投赞成票

议案\地方	A	B	C	ABC 合计净收益总额
X	200	—50	—55	95
Y	—40	150	—30	80

在这个例子中，互投赞成票使得在过半数规则下理应被否决的两个议案都得到了通过，并且使互投赞成票的当事人都获得了正的收益。在这个例子中，每个议案的都可以给社会带来福利的增加，因而属于应该通过实行的政策。所以，在这个意义下，互投赞成票提高了社会福利。当然，C 是互投赞成票的受害者，他无故承担了—85 的成本。所以，从理论上来说，区域政府应该出面，向 A 和 B 收税，补偿给 C，这样就可以实现帕累托改进。

但是，如果存在另外的假设前提下，互投赞成票甚至会造成资源的浪费和社会福利的下降。在下面这个例子中，A、B 仍会合谋使 X、Y 两个议案得到通过，但是他们两个人收益之和也不能抵消 C 福利的损失，从社会角度看，福利在下降。这种结果对应于现实发展过程中，就是区域政府进行了太多本来不应该进行的公共开支项目，造成公共开支的过度，这虽然增加了政府官员以及进行公共工程的地方的福利，却是以区域全体赋税的增加为代价的。

表 6-2　互投赞成票

议案\投票人	A	B	C	ABC 合计净收益总额
X	200	—110	—105	—15
Y	—40	150	—120	—10

同时，我们看到，互投赞成票不仅影响到社会经济的配置效率，还影响到人们的收入分配。如果没有互投赞成票现象，C 就不用因公共产品的供给而缴税，但由于 A、B 的行为带来的外部性，他就不得不承担赋税的责任。虽然国家可以通过收入转移办法补偿 C，但是，如果 C 的谈判能力不强，他的利益是不能得到保证的。所以，公共选择学派认为，应该尽量减少过半数规则的应用，以减少多数人压迫少数人现象的出现。

2. 区域政府屏蔽体系的构建

由于存在投票交易这一问题，对城市在国家和区域中的成长而言可能产生不同强度和广度的影响，因此区域政府的重要职能还必须包括对投票交易体制的屏蔽体系建设。

从既往的研究资料来看，学界更多地关注于成立新的省级或其他级别的协调机构引导城市间进行协商，但是，这种方式无异于增加了管理的层级，同时在协调机构与各地政府之间构筑了新的寻租可能。因此，笔者建议，区域协调机制应当以现况的省级政府为主导建立一个由区域内各个主体参加的协调委员会，以一致通过或否决制的原则来进行区域政策的制订和疏导，屏蔽搭便车效应和投票交易现象。

6.2.4 地方政府的角色重构

1. 关注市场失灵

土地资源特殊的自然特性和经济特性，决定了土地市场是一个特殊的不完全市场，也使其成为最需要也最容易受到政府干预的一个市场。土地市场的不完全导致的问题包括：土地市场的垄断和寡头控制，土地市场投机行为盛行；土地的外部性导致的环境和资源保护问题等等，因此，依照市场失灵理论的分析，政府应当采取相应的措施来规制土地市场的垄断、投机、外部性和公共性问题[8]。笔者无意进一步对土地市场的公共措施进行过多的探讨，但仍必须指出，调控土地市场，注意潜在的"蛛网"关系是政府的重要职能之一。

蛛网理论是 20 世纪 30 年代出现的一种动态均衡分析方法的结果，通常用来分析市场经济中某些产品价格与产量之间的关系。根据供给价格弹性和需求价格弹性之间的关系，分别构造了三种模型，即：收敛式、发散式和封闭式模型。[9]，如图 6-2 所示。

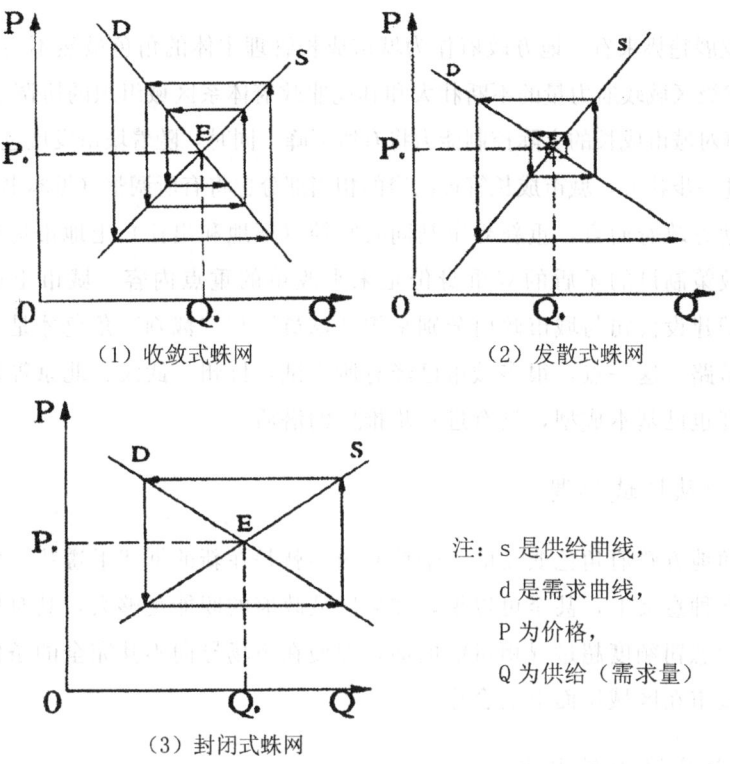

图 6-2　蛛网模型的三种类别

关于蛛网理论在城市土地市场经济分析中的应用有诸多研究，这里仅借此结论一用。在收敛式模型中，供给曲线的价格弹性小于需求曲线的价格弹性，即供给曲线比需求曲线陡峭，价格和产量以越来越小的幅度波动，直至达到均衡时为止，见图中（1）。在发散式模型中，供给曲线的价格弹性大于需求曲线的价格弹性，即供给曲线比需求曲线平缓，价格和产量以越来越大的幅度波动，远离均衡点，见图中（2）。在封闭式模型中供给曲线的价格弹性等于需求曲线的价格弹性，价格和产量以相同的幅度波动，永远达不到均衡状态，见图中（3）。

城市政府作为宏观调控机构，必须对可能存在的后两种蛛网效应进行密切关注。特别是在中国住房市场全面放开，其他相关物业全面跟进的过程中，必须对土地市场积极的引导和完善，尽可能降低市场失灵造成的影响。

2. 强化市场导向，解决双重身份问题

从发展趋势来看，地方政府作为城市成长管理主体的角色虽然不会改变，但是随着省级区域政府力量的不断壮大和其他非政府体系区域组织的协调能力提升，地方政府对城市成长的实际控制能力将有所下降。同时，随着城市发展过程中市场力量的进一步壮大，城市成长管理内容的相当部分也将有所调整（见本书 6.4）。

对地方政府而言，重新界定其同时掌控（征地和出让）土地市场和进行成长管理政策制订的矛盾的双重身份是未来改革的重点内容。城市土地储备中心、新城建设公司与城市政府分别承担"球员"与"裁判"角色才是今后发展的理性道路。这一点，很多城市已经有所尝试，杭州、武汉、北京等地的土地储备制度也已基本成型，具有进一步推广的潜质。

3. 遵从区域协调

伴随地方政府角色演变的一个核心内容就是在新的框架下遵从于区域的协调。在某种意义上，甚至可以说，如果区域政府的职能足够大，其对地方城市不合作的惩罚额度超过寻租可能的话，即便在市场导向不甚完全的条件下，也能促进城市在区域层面上的合作。

4. 关注城中村现象

城中村问题的研究，特别是对广州等地城中村的研究已经十分深入。从地方政府角色重构的角度出发，关键是对城中村的改造和引导。实现城中村的真正城市化。这一点，石家庄市已经进行了有益的探索，可以成为其他地区探寻城中村问题解决思路的一种旁策。

石家庄市城中村改造的优惠政策（2001）规定：二环路以内城中村农转非后的现有集体土地，由村依法办理土地权属变更手续，转为国有土地，其土地使用权仍归原村。建设单位用地的应依法办理用地手续。城中村改造所建住宅、非住宅、配套设施占地享受经济适用住房用地政策，土地按行政划拨方式供应。城中村改造所建住宅、非住宅经登记，核发房屋产权证书和土地使用证，可以上市交易。城中村改造按规划自行配套，完成规划确定的改造范围内及相邻道路、管网、路灯、绿化等设施建设，免收现行全部行政收费。城中村改造腾清的宅基地，根据规划要求可以留村自用，也可由市土地局收回出让，除出让发生的费用外所得收益全部返还原村，用于弥补城中村改造资金的不

足。城中村改造中市各部门收取的管理费，有幅度的按下限收取，无幅度的减半收取。一环以内的城中村改造中遇到的特殊困难和问题，可采取一事一议的办法制定相应政策，予以解决。

5. 关注流动人口

必须认可，流动人口是城市的重要组成部分，是城市成长管理必须考量的对象。从既往的发展情况来看，长三角、珠三角、京津唐等经济发达地区的打工族通常难以获得当地户口及其相关待遇，他们把打工的大量收入通过各种方式带回老家，相当一部分在打工5年左右以后返回老家工作或创业。这种现象对城市的健康发展产生了不利影响。一方面，流动人口将务工和创业的相当部分的收入寄回老家，制约了城市当地市场需求的进一步扩大，也延缓了民间的资本积累和形成；另一方面，流动人口在工作中积累经验，得到提升后离开曾经工作学习的城市，这样耗散了城市人力资本的积累，必然影响产业升级和地区创新。因此，在国家开始逐步实现对流动人口的承认的过程中，城市必须通过"本土化"战略，提升外来人口对城市的认知度和认可度。

新闻链接： 浙江奉化户籍制度改革及其配套措施

2000年11月28日，奉化市出台了新的城镇居民户籍制度。按照"农村人口城市化，外来人口本地化"的改革方向，对于凡在建成区内拥有"合法固定住所"，且具有"稳定职业或生活来源"的非城镇户口公民，根据自愿原则申办城镇户口。奉化政策仅出台的当天，就有上千外来打工人员到政府部门咨询，短短几个月间，有1万多长期在奉化打工、经商、生活的外地人和农村人口，转为奉化居民。人户分离、夫妻分户、口袋户口、入学议价等许多长期得不到解决的问题，一下子全部解决，长期在奉化打工的民工，现在成了具有合法身份的奉化人。在户籍制度改革的同时，奉化还实行了教育、社会保障、居民委员会、城市社区建设等一系列综合配套改革。奉化在短短8个月里就有1.3万名农民进城，显然，这对于城市基础设施如交通、教育、卫生和城市财政能力，将是一个不小的冲击，仅教育系统借读费赞助费一项每年就要减收2000万元，还要拿出钱来新增学校和设施，1万多人由农保转入城市社保，也是一笔不小的开支。但奉化改革两年来，不仅没有出现一些人担心的财政负担增加和社会治安恶化的问题，相反，这一改革在"人气不旺，缺乏发展后劲"的奉化，激活了房地产、外来投资、工业尤其交通、商业

> 等第三产业和城市基础设施建设的发展，甚至刺激了教育和医疗卫生事业的发展，从而促进了财政增收……
> ——陶峰：《透视奉化城镇户籍制度改革：跨过城乡"高门槛"》，郝洪：《流动：催生户籍改革》，载《人民日报·华东新闻》，2001-8-10（1）

6.2.5 公众意志的导入

纵观中国城市成长管理的发展脉络，公众意志在总体上仍然被忽视。必须意识到，居民是城市主体，不是负担。他们既是消费者，又是生产者。即便仅从消费者角色来看，能聚合商业、服务业的需求，同样是一种经济资源，居民被政府"养活"的观念已经过时。[10] 然而在很多公众意志参与的城市规划和城市成长战略策划过程中，由于公众并不直接为城市成长的过程买单，往往出现公众意志不计成本的高要求和具有强烈自利性的投票结果[11]。这些结果和要求在现行的城市土地收益制度和城市成长管理财税保障体制下是城市政府和开放商都无力承担的。于是就又造成规划的"流产"和发展机会的"流失"。

从发展趋势来看，在导入不动产税收机制，把公众承担的外部性内部化是公众意志导入城市成长管理的基础，也是其法理和经济学含义上的基本前提。

6.3 正确处理产权与竞争关系

有学者认为，似乎经济的增长、制度变迁与政府作用无关。不仅如此，"在体制改革的过程中，还一直存在着一种观点，认为市场化改革就是削弱政府，就是政府放权，就是政府管得事越少越好，似乎市场真是的'无政府'"（樊纲，1995）。对此，笔者不敢苟同。

正如张宇燕等（1998）曾援引的希克斯1969年所写的《经济史理论》所谈到的那样，市场经济的演化自始至终都离不开国家的介入。在向市场经济缓慢演进的历史过程中，只有在国家认同并出面确立了市场经济的两大基石（即法律和货币制度）之后，被哈耶克称为"自发秩序"的扩展过程才可能持续不断。事实上，如果缺乏"有效的政府"，世界上有效的变革也许根本就无法形成。这一点已被世界上许多国家的实践所证明（世界银行，1998）。[12]

6.3.1 既往的研究多集中于产权

根据产权经济学家 H. 登姆塞茨（Demsetz，1994 中文版）的界定，产权是一种社会工具，其重要性就在于事实上它们能帮助一个人形成与其他人进行交易时的合理预期。它是界定人们如何受益或如何受损，因而谁必须向谁提供补偿以使他修正人们所采取的行动。同时新的产权的形成是相互作用的人们对新的收益—成本的可能渴望进行调整的响应。[13]

在城市成长领域（甚至是城市化领域）中，既往本身就为数不多的经济学研究往往集中于政府管制的供给和需求，集中于产权的界定和残缺产权的影响，对城市土地和其他资源产权残缺的论述（如钱文荣，2001；温铁军，2000等），但是这些分析都只提出现象或者提出基于需要明晰产权的解决对象，而忽略了明晰产权的渠道、过程和成本[14]，忽略了资源的整合性和联动性，忽略了竞争是推动发展的重要手段。

产权是人们进行创业的动力源。如果微观经济主体的产权得不到法律的明确保护，则会导致其创业的激励不足和行为的短期化，从而使经营利润外逃和转化为畸形消费成为可能，使具有比较优势的产业难以在更高层次上扩大再生产。有学者认为，只有在准确界定政府行业管理职能的基础上，建立起有效的政府监管组织结构及构建明晰的产权保护制度，为基础设施、公用事业的持续发展和所有投资者的公平竞争提供强有力的制度保障，才能促使经济持续、高效的发展。[15] 但是，既然有效率的产权制度变迁能够把资源配置到价值高的地方去使用，促进经济增长，那么为什么现实生活中还有很多无效率的产权制度安排持续存在呢？人们为什么不选择有效的产权制度安排？显然，制度安排的不仅与经济效率有关，而且，与收入分配有关，因为任何产权制度的变迁都意味着收入分配的重新安排，都会不同程度地影响经济效率。[16]

正如苏联—东欧的情况所显示的，即使在进行私有化之后，政府仍然很难摆脱企业的预算软约束问题，并常常面临非常严峻的财政形势和社会保障负担，私有化在政府政策方案中的位置完全可以靠后一些。如霍夫和斯蒂格利茨（Hoff and Stiglitz 2002）所指出的，苏联改革的设计者之一丘拜斯，相信所谓的"政治上的科斯定理"，即一旦财产的控制权转给私营当事人，后者就会出于保护自己财产的目的来推动政治改革，并促进法制建设。而且他们一旦成为所有者，其腐败就会停止。但结果是，私有化后依然存在的腐败、弱政府和无效的法律使私有产权在确立之后无法起到什么作用。[17]

1. 竞争的含义

"竞争在经济学中占有如此重要的地位，以至于难以想象经济学没有它还能是一门社会科学。"德姆塞茨在被认为是集其以前所有论文之大成的《竞争的经济、法律和政治维度》一书的开篇这样写道。事实上，"政治经济学是经由竞争才具有了科学的性质"（约翰·斯图亚特·穆勒），离开了竞争，经济学只能无奈地在鲁宾逊·克鲁索的世界中漫游。

然而，经济学对于竞争的理解常常是狭隘的。在经济学家的著作中，竞争通常被限定于经济主体在市场上展开的价格角逐。在现实中，只要存在着不同的利益主体对稀缺性资源的需求冲突，竞争就会发生。竞争既不必限于"市场"，也不必限于"价格"，更无所谓"完全竞争的条件"。因此，如果要使竞争理论对现实有更强的解释力，经济学家就有必要转向乔治·施蒂格勒的竞争定义（施蒂格勒，1957）[18]："竞争系个人（或集团或国家）间的角逐；凡两方或多方力图取得并非各方均能获得的某些东西时，就会有竞争。"[19]

2. 偏离竞争轨道的政府

无论是中国这样的由计划经济体制向市场经济体制转轨的国家，还是美国这样的发达国家，大家都会经常抱怨政府的低效率。公共选择理论家认为，政府工作效率低下主要有三个原因：

第一，缺乏竞争导致低效率。由选民直接选举的政治家在政府工作人员中只占很少一部分，大部分政府工作人员都是职业的公务员，这些人是由民选的政治家任命的。但是他们和这些政治家没有明显的利益冲突，不会因为工作效率低下而被解雇。另外，政府各个部分的职责是独立的，一个部门不会面临来自其他部门的竞争，所以也使政府公务员没必要高效的工作。

第二，政府没有激励提高效率。客观上，政府活动不计成本，即使计算成本，也很难精确化，这就使政府有形无形地扩大公共产品的供给，超出社会最优数量，造成资源的浪费。主观上政府官员也没有积极性降低政府运作的成本，反而千方百计扩大政府规模，以增大自己的权力。

第三，监督信息不完备。在理论上，政府要受到民选代表的监督，如果政府工作效率低下，民选代表可以惩罚政府领导人，从而保证政府的运作效率，但是由于信息不对称，这种制度安排不能发挥效力。而且，监督部门的工作人员也是有"偷懒"的天性，不能指望监督部门就一定会努力的为民工作。

6.3.2 产权与竞争的逻辑循环

"产权"的概念在新制度经济学中，以及产权学派中得到特别的强调，并往往与"激励机制、监督费用、排他性收益权、风险、机会主义倾向、组织成本和资产专用性"等概念相连（周其仁，1994），有效的产权安排被认为是经济增长的关键（诺斯，1973；1990）。只有产权受到保护和足够的尊重、能够较好地得以实施，公平、有序的竞争才有可能存在，经济增长才有可能出现。否则，产权严重残缺，尤其在受到国家严重侵权的情形下，充分竞争将不可能存在。因此，仅从产权必须首先予以保护和实施，自由竞争才有可能产生的观点出发，得出的只能是产权更重要的结论。但是，产权何以能得到保护和实施？唯一现实的办法是由国家加以保护和强制性实施。由此，产权离开了国家便不可能得到有效的实施，而国家的引入却又非常容易导致"所有权残缺"的问题，由此"所有权悖论"便不可避免地要出现（周其仁，1994）。[20]

从上述的研究出发，赵晓（1999）在对国有企业"抓大放小"体制转轨过程中政策效率改善的研究中，认为，即在缺乏西方式代议制民主制度的情况下，公共选择仍然可能是有效率的，甚至可能出现持续的效率改进，条件是存在足够的"竞争"，竞争不仅是产权变革从而经济效率改善的基本因素，也是公共选择变革从而（公共政策）效率改善的基本因素。因此，中国经济的奇迹不仅在于发挥了"比较优势"等原因（林毅夫，1994），或者说之所以能够发挥比较优势，还在于内生性的公共政策效率的改进。由此可以导出的一个推论便是，只要竞争的因素不断加强，不仅产权制度的变迁，公共选择也会向更有效率的方向变革，从而最终保证中国"渐进改革"的成功。更进一步的，他认为，虽然产权是重要的，但是在以下三个层面，竞争高于产权：一是产权的实施需要政治市场上的竞争来维护；二是从制度变迁的动态角度看，何种产权安排更有效率取决于制度环境及其变化（组织与制度的互动），现实中有效率的产权制度安排，往往不取决于理论家的设计，而取决于竞争；三是从治理机制的角度看，竞争是保证治理机制的先决条件。

实际上，从产权主体来看，城市代行区域的国家所有权和国有企业代行资产的国家所有权在利益地位上是近似一致的。因此，上述三个观点对城市成长管理也具有重要的意义。对于竞争相比于产权能够对于市场进化及效率增进产生更为积极的效应，博尔顿（Patrick Bolton）在北京举行的"现代企业理论与中国经济改革"会议上，精辟地谈道：产权是重要，但产权只是当竞争不够充分时才特别重要；如果竞争是充分的，产权的重要性就会下降，即充分竞争时，产权的分配方式可以是不太重要的。霍姆斯特朗则指出了其中原因所在：归根结底产权是许多提供激励机制的工具之一，而且由产权带来的可以提供激励的手段也很多。许成钢（1998）由此得出的结论就是，"中国为什么在产权不清晰的情况下经济发展得很好，是因为竞争比较多"[21]。

从竞争的角度看，中国渐进式改革的一个突出表现是较快地放开经济市场上的竞争，而较慢地形成政治市场上的竞争。与"休克疗法"急剧的私有化和民主化相区别，这样做的最大好处是，能够充分利用已有的政治及组织资源（政治和组织资源相对于经济发展而言，也可以作为一种内部的未利用资源来看待）。但是，现行制度下，在城市成长管理的模式中，地方政府常常又是区域之间不正当竞争的组织者和支持者，使市场经济演变为"诸侯经济"。现行土地有偿使用制度存在的问题也日显突出，特别是目前城市土地使用制度中有偿使用方式——出让方式存在局限性，逐渐不能适应经济发展和企业改革的需要。土地出让方式的局限性不在于出让制本身，而在于现行土地市场体制及形式的不健全[22]，应当进一步培养竞争。

据此，笔者认为，中国城市成长过程中，在所有制基础和土地所有权制度暂不发生根本性改变的前提下，通过在土地市场和政府之间引入可控竞争的概念，城市成长可以充分利用城市现存的实体"未利用"资源和"源于制度和组织"的未利用资源，从而可以逐步走出俘虏的"怪圈"。[23]正像中国渐进式改革逐步承认民营经济和公有制主体下的多种所有制融合一样，渐进的环绕产权的竞争制度完善才是中国城市成长管理的可行之道。伴随成长经济导向，强调竞争起点的政府角色演进可以诱致中国城市土地产权的变动、刺激经济的增长。

同时，正如林毅夫（1994）所指出的以培育竞争为起点的"渐进式改革的基本要求就是其过程的可控性。改革的出台时机、步骤的把握、利弊的权衡、过程的调控，以及成果的保持，都有赖于政府的作用，而只有制度变革的稳定衔接，才可能使政府在自身转变职能的同时，又能执行调控改革过程的职能。其次，可以避免大的社会动荡和资源的浪费。"

如果空间的外部性在地区范围内成功的内部化，就能创造地区政府之间的竞争机制。政府间竞争就像市场中企业竞争一样，面对压力时，可以产生最大化的实质性效益。在具有一定规模的城市内，低级别的政府部门，分别负责提供他们管辖区内的公共空间，也可以公开得到其他政府部门的绩效信息。信息能够导致攀比，攀比则能够导致模仿更为有效的单位的运作，从而使绩效较低的单位感受到压力。[24]其中，城市居民、企业等利益集团在整个城市范围内选择适合定居和投资的区位时，城市公共空间的质量会是其做出决策的一个重要因素。也就是说消费者以越来越强的"用脚投票"的倾向判断各个政府提供公共空间的绩效，这样政府间竞争就会得到进一步发展。当然，建立政府间的竞争机制必须防止政府部门提供公共空间的盲目性和短视行为。因此，伴随着政府竞争机制同时建立的应该是对政府行为的评估和监督体系。此外，培育竞争的努力既要在市场—技术结构方面，努力打破地区封锁，完善竞争性、一体化的全国统一大市场，健全技术进步与创新机制[25]；又要在内部治理结构方面；城市均需随城市规模和市场变化不断寻求竞争条件下更有效率的产权安排，完善委托代理关系，构建适应于城市进一步成长的组织结构。

6.4 竞争导向下城市成长管理的主导工具构建

经过分析，笔者认为城市成长的区位、规模、结构、容量等多数维度都可以市场为主导完成配置。同时，城市成长管理的力量也通过政策执行本身作用于市场。当市场与城市成长管理的逻辑一致时，城市实现最优的成长路径。在构建竞争导向的城市成长管理体系目标下，笔者认为中国城市成长管理的主导工具应集中于以下六个方面。

6.4.1 空间控制工具仍然是首选

首先，人多地少的基本国情必然要求控制盲目蔓延。中国人多地少，耕地资源紧缺这是我们面临的基本国情，但是在经济发展中不可避免的伴随城市化过程，城市建设占地和耕地保护的矛盾由来已久[26]。控制盲目的低效率城市扩张是必要和必然的。

其次，控制政府扩大土地供给的倾向。但要注意改革原有的一刀切模式，主要按照市场发展需要来进行。珠海西区曾经的教训就是土地供给过量造成地租的流失，由于西区的规模过大，距老城过远，基础设施标准过于超前，政府财力缺口较大，不得不采用饮鸩止渴的办法通过超量批租土地获得开发资金。结果推出的土地越多，地价越低，资金缺口越大，当所有可以出让的土地售罄后开发也就达到了它的终点。相反青岛市在新区开发伊始就将地价必须"根据配套设施情况确定，财政不拿钱"作为第一原则，始终保持了健全的财政和城市的良性开发。

最后，应当以上述两个方面作为支撑，保障区域政府在成长控制中的直接的有力的参与。

6.4.2 公有土地使用权进一步细化剥离是探索方向

根据登姆塞茨的论点：新的产权的形成是相互作用的人们对新的收益—成本的可能渴望而进行的调整。[27] 在产权制度安排中，最重要的是经济资源的排他性收益权和让渡权。[28]

城市土地开发利用过程的复杂化，分离程度不断加剧，土地使用权实际上已经演变成为一种相对独立的新型所有权，即"次级所有权"。这种"次级所有权"使土地财产的转让变得更为灵活，也确保了政府有可能直接参与土地开发、建设过程，空间结构的优化得到了更多的保障。例如，当一个土地所有者发现自己缺乏资本，不能充分利用其土地的集聚效应时，他可以地权的全部或部分出租给其他拥有资本的人来集约的发展该块土地。反之，有相当资本能开发建设高层办公大楼的投资者，在缺乏购买地皮资本时，他们也可以通过付出一笔固定的租金租用一块为期若干年的地皮，更好地利用其金融资本。[29]

在使用权体系中，空权（air right）是为了保持地方基本特色，避免新开发项目影响历史性建筑物，破坏整个地块环境，将指定地块的建筑容量转移到相邻地块或其他地块，并可获得额外建筑面积奖励的一种开发权利转换方式。[30] 这种方式对保护地标建筑物起到很大作用。在纽约市可以发现这种交换形式的雏形。在 20 世纪 60 年代以前，纽约市的建设行为比较随意，城市中的建筑物很可能因为新的拥有者或更有利可图的用途而被拆毁。20 世纪 60 年代，历史遗产保护问题成为城市规划部门工作的主要内容之一，规划部门和地标委员会，尽可能地保护了一些即将消失的建筑物，如对纽约市中央车站的保护，采用的主要措施就是空权的转移。[31]

另外，簇群式区划（Cluster Zoning）和规划单元整体开发（Planning

Unit Development，简称 PUD）概念十分相近。这两个概念的引入，曾使美国刚性的区划制度得到了调整，从经济学意义来讲，簇群式区划和规划单元整体开发无异于调整了行为主体的边际收益和边际成本，从而使社会总效益得到了提升。区划规划中容积率补偿就是一个较成功的制度安排，因为它兼顾了个人和集体的理性，构成了规划所希望的纳什均衡。[32]

在中国城市成长过程中，一方面，旧城保护的要求较高，保护区域周边建设密度和建设容积率设定偏低；另一方面，城市内部更新改造需求也较大。在不承认开发权的多重可分离性之前，这两个方面联合在一起往往只能成为城市发展的桎梏。没有开发商主动涉足旧城改造，旧城改造成为城市发展中的"地雷阵"。空权的转移为这种未利用资源的有效开发描绘了新的前景，如果能够承认并推动城市内部土地开发的空权转移交易，则既往的劣势将成为发展的巨大优势。开发权转移与规制经济学中的污染排放转移具有异曲同工之处，使土地保护的外部性得到了相应的满足。

6.4.3 推行城市土地使用年租制度改革是有效手段

近年来，随着城市土地有偿使用制度改革的深化，很多有识之士开始关注城市土地收益的长期持续性问题。如果改行一次出让后土地的年付租赁制，表面上看近期政府土地收益有限，但它能保证政府后续土地收益不断增长。并且，因门槛低，通过土地租赁制可以在较短时间内，对所有经营性土地实行有偿使用。可见，土地租赁制是全面推行土地有偿使用制度，同时又确保政府长期获取土地收益的有效形式。相反，如继续目前的土地批租方式，一方面大量土地因门槛过高而难以纳入正规的有偿使用轨道，即土地资产继续流失；另一方面未来若干届政府对目前已批租的存量土地将失去收益权。事实上，现在的政府没有权利把未来政府的收益占为"已有"；现在的市民和企业也不应当承担后代人的土地使用费。可以说，政府经营行为短期化，看重近期得益是目前中国城市土地有偿使用全部问题的症结所在。[33]

在实现土地年租制后，还应当推行基于不动产现价的物业税体系，美国等西方国家物业税是城市政府的第一大税，而只有城市的税收与不动产价值息息相关时，城市政府才更有意愿强化对既有城区的发展保护，同时注重增量与存量，数量与质量之间的关系。从中国城市发展的实际情况来看，在社会主义公有制的土地制度下，推行按年收取的物业税更具有理论上的可行性和实践上的可操作性。

土地使用年租制度改革的另一个重要作用,是使城市政府中间实现了近似的多重博弈可能,打破了既往完全倚重任内收益,偏好短期利益的行为:公共选择理论通过对"超级囚徒困境"的研究,发现和证明了人们彼此之间进行合作的可能性和合理性。在一种典型的交换情形下,当博弈者双方背叛时,只能维持现状,失去了双方获益的机会。而如果双双合作,就可能争取到双双获益的结果。通过反复合作,我们可从囚徒困境的交易中获益。因此,当人们在重逢的机会足够大的情况下,即使没有外力的强迫,理性利益集团为了双方的利益也会合作。罗伯特·艾克斯罗德(Robert Axelord)在其《合作的进化》(Evolution of Cooperation,1984)一书中用实验证明,在重复博弈条件下,一次性囚徒困境下背叛的占优策略将会为有条件合作的占优策略所取代,换言之,在一次性囚徒困境中,选择不合作策略的博弈者,在"重复性囚徒困境"中,将会采取合作策略以最大化个人利益。即"有条件合作"策略将是重复性囚徒困境下博弈者的占优策略。

通过改变地方政府一次性博弈的状况,是诱致政府间实现"有条件合作"的初始条件,同时也是实现依托区域政府力量提升不合作惩罚成本的殊途。

6.4.4 增加对环境、配套承载能力的考量

中国采用的土地用途管制和规划控制只对土地的用途和地块自身的规划建设指标进行限制,而对其开发环境却少有具体的要求。开发商的开发项目占用的土地只要符合土地利用规划,就可以申请立项。由于缺乏开发环境方面的管制,土地开发存在的问题仍然不容忽视。例如一些新开发的居住小区交通不便,配套的教育、卫生、娱乐等设施也无从谈起,地区发展处于无序状态,政府也无法有效管理。而土地成长管理要求土地开发不但要满足分区用途规划的要求,还必须建立在配套的公共的基础上,是值是借鉴的。[34]

而对于基础设施的提供机制与方式,可以遵从世界银行《1994年世界发展报告》中提出三条原则:首先要运用商业化的管理,即要像商业经营而不要像官僚机构的行政管理那样经营基础设施,要有明确的经营目标及独立的财务自主权,要把消费者的满意程度作为衡量业绩的关键尺度。其次要引入竞争机制,即在可行的情况下直接引入,否则就要间接引入。通过赋予使用者更多的选择方案,竞争可以提高提供者的效率,并使其对使用者更加负责。再次要赋

予使用者和有关人士更多的发言权和实际责任，即在设计和规划基础设施服务方面，使用者和其他有关人士应有代表参与。总的趋势是应将基础设施作为一种产业来经营，支持、鼓励和引导非政府部门、非国有机构、企业和社会资金参与市区基础设施建设，努力实现投资主体多元化、资本来源多渠道、投资方式多样化，不断提高基础设施的自给能力，减轻目前开发商在市政建设及社会配套等方面的负担。[35]

6.4.5 导入城市营销理念，充分利用外部资源

在经济全球化的大背景中，没有一个城市能够脱离区域而独立生存和发展，城市对外部的资源和市场的依赖程度逐步提升。加入区域乃至全球的经济产业链带，对于一个发展中的城市来讲，等于将未利用资源的范围从城市内部拓展到更大的空间，在"走出去，请进来"中提升自身的实力，实现融入区域和全球经济体系的前提是要得到外部世界的了解和认可，城市营销是实现这一目标的重要途径。所谓城市营销借用了市场营销的概念，即是将城市作为一种特殊的产品，面向外部市场进行推广。与主要依靠土地转让积累资金的"经营城市"概念完全不同，城市营销旨在将城市的发展空间在资源、市场等方面进行拓展，为城市的成长提供长远的基础性"能源"。中国有些城市已经开始了城市营销实践的探索，并已初见成效。依托城市营销理念对外部资源进行整合，在对城市内部资源禀赋的综合判断下，将有力地推动城市的健康成长。

6.4.6 政府的自选择——政府自身引致成长改变

从经典的地租理论可以得知，作为集聚中心的城市，其地价水平一般从中心区向外递减。布局于城市中心区的政府，其影子成本相当高昂。同时，由于政府占据了城市中心区的重要区位，使得应当占据这一区位的城市CBD、城市中心商业区、办公区等等被区位因素挤压、外拓、抑或受到冲击，从而造成更大的机会成本。比如，2002年浙江省某市政府及相关直属机构在城市中心区所占据的用地面积达 $2km^2$ 以上，严重影响了土地经济效益的发挥，城市中央商务区的连片式集约发展由于一些政府机关的阻断而难以实现，客观上增加了地方发展的成本。

随着市场经济的发展、竞争的不断强化和产权边界的不断清晰化，作为城市成长管理首要主体的城市政府所掌控的控制力将越来越小，但同时，城市政府的自选择很可能成为重要的引致资源。政府既往占有大量的区位好且具有大量的潜在收益可能的土地，同时政府的联动性大，经济主体追随政府的意愿强，政府的主动的自选择将是未来中国城市成长管理中一种重要的筹码型工具。因此，在精明增长的发展观下，城市政府应当在市场压力和对既得利益群体的利益驱动下鼓励政府外迁。也即一方面鼓励政府外迁，实现土地的优化利用；另一方面土地利用优化的过程中部分收益直接划归政府作为可灵活使用的资金自由支配，强化动力。

前述的六项主导工具和策略看似离散，但实际上均有其内在的关联。当然，中国城市成长管理研究方兴未艾，城市成长管理工具难以一言蔽之。上述六个方面的成长管理工具导向只是笔者思考后的整理，待中国城市成长管理研究进一步深入之后，公共设施达标等欧美采用的城市成长管理工具可以更为广泛的借鉴到中国。

注释：

[1] 参见邹兵．交易成本理论——一个研究乡镇企业空间布局的新视角．城市规划汇刊，2001（4）：9.

[2] 参见赵晓．企业成长理论研究．北京大学博士学位论文，1999：218—219.

[3] 广州总体发展概念规划研究．中国城市规划设计研究院，2001：74.

[4] 艾建国．中国城市土地制度经济问题研究．武汉：华中师范大学出版社，2001：182—186.

[5] 参见杨遴杰．我国城市土地储备制度研究．北京大学博士学位论文，2002：71.

[6] 汪晖．城乡结合部的土地征用：征用权与征地补偿，中国农村经济，2002.2

[7] 周其仁．增加农民收入不能回避产权界定．发展，2002（3）：44.

[8] 赵尚朴主编．城市土地使用制度研究，北京：中国城市出版社，1996.

[9] 周素红，周冰艳．城市土地市场的"蛛网"分析及其在用地管理中的借鉴初探．现代城市研究：67—70.

[10] 王远征．中国城市化道路的选择和障碍．战略与管理，2001（1）.

[11] 投票产生的规划方案或成长模式往往都是大绿化，大水面，重表现的规划方案，执行的成本却往往为选众所忽略。

[12] 赵晓．竞争、公共选择与制度变迁—从"抓大放小"看体制转轨中政策效率改善的原因．中国经济研究中心讨论稿，No.C1999025，1999.

[13] H. 登姆塞茨. 关于产权的理论. 载 R. 科斯、A. 阿尔钦、D. 诺斯等. 财产权利与制度变迁. 上海：上海三联书店, 上海人民出版社, 1994：97、100.
[14] 按照西方"休克疗法"运作的苏联经济一蹶不振就是忽略了制度变迁成本的一个典型范例。
[15] 李晓钟. 政府管制的利弊及放松管制的思考. 江南大学学报（人文社会科学版）, 2002, 1 (1)：64.
[16] 林红玲. 新制度经济学关于制度、经济效率与收入分配相互关系的研究. 江西财经大学博士学位论文, 2000.
[17] 杨开忠, 陶然, 刘明兴. 解除管制, 分权与中国经济转轨. 内部讨论稿.
[18] 施蒂格勒在 1957 年下的这一定义后来被收入权威的《帕尔格雷夫经济学大词典》。
[19] 引自赵晓. 竞争、公共选择与制度变迁—从"抓大放小"看体制转轨中政策效率改善的原因. 中国经济研究中心讨论稿, No. C1999025, 1999.
[20] 引自赵晓. 竞争、公共选择与制度变迁—从"抓大放小"看体制转轨中政策效率改善的原因. 中国经济研究中心讨论稿, No. C1999025, 1999.
[21] 许成纲还介绍过, 在阿罗—德布鲁的一般均衡理论中, 实际上没有产权的问题, 认为一般均衡理论提供了"私有制是最好的"这样一个基础是不清楚、不正确的（许成纲, 1998）。
[22] 谢刚. 我国城市土地租赁制度的探讨. 北京大学硕士论文, 2000.
[23] 鲍莫尔提出了"可竞争理论（contestable market）", 认为市场上即使只有一个企业, 但如果进入的成本不太高, 这个企业的行为就会表现得相当于有一个竞争对手一样。否则, 企业追求垄断行为, 就会有新的进入者进入, 这对它威胁更大。这个理论对城市间土地扩展的囚徒博弈具有参考价值。
[24] 王玲, 王伟强. 城市公共空间的公共经济学分析. 城市规划汇刊, 2002 (1)：43.
[25] 周其仁曾用统一市场的概念对中俄农业改革进行了比较, 得出了竞争重要的结论。
[26] 这类矛盾在很多发达国家也普遍存在。
[27] H. 登姆塞茨. 关于产权的理论. 载 R. 科斯、A. 阿尔钦、D. 诺斯等. 财产权利与制度变迁. 上海：上海三联书店, 上海人民出版社, 1994：100.
[28] Demsetz, 1988, Ownership, Control, and the Firm, Basil Balckwell Inc., 转引自. 董国礼. 中国土地产权制度变迁：1949—1998. 来自中国农村研究网 http：//www.ccrs.org.cn.
[29] 参见江曼琦. 城市空间结构优化的经济分析. 北京：人民出版社, 2001：194.
[30] 范润生. 传统区划与区划改良——浅谈美国城市开发控制机制的核心内容. 规划师, 2002 (2)：70—72.
[31] 同上。
[32] 王颖, 孙斌栋. 运用博弈论分析和思考城市规划中的若干问题. 城市规划汇刊, 1999

(3): 61—63.

[33] 孙永正．城市经营的五项风险．摘自商道资讯网 http：// www.sttt.net/show.asp? id=1100．

[34] 参见方凌霄．美国的土地成长管理制度及其借鉴．中国土地，1999（8）：42—43

[35] 参见李振亮．北京危旧住宅拆迁补偿机制研究．北京大学硕士学位论文，2004．

结 语

城市问题是复杂和多变的。成长管理问题更是一个新兴的学科领域。本书的着手点没有选择新古典经济学或者新经济地理学（新空间经济学）的分析方法，比如采取常见的 D—S 模型来进行演绎和分析，也正是考虑到城市这种特殊产品的复杂性和复合型。

1. 对研究的简要总结

第一，中国城市成长管理从无到有的过程是复杂和波动的。中国的城市成长管理经历了改革前实质缺位的阶段，这个阶段，由国家意志代替了其他诸多主体的意志，其他主体缺乏"喊叫权"，只能进行地下寻租；在改革开放后，中国城市成长管理开始重构，中央政府的逐步放松管制，地方政府的补位是城市成长管理问题的制度基础，由于中国转型时期多重主体利益取向的不定和模糊，城市成长过程中出现了诸多问题，其中的根源在于国家倚重的国有工业企业型城市经济发生了根本性的变化，城市政府的收益期望和企业的收益预期具有较大的叠加性。

第二，中国城市成长管理体系重构的要点是实现以成长经济为发展观，以改变博弈条件为核心，以竞争和产权改革为动力的联动轴线，进而实现多重利益主体的共赢；在这个过程中，竞争导向优于产权改革。

第三，中国的城市成长管理工具体系有别于传统城市规划手段和西方城市成长管理（产权基础、税源、转移支付制度、城市化进程都不一致）。在现行的城市成长管理工具中必须导入竞争的概念，把静态的土地资产盘活，实现城市成长。同时，由于中国基础比较差，财政转移支付和财政倾斜，基础设施建设带动也是十分必要的，通过这些手段能够帮助城市实现跨越增长或者复兴的门槛，相当于为高速城市化发展保了险。

2. 今后研究的方向

从传统上来看，基于要素禀赋的研究着力分析的资源的比较优势，波特的理论开始跨越要素禀赋理论的单一维度，开始从菱形理论的构架体系解析区域发展问题，但是这种分析方法对国家和地方政府的考量仍有所不足，杨开忠教授曾在波特教授分析框架的基础上引入两个更多的维度来分析，克鲁格曼也曾把这些问题归咎于历史依赖。实际上，这些分析方法的假设放松正是经济学界越来越认识到资源的相互关联性的表征。

城市成长管理研究是涉及多学科交叉的繁复的系统研究，笔者在本书中所作的分析基本上基于土地市场和多元主体的利益决策，没有在财政基础、区域治理结构、产权的深化改革、城乡利益收益机制重构等对城市成长具有重要关联的领域进行更深入的探索，但是，这些领域的深入探讨正是今后研究的重要方向。

从城市成长管理发展研究的角度来看，具有一体化特质的欧盟和欧盟国家在相当程度上具有国家和区域政府的角色特征。欧洲城市成长管理过程中的新问题和新思路值得中国进行借鉴。由于欧盟成立的时间短，实践的执行和理论的探索还远未构建，因之，对欧洲的参详也就极为有限，但相信随着欧盟一体化的加快，欧盟城市成长管理的实践经验必然可以成为中国城市成长管理研究的他山之石。

另外，在城市和区域科学领域，传统的研究方法和技术手段已经不能够有效地解决空间系统中的诸如非线性、多层性等问题，迫切需要新的理论和方法来支撑。对城市成长管理问题而言，借助复杂科学的模拟和推演应当可以有效地进行动态的判断、模拟和预测，有助于中国城市发展的实际工作。

必须明确的是，在市场化作用越来越强的前提下，城市竞争优势的取得直接关系到城市市政主体、城市市民的长久利益。在不同的尺度下，对城市成长管理中各个维度的规制可能产生不相容的结果。从直觉来看，一个城市成长管理的理性主体，无论它是城市政府，非政府组织还是民间机构都不可能同意压抑或限制本城市发展的决策，从而产生像卡特尔之间协议不可信，或者新的有限次囚徒博弈的情况。

最后，在今后的研究中，对中国城市成长管理在法学基础、制度基础等内容上可以继续进行深入的探讨；对中国城市的区域差异和城市成长模式之间的关联可以进行进一步的研究；城乡结合发展和城市群、城市成长管理规制变迁等等都是今后研究的延伸空间。

参 考 文 献

一、英文文献

[1] Abdul Khakee, Paola Somma, Huw Thomas. Urban Renewal, Ethnicity and Social Exclusion In Europe. Brookfield: Ashgate Publishing Ltd., 1999.

[2] About Metropolitan Areas, U. S. Census Bureau, Washington D. C., 09/10/2000.

[3] Alonso, W.. Location and Land Use. Cambridge: Harvard University Press, 1964.

[4] Alston L. J., Aggression T. and North. D. C.. Empirical Studies in Institutional Change. Cambridge University Press, 1996.

[5] Anderson, Terry L. and Hill, P. J.. The Evolution of Property Rights: A Study of the American West. Journal of Law and Economics, 1975, 18 (10) pp. 163—179.

[6] Arthur O'Sullivan. Urban Economics (the 4th ed.). McGraw-Hill Press, 2000.

[7] Atkinson R. and Moon G.. Urban Policy in Britain: The City, the State and the Market. Macmillan Press LTD., 1994.

[8] Baldassare, Mark & Hassol, Joshua est. Possible planning roles for regional government. Journal of the American Planning Association, 1996, 62 (1, Winter).

[9] Barry Cullingworth. Planning In The USA, 1997.

[10] Barry Shwartz, ed. Changing Face of the Suburbans, The University of Chicago Press, 1976.

[11] Barzel, Yorma. Economic Analysis of Property Rights. Cambridge University Press, 1989.

[12] Benjanin Chinitz, ed.. Central City Economic Development, Cambrige, 1979.

[13] Bingham, Richard D. and Kimbie Deborah. The Industrial Composition of Edge Cities and Downtowns: the New Urban Reality. Economic Development Quarterly: 1995, 9 (3) pp. 259—272.

[14] Bollens, Scott A.. State Growth Management: Intergovernmental Frameworks and Policy Objectives. Journal of American Planning Association, 1992, 58 (4) pp. 454—466.

[15] Browder, John O, Bohland, James R, Scarpaci, Joseph L. Patterns of development on the metropolitan fringe: Urban fringe expansion in Bangkok, Jakarta, and Santiago. American Planning Association. Journal of the American Planning Association. Chicago, Summer 1995, 61 (3) p. 310.

[16] Brueckner, J. k. and R. w. Martin. Spatial mismatch: An equilibrium analysis. Regional Science and Urban Economics, 1997 (27), pp. 679—714.

[17] Brueckner, J. k. and Y. Zenou. Space and unemployment: The labor-market effects of spatial mismatch. Jourmal of Labor Economics, 2003 frothcoming (form the Urban Economics Lecture in Peaking University, 2002.08).

[18] Byrd, W. A. & Lin Qingsong, est.. China's Rural Industry: Structure, Development, and Reform, Oxford University Press, 1990.

[19] Capozza D., Helsley R. W. The fundamentals of land prices and urban growth. Journal of Urban Economics, 1989, 26, pp. 295—306.

[20] Carruthers, John I. Evaluating the effectiveness of regulatory growth management programs: An interregional analysis. Thesis of the degree of Doctor of Philosophy, University of Washington, 2001.

[21] Carruthers, John I. and Ulfarsson, Gudmundur F. Fragmentation and sprawl: Evidence from interregional analysis. Growth and Chage, 2002, Vol. 33: 312—340.

[22] Carruthers, John I. The Impacts of state growth management programmes: A comparative Analysis. Urban Studies, 2002, Vol. 39 (11): 1959—1982.

[23] Castells M.. The City and the Grassroots. University of California Press, 1983.

[24] ChanK. W. Economic Growth Strategy and Urbanization in China, 1949—1989. International Journal of Urban and Regional Research. 1992, 16 (2) pp. 275—305.

[25] Chengri Ding. Managing Urban Growth for Efficiency in Infrastructure Provision: Dynamic Capital Expansion and Urban Growth Boundary Models. Thesis for the degree of PH. D. of the University of Illinois, 1996.

[26] Cheung, Steven N. S. On the New Institutional Economics, in Contract Economics, edited by Wein, L., Basil Blackwell, 1992.

[27] Chinitz, Benjamin. Growth Management: Good for the Town, Bad for the Nation? Journal of American Planning Association, 1990, 56 (1) pp. 3—9.

[28] Coase, R. H.. The New Institutional Economics. Journal of Theoretical and Institutional Economics, 1984, 140 (1) pp. 229—231.

[29] Coase, R. H.. The Nature of the Firm. Economics, 1937 (9).

[30] Coase, R. H.. The Problem of Social Cost. Journal of Law and Economics, 1960, 3 (1) pp. 1—44.

[31] Coase. R. H. Durability and Monopoly. Journal of Law and Economics, 1972, 15 (April).

[32] Culling worth、J. Barry, Alternate Planning Systems: There Anything to Learn from American Planning Association, Chicago: Journal of the American Planning Association, Spring 1994.

[33] Dawkins, Casey J. and Nelson, Arthur C. Urban containment policies and housing prices: an international comparison with implications for future research. Land Use Policy, 2002, 19: 1—12.

[34] Davis, L. and North, Douglass C.. Institutional Change and American Economic Growth. Cambridge University Press, 1971.

[35] Dearlove, J.. The Reorganization of British Local Government. Cambridge University Press, 1979.

[36] Dennis E Gale. Growth management in Florida. Journal of the American Planning Association. 1999, 65 (3, Summer) pp. 344—345.

[37] Dennis. E.. Eight State-Sponsored Growth Management Programs: A Comparative Analysis. Journal of American Planning Association, 1992, 58 (4) pp. 425—39.

[38] Dunkerley, Harold B. Urban Land Policy. Oxford University Press, 1983.

[39] Edited by Yanrui Wu and Qiang Ye. Non-exclusive Property Rights and Township and Village Enterprise Development, In China's Reform and Economic Growth. Australia: NCDS Asia Pacific Press, 1998.

[40] Edwards J. and Batley R. The Politics of Positive Discrimination. London: Tavistock, 1978.

[41] Elizabeth and Gerald Bloomfield. Urban growth and local services: the development of Ontario municipalities to 1981. Guelph, Ont. : University of Guelph, Dept. of Geography, 1983.

[42] Eugenie L. Birch. Planning in a World City-New York and its Communities. APA journal, 1996 (4, Autumn) pp. 442—459.

[43] Fischel A.. The Urbanization of Agricultural Land: A Review of the National Agricultural Lands Study. Land Economics, 1982 (58) .

[44] Fischel, William A. property rights approach to municipal zoning. Land Economics, 1978, 54 (February): 64—81.

[45] Fischel, William A. The economics of zoning laws: a property rights approach to American land use controls. Baltimore: John Hopkins University Press, 1985.

[46] Fischel, William A. The homevoter hypothesis: how home values influence local government taxation, school finance, and land-use policies. Cambridge, Mass. : Harvard University Press, 2001.

[47] Fischel, William A. Regulatory takings: law, economics, and politics. Cambridge, Mass. : Harvard University Press, 1995.

[48] Fischel, William A. "Property taxation and the Tiebout model: Evidence for the Benefit View from Zoning and Voting." Journal of Economic Literature, 1992, 30: 163—169.

[49] Fischel, William A. Do growth controls matter? A Review of Empirical Evidence on the

Effectiveness and Efficiency of Local Government Land Use Regulation. Cambridge, MA, Lincoln Institute of Land Policy, 1990.

[50] Fischel, William A. "Zoning and land use reform: a property rights perspective." Virginia Journal of Natural Resources Law, 1: 69—93.

[51] FENG Changchun, ZHANG Bo. Study on the Urban Scene Protection, the Transportation Construction and the Real Estate Development: the Case of Ping-an Street in Beijing, The Fifth Annual Conference of Asian Real Estate Society (Beijing), 2000.08.

[52] Fonder, Eben. Better Not Bigger: How to Take Control of Urban Growth and Improve Your Community. Vancouver: New Society Publishers. Gale, 1999.

[53] Fridmann J. Where We Stand: a Decade of World City Research, in 'World cities in world system' edited by Knox, P. L. & Taylor, P. J.. Cambridge University Press, 1995.

[54] Fujita M. Urban Land Use Theory. In: Gabszewicz J Jetal. Location Theory. Harwood Academic Publishers, 1985.

[55] Gale, Dennis E.. Eight State-Sponsored Growth Management Programs: A Comparative Analysis Journal of the American Planning Association, Autumn 1992, 58 (4): 425—439.

[56] Galster, G., Hanson, R., Wolman, H., Coleman, S. and Freihage, J. Wrestling Sprawl to the Ground: Defining and Measuring an Elusive Concept. Housing Policy Debate, 2001, 12 (4): 681—717.

[57] Gar-On YEH, Fu Long W. U.. The New Land Development Process and Urban Development in Chinese Cities. International Journal of Urban and Regional Studies, 1996 (20).

[58] Garreau, Joel.. Edge City: Life on the New Frontier. American Demographics. 1991, September, pp. 24—31.

[59] Gerrit J Knaap, Lewis D Hopkins. The inventory approach to urban growth boundaries. American Planning Association. Journal of the American Planning Association, Chicago, Summer 2001, 67 (3) pp. 314—326.

[60] Gober. Patricia and Behr, Michelle. Central Cities and Suburbs as Distinct Place Types: Myth or Pact? Economic Geography, 1982, 58, pp. 371—385.

[61] Goodall B. The Economics of Urban Areas. New York: Pergamon Press, 1972.

[62] Gordon, Peter and Harry W. Richardson. Are Compact Cities a Desirable Planning Goal? Journal of American Planning Association, 1997, 63 (1) pp. 95—105.

[63] Graham P. Chapman, Ashok K. Dutt, Robert W. Bradnock. Urban growth and development in Asia. Aldershot, Brookfield USA: Ashgate, 1999.

[64] Hall P.. Lessons From A Magnificent Failure. Town&Country Planning, 2000: 180—181.

[65] Hall, Peter. How Smart is Smart Growth? Town and Country Planning. 2001.

[66] Haughton, Barry. Chinese Institutional Innovation and Privatization from Below. American Economic Review, 1994, 84 (2) pp. 266—270.

[67] Hayami, Y. and M. Kikuchi. Asian Village Economy at the Crossroads: An Economic Approach to Institutional Change. Baltimore: Johns Hopkins University Press, 1981.

[68] Higgins J.. Government and Urban Poverty. Oxford: Blackwell, 1983.

[69] Imrie R. and Thomas H. British Urban Policy: An Evaluation of the Urban Development Corporations. SAGE Publications. London, 1999.

[70] J. Lee, L. Tian, L. J. Erickson. Analyzing Growth-management Policies with Geographical Information Systems, Environment and Planning, 1998B, 25 (6) pp. 865—879.

[71] James W. Simmons, Descriptive Models for Urban Land Use. In: Larry S. Bourne (ed.) Internal Structure of the City. New York: Oxford University Press, 1971.

[72] Jan K. Brueckner. Urban Sprawl: Lessons from Urban Economics. Brookings-Wharton Papers on Urban Affairs, 2001, pp. 65—97.

[73] Jerry Weitz, Terry Moore. Development inside Urban Growth Boundaries: Oregon's Empirical Evidence of Contiguous Urban Form, American Planning Association, Journal of the American Planning Association, Autumn 1998.

[74] John C. Teaford. The Rough Road to Renaissance: Urban Revitalization in America 1942—1985. The Johns Hopkins University Press, 1990.

[75] John R. Ottensmann. Growth Management Tools, School of Public and Environmental Affairs, IUPUI teaching materials, 2000.

[76] John R. Ottensmann. Growth Management, School of Public and Environmental Affairs, IUPUI teaching materials, 02/21/2000.

[77] John R. Ottensmann. State Growth Management, School of Public and Environmental Affairs, IUPUI teaching materials, 03/08/2000.

[78] Jonathan Barnett. An Introduction to Urban Design, 1981.

[79] Kolankiewicz, Leon and Beck, Roy. Weighing Sprawl Factors In Large U. S. Cities: Analysis of U. S. Bureau of the Census Data on the 100 Largest Urbanized Areas of the United States. 2001. 3.

[80] K. N. Gopi. Urban growth and industrial locations. New Delhi: Oxford & IBH, 1980.

[81] Kenneth Fox. Metropolitan America, University Press of Mississippi, 1986.

[82] King, Anthony D.. Urbanism, Colonialism and the World Economy. London: Routledge, 1989.

[83] Knox, Paul L.. The Urban Landscape: Economic and Socio-cultural Change and the

Transformation of Metropolitan Washington D. C. Annals of the Association of American Geographers, 1991, 81 (2) pp. 181—209.

[84] Lawless P. Partnership: A Critical Evaluation. Local Government Studies, 1980 (6) pp. 21—39.

[85] Lewdly D. and Associate. Equal City, Final Report of Birmingham Inner Area Study. London: HMSO, 1977.

[86] Man Cho. Congestion effects of spatial growth restrictions: A Model and empirical analysis. Real Estate Economics. Bloomington, Fall 1997, 25 (3) pp. 409—438.

[87] Martin L. Weitzman and Chenggang Xu. Chinese Township-Village Enterprises as Vaguely Define Cooperatives. Journal Of Comparative Economics. 1994, 18, pp. 121—145.

[88] Melanie Hare, Exploring Growth Management Roles in Ontario-Learning from "Who Does What" Elsewhere, A Report Prepared for The Ontario Professional Planners Institute, MCIP, RPP Urban Strategies Inc. September 2001.

[89] Melanie Hare. Urban Growth Management: A Policy-Implementation Disconnechttp: // www. ontarioplanners. on. ca/pdf/growth _ 101001 _ position. pdf (09/07/2002).

[90] McDonald, John F. Fundamentals of urban economics. Upper Saddle River, NJ: Prentice Hall, 1997.

[91] Miriam Wasserman. Urban sprawl, Regional Review-Federal Reserve Bank of Boston, First Quarter 2000.

[92] Miroslaw Grochowski. Managing Urban Development In The Context Of Public Administration Reform: The Case Of Eastern Europe. IT'L. J. Of Public Admin. 2001, 24 (2) pp. 143—161.

[93] Moe, Richard and Carter Wilkie. Changing Places: Rebuilding Community in the Age of Sprawl. New York: Henry Holt and Company. 1997.

[94] Nelson, Arthur C. Comparing states with and without growth management Analysis based on indicators with policy implications. Land Use Policy, 1999, 16: 121—127.

[95] North, Douglass C.. Institutions, Institutional Change and Economic Performance. Cambridge University Press. 1990.

[96] North, Douglass C.. Structure and Change in Economic History. New York: WW Norton. 1981.

[97] North, Douglass C. and Thomas, Robert Paul. The Rise of the Western World: A New Economic History. Cambridge: Cambridge University Press. 1973.

[98] O'Sullivan, Arthur. Urban economics. Chicago: Irwin, 1996.

[99] O' Sullivan. Arthur Urban Economics (the 4th ed.). Mc. Graw-Hill Press, 2000.

[100] Olson, Mancur. The Logic of Collective Action. Cambridge, MA: Harvard University

Press, 1965.

[101] Olson, Mancur. The Rise and Decline of Nations: Economic Growth, Stagflation, and Social Rigidities. New Haven: Yale University Press, 1982.

[102] Onyschuk B. S., Q. C.. Smart Growth-A Model for Toronto. The Canadian Urban Institute, April 13, 2000.

[103] Papozza, D. R. & Helsley, R. W. The Fundamental of Land Prices and Urban Growth. Journal of Urban Economics, 1989, 26 (3) pp. 295—306.

[104] Parkinson M. and Wilks S.. The Politics of Inner City Partnerships. From Goldsmith M. (ed) New Research in Central-Local Relations. Aldershot: Gower, 1985. pp. 290—307.

[105] Pei Xiaolu. The Institutional Root of China's Rural Industry and Gradual Reform, Lund University Press, 1998.

[106] Peltzman, Sam. Constituent Interest and Congressional Voting. Journal of Law and Economics. 1984, 27.

[107] Peltzman, Sam.. Toward a More General Theory of Regulation. Journal of Law and Economics, 1976, 19 (1, April) pp. 109—148.

[108] Penrose, E. T. The Theory of the Growth of the Firm. Oxford Press, 1959, 1997 (3rd edition).

[109] Pigou, Arthur C.. The Economics of Welfare (4th Edition). London: MacMillan & Co. 1938.

[110] Porter, Douglas R. Managing Growth in America's Communities. Washington: Island Press. 1997.

[111] Principle and Practice of Urban Planning, Planning Agency: Organization and Structure, 1980, International City Manager's Association, Washington D. C.

[112] Qian Y. Xu C. M-Form Hierarchy and China's Economic Reform. European Economic Review, Papers and Proceedings, 1993, 37, pp. 541—548.

[113] Qian, Y. Incentives and Loss of Control in an Optimal Hierarchy, Review of Economic Studies, 61 (3), 527—44, 1994a.

[114] Qian, Yingyi, Barry R. Weingast. Federalism As a Commitment to Preserving Market Incentives. Journal of Economic Perspectives, Fall, 1997, 11 (4), pp. 83—92.

[115] Qian, Yingyi, The Institutional Foundations of China's Market Transition, Annual Bank Conference on Development Economics. 1999.

[116] Qian, Y., The Process of China's Market Transition (1978—1998): The Evolutionary, Historical, and Comparative Perspectives. Journal of Institutional and Theoretical Economics. 2000.

[117] R. Bruce. A vision of Green: Lewis Mumford's Legacy in Portland, Organ. Journal of

American Planning Association, 1999, 65 (3) .

[118] Rees J. and Lambert J. Cities in Crisis. London: Edward Arnold, 1985.

[119] Revised Standards for Defining Metropolitan Areas in the 1990s, U. S. Census Bureau, Washington D. C. , 10/27/2000.

[120] Richard G Lipsey et al. Economics (10th Edition) . New York: Harper Collins, 1993.

[121] Richard Wake ford. American Development Control: parallels and paradoxes from an English perspective. HMSO. London, 1990.

[122] Rick Heffenon and Rob Melnick. Urban Growth Management in Arizona. Morrison Institute for Public policy in Arizona State University issues in brief, 03/09/1998.

[123] Robson B. Those Inner Cities. Oxford: Clarendon, 1988.

[124] Rudolf Hartog. Growth without Limits: some case Studies of 20th-century Urbanization, International Planning Studies, Feb 1999.

[125] Ruttan, V. W. and Y. Hayami. Toward a Theory of Induced Institutional Innovation. Journal of Development Studies, 1984, 20 (4) pp. 203—223.

[126] S. Breyer and P. W. MacAvoy, Regulation and Deregulation, The New Pal grave-A Dictionary of Economics, Vol. 4, 1987, S.

[127] Samuelson P. A. The Pure Theory of Public Expenditure, Review of Economics and Statistics, 1954 (Nov.) pp. 387—389.

[128] Sassen, Saskina. On Concentration and Centrality in the Global City, in 'World cities in world systeme'dited by Knox, P. L. & Taylor, P. J. , Cambridge University Press, 1995.

[129] Schiffman, Irving. Review of Growth Management: The Planning Challenge of the1990's. Journal of American Planning Association, 1993, 59 (4) .

[130] Shahid Yusuf, Weiping Wu. The dynamics of urban growth in three Chinese cities. New York: Oxford University Press, 1997.

[131] Shaw, Jane S. and Ronald D. Utt. . A Guide to Smart Growth: Shattering Myths, Providing Solutions. Washington: The Heritage Foundation. Stephenson, 2000.

[132] Stephen Hamnett and Robert Freestone. The Australian Metropolis: a Planning History. London: E & FN Spon, New York: Routledge, 2000.

[133] Stigler, George J. . The Theory of Economic Regulation. Bell Journal of Economics and Management Science, 1971, 2 (1, Spring) pp. 3—21.

[134] The Practice of Local Government Planning, IUMA Section 21 Planning Urban Housing, Washington D. C.

[135] Thomas A Gihring. Incentive property taxation: A potential tool for urban growth

management. Journal of the American Planning Association, 1999, 65 (1, Winter) pp. 62—79.

[136] Wheaton W. C.. Urban Residential Growth under Perfect Foresight. Journal of Urban Economics, 1982 (12).

[137] Williamson, Oliver E.. Reflection on the New Institutional Economics. Journal for the critical and Institutional Economics, 1985b, 141 (1) pp. 187—195.

[138] Wood, Joseph. S.. Geographical Record, Suburbanization of Central City. Geographical Review, 1988, 28 (3) pp. 326—329.

[139] World Bank. The Urban Growth Management Initiative: Making Minimal Preparations in the Developing World for Doubling the Size of Cities in the Next 30 Years, 02/20/2002

[140] Yves Zenou. Urban Economics Lecture in Peaking University, 2002.08.

[141] Zenou, Y. and N. Boccard. Racial discrimination and redlining in cities. Journal of Urban Economics, 2000 (48), pp. 260—285.

二、中文文献

[1] [美] A. 爱伦·斯密德著，黄祖辉，蒋文华等译．财产、权利和公共选择．上海：上海三联书店，上海人民出版社，1999.

[2] 阿里克斯·艾纳斯著，杨涛，彭爱星译．从城市物质模型到经济模型——劳瑞模型结构的修正．国外城市规划，1996（2）：39—43，38.

[3] 埃尔赫南·赫尔普曼，保罗·克鲁格曼著，尹翔硕，尹翔康译．市场结构和对外贸易．上海：上海三联书店，1993.

[4] 埃瑞克·G. 菲吕博顿等．新制度经济学．上海：上海财经大学出版社，1998.

[5] 艾建国．对城市经济适用房建设用地选址的分析与思考．1999，19（5）：67—70.

[6] 艾建国．中国城市土地制度经济问题研究．武汉：华中师范大学出版社，2001.

[7] 艾伦·格里菲思，斯图尔特·沃尔主编，许光建，刘长祥，顾海兵等译．应用经济学．北京：中国经济出版社，1998.

[8] 奥尔森，曼瑟尔．集体行动的逻辑．上海：上海三联书店，1995.

[9] 奥斯特罗姆．制度安排和公用地两难处境．载国际经济增长中心编《制度分析与发展的反思》．北京：商务印书馆，1992.

[10] 拜德·W，林青松．中国乡镇工业：结构、发展和改革．牛津大学出版社，1990.

[11] [美] 保罗·克鲁格曼著，黄胜强译．克鲁格曼国际贸易新理论．北京：中国社会科学出版社，2001.

[12] [美] 保罗·克鲁格曼著，张曦译．亚洲奇迹的神话．载北京大学中国经济研究中心学刊，2000（1）：33—43.

[13] 宝贡敏，朱允卫．规制与中国乡镇企业的崛起、发展．浙江学刊，1998（3）：17—22.

[14] 宝贡敏. 乡镇企业微观规制研究. 太原：山西经济出版社, 1996.
[15] 蔡方. 二元经济与劳动力转移. 北京：中国人民大学出版社, 1990.
[16] 蔡宇平. 论中国城市化的道路选择. 经济问题, 2000, (4): 11—13.
[17] 柴强. 各国（地区）土地制度与政策. 北京：北京经济学院出版社, 1993.
[18] 柴彦威. 城市空间. 北京：科学出版社, 2000.
[19] 陈秉钊. 21世纪的城市与我国的城市规划. 城市规划, 1998 (1): 13—15.
[20] 陈富良. 放松规制与强化规制. 上海：上海三联书店, 2001.
[21] 陈富良. 政府对商业企业的规制研究. 北京：经济管理出版社, 1999.
[22] 陈剑波. 制度变迁与乡村非正规制度——来自中国乡村的经验：乡镇企业的财产形成. 来自北京天则经济研究所 http：//www.unirule.org.cn.
[23] 陈俊生. 关于农村劳动力剩余和基本政策问题. 人民日报, 1995/1/28.
[24] 陈书荣. 我国城市化现状、问题及发展前景. 城市问题, 2000, (1): 3—5.
[25] 陈顺清. 城市增长与土地增值. 北京：科学出版社, 2000.
[26] 陈万华, 棕康宁. 中国房地产市场的现状分析与政策选择. 南开经济研究, 1994 (5): 12—17.
[27] 陈锡文. 中国农村改革：回顾与展望. 天津：天津人民出版社, 1993.
[28] 陈秀山, 石碧华. 区域经济均衡与非均衡发展理论. 教学与研究, 2000 (10): 12—18.
[29] 陈郁主编. 企业制度与市场组织——交易费用经济学文选. 上海：上海三联书店, 上海人民出版社, 1996.
[30] 陈则明. 城市更新理念的演变和我国城市更新的需求. 城市问题, 2000 (1): 11—13.
[31] 陈振光, 胡燕. 西方城市管治：概念与模式. 城市规划. 2000, 24 (9): 11—13.
[32] 崔功豪, 马润潮. 中国自下而上城市化的发展及其机制. 地理学报, 1999, 54 (2): 106—115.
[33] D. Gregg Doyle 著, 陈贞译. 美国的密集化和中产阶级化发展——"精明增长"纲领与旧城倡议者的结合. 国外城市规划, 2002 (3): 2—9.
[34] Dave Shaw 著, 王红扬译. 战略规划：大都市地区有效治理的方向盘——大伦敦战略规划的演变与最新发展. 国外城市规划, 2001 (5): 9—12.
[35] 大卫·李嘉图. 政治经济学及赋税原理（中译本）. 北京：商务印书馆, 1976.
[36] 戴维·罗默著, 苏剑, 罗涛译. 高级宏观经济学. 北京：商务印书馆, 1999.
[37] 戴晓晖. 新城市主义的区域发展模式——PeterCalthorpe 的《下一代美国大都市地区：生态、社区和美国之梦》读后感. 城市规划汇刊, 2000 (5): 77—78.
[38] 戴学来. 英国城市经济衰退与城市更新运动. 人文地理, 1997, 12 (3): 50—53.
[39] 戴学来. 英国城市开发公司与城市更新. 城市开发, 1997 (7): 31—34.
[40] [美] 丹尼尔·F. 史普博著. 余晖, 何帆等译. 管制与市场. 上海：上海三联书店, 上海人民出版社, 1999.

[41] [美] 丹尼尔·W. 布罗姆利著,陈郁,郭宇峰,汪春译. 经济利益与经济制度——公共政策的理论基础. 上海:上海三联书店,上海人民出版社,1996.

[42] 道格拉斯·C. 诺思著,刘守英等译. 制度、制度变迁与经济绩效. 上海:上海三联书店出版社,1996.

[43] [美] 道格拉斯·诺思,[美] 罗伯斯·托马斯著,厉以平,蔡磊译. 西方世界的兴起(第2版). 北京:华夏出版社,1999.

[44] [美] 道格拉斯·C. 诺思著,陈郁,罗华平等译. 经济史中的结构与变迁. 上海:上海三联书店,上海人民出版社,1994.

[45] 德姆塞茨著. 竞争的经济、法律和政治维度(中译本). 上海:上海三联书店,1992

[46] 《邓小平文选》第三卷. 北京:人民出版社,1993.

[47] 邓卫. 关于城市规划的哲学思考. 清华大学学报(哲学社会科学版),1998,13(3):58—61,71.

[48] 邓英淘,姚钢. 产业就业重组与城镇化进程. 战略与管理,1998(4):64—81.

[49] 定位:全球性城市之一——访中国区域科学协会会长、北京大学中国区域经济研究中心主任杨开忠,深圳特区报,转引自 http://www.bahr.com.cn/rsj/redie2.htm.

[50] 丁小强. 不同规模城市的用地状况分析,北京大学学士学位论文,1997.

[51] 董国礼. 中国土地产权制度变迁:1949—1998. 来自中国农村研究网 http://www.ccrs.org.cn.

[52] 董学章. 历届诺贝尔经济学奖得主学术成就概览. 北方论丛,2002(3):54—57.

[53] 杜平,史育龙,高国力. 关于促进我国农村城市(镇)化及中小城市综合发展的若干思路. 经济工作者学习资料,2000(20).

[54] 杜润生著. 中国农村制度变迁. 成都:四川人民出版社,2003.

[55] 杜赞奇. 文化、权力与国家——1900—1942年的华北农村. 南京:江苏人民出版社,1994:66—68.

[56] 段晓锋. 非正式制度对中国经济制度变迁方式的影响. 北京:经济科学出版社,1998.

[57] 发展社会主义市场经济过程中的中国城市规划. 日美城市规划专家论文集. 纽约公共管理研究所,北京清华大学,东京实证研究所编辑.

[58] 樊纲、张曙光等:公有制宏观经济理论大纲. 上海:上海三联书店,1990.

[59] 范润生. 传统区划与区划改良——浅谈美国城市开发控制机制的核心内容. 规划师,2002,18(2):70—72.

[60] 方可,章岩. 从"平安大街"改造工程看北京旧城保护与发展中的几个突出问题. 城市问题,1998(5):27.

[61] 方凌霄. 美国的土地成长管理制度及其借鉴. 中国土地,1999(8):42—43.

[62] 方齐云,郭炳发. 科斯定理、相互性与公共领域. 经济经纬,2001(5):10—12.

[63] 方修琦等. 近百年来北京城市空间扩展与城乡过渡带演变. 城市规划, 2002, 26 (4): 56—60.

[64] 冯长春等. 北京市城市土地供给与需求研究总报告, 2003.

[65] [德] G. 阿尔伯斯著, 吴唯佳译. 城市规划理论与实践概论. 北京: 科学出版社, 2000.

[66] [美] G.J. 施蒂格勒著, 潘振民译. 产业组织和政府管制. 上海: 上海人民出版社, 上海三联书店, 1996.

[67] [美] 盖瑞·J. 米勒著, 王勇, 赵莹等译. 管理困境——科层的政治经济学. 上海: 上海三联书店, 上海人民出版社, 2002.

[68] 辜胜阻, 李正友. 中国自下而上城镇化的制度分析. 中国社会科学, 1998 (2): 60—70.

[69] 谷凯. 北美的城市蔓延与规划对策及其启示. 城市规划, 2002, 26 (12): 67—69, 71.

[70] 顾海兵. 中国经济的市场化与非农化. 经济理论与经济管理, 2001, (1): 17—22.

[71] 广州市城市规划局, 广州市城市规划编制研究中心, 广州城市总体发展概念规划咨询工作组. 广州城市总体发展概念规划的探索与实践. 城市规划, 2001, 25 (3): 5—10.

[72] 广州总体发展概念规划研究, 中国城市规划设计研究院, 2001.

[73] 桂丹, 毛其智. 美国新城市主义思潮的发展及其对中国城市设计的借鉴. 世界建设, 2000 (10): 26—30.

[74] 国家计委宏观经济研究院课题组. 关于"十五"时期实施城市化战略的几个问题. 宏观经济管理, 2000, (4): 4—7, 18.

[75] 国家统计局编: 1985—2001《中国统计年鉴》. 北京: 中国统计出版社.

[76] 国家统计局综合司编: 《全国各省、自治区、直辖市历史统计资料汇编 (1949—1989)》. 北京: 中国统计出版社, 1990.

[77] 韩乾, 施怡真, 胡玮婷. 台湾与大陆国土规划之比较 (摘编). 中国土地科学, 2001, 15 (6): 10—12.

[78] 韩笋生, 迟顺芝. 加拿大城市的规划与发展. 国外城市规划, 1995 (3): 15—20.

[79] 郝娟. 西欧城市规划理论与实践. 天津: 天津大学出版社, 1997.

[80] 郝明俐. 美国、加拿大城市建设与管理印象. 城乡建设, 2000 (6): 37—39.

[81] 何琳, 李振义. "刘易斯—费景汉—拉尼斯"模型与二元结构下的乡镇企业发展. 仲恺农业技术学院学报. 1996, 9 (2): 20—26.

[82] 何清涟. 现代化的陷阱——当代中国的经济社会问题. 北京: 今日中国出版社, 1998: 49—77.

[83] 胡德瑞, 何建清. 城市生长的分析研究. 天津: 天津大学出版社, 1990.

[84] 胡俊, 乐理. 当今中国城市发展的变革和规划的新趋势. 同济大学学报, 1996, 24 (6): 704—708.

[85] 胡乃武,张可云.西部中心城市功能极化与外溢效应完善问题.江苏行政学院学报,2001 (3): 46—52.

[86] 胡书东.中国50年财政制度变迁的逻辑和后果,内部讨论稿.

[87] 黄丽.美国的城市规划及其行政.城市问题.1999 (5): 58—62.

[88] 黄勇.美国大都市区的发展与管理,浙江社会科学,2001 (3): 39—43.

[89] John F. McDonald 著.城市经济学基础.Prentice Hall, Upper Saddle River, 1997.

[90] 季建林.当前我国农村经济的主要问题与出路.经济理论与经济管理,2001,(1): 70—72.

[91] 简新华.产业经济学发展的几个基本理论问题.经济评论,2000 (3): 41—42, 49.

[92] 建设部编:城市建设统计年报.1988—2000.

[93] 江曼琦.城市空间结构优化的经济分析.北京:人民出版社,2001.

[94] 江曼琦.对西方竞标地租理论的几点认识.南开经济研究,1997 (6): 43—46.

[95] 姜崇洲,王彤.试论促进产权明晰的规划管制改革——兼论"城中村"的改造.城市规划,2002, 26 (12): 33—39.

[96] 蒋一军.中国农村土地整理研究.北京大学博士学位论文,2001.

[97] 金经元.刘易斯·芒福德——杰出的人本主义城市规划理论家.城市规划,1996 (1): 44—48.

[98] 金太军."政府失灵"与政府经济职能的双向重塑.中国改革,1997 (5): 16—17.

[99] [英] K. J. 巴顿.城市经济学.北京:商务印书馆,1984.

[100] [美] 凯文·林奇著,林庆怡,陈朝晖译.城市形态.北京:华夏出版社,2001.

[101] [德] 柯武刚、史漫飞.制度经济学—社会秩序与公共政策.北京:商务印书馆,2001.

[102] 科斯,哈特,斯蒂格利茨等著,李风圣主译.契约经济学.北京:经济科学出版社,1999.

[103] 李保江.城镇化诱致性农业发展的制度分析.江西社会科学,1999 (4): 21—24.

[104] 李保江.中国城镇化的制度变迁模式及绩效分析.山东社会科学.2000 (2): 5—10.

[105] 李东红.企业核心能力理论评述.经济学动态,1999 (1): 61—64.

[106] 李刚剑.西方区域经济发展理论中的两个重要问题,开发研究,1990 (6): 54—57.

[107] 李根福.试论土地与生产力布局的关系——以城市为例,中国土地科学,1989, 3 (2): 25.

[108] 李红梅.美国城市郊区化简论.北方论丛,1998 (3): 66—70.

[109] 李红卫.广州城市土地供应与规划管理策略研究.城市规划,2002, 26 (5): 20—24.

[110] 李京文.21世纪中国城市化对策研究.理论前沿,2000,(4): 8—10.

[111] 李军林著.制度变迁的路径分析——一种博弈理论框架及其应用.北京:经济科学出版社,2002.

[112] 李丽萍. 《美国大城市地区最新增长模式》书评. 国外城市规划, 1997 (2): 48—51.

[113] 李路路. 社会资本与私营企业家——中国社会结构转型的特殊动力. 社会学研究, 1995 (6).

[114] 李强. 中国转型时期北京城市蔓延研究：以北京为例. 北京大学博士学位论文（初稿）, 2004.

[115] 李仁贵. 区域经济发展中的增长极理论与政策研究. 经济研究, 1988 (9): 63—70.

[116] 李小建, 李国平等. 经济地理学. 北京：高等教育出版社, 1999.

[117] 李晓钟. 政府管制的利弊及放松管制的思考. 江南大学学报（人文社会科学版）, 2002, 1 (1): 61—64.

[118] 李讯. 中国城市演进中的区域差异及其对策. 城市规划, 2000, 24 (7): 28—32.

[119] 李郇. 珠江三角洲城市间竞争的模式探讨. 广东社会科学, 2002 (4): 24—29.

[120] 李雪妍, 李霄峰. 绿化隔离带地区楼市异军突起. 北京日报, 2002年11月20日.

[121] 李芸. 都市计划与都市发展——中外都市计划比较. 南京：东南大学出版社, 2002.

[122] 李振亮. 北京危旧住宅拆迁补偿机制研究, 北京大学硕士学位论文, 2004.

[123] 梁茂信. 当代美国大都市区中心城市的困境. 历史研究, 2001 (6): 120—133.

[124] 梁运斌. 国外房地产业发展研究的主要流派介绍. 北京房地产, 1995 (8): 47.

[125] 林红玲. 新制度经济学关于制度, 经济效率与收入分配相互关系的研究. 江西财经大学博士学位论文, 2000.

[126] 林坚等. 山东省济南市城市空间战略及新区发展研究, 中国城市规划设计研究院主持课题, 2002.

[127] 林青松, 杜鹰主编. 中国工业改革与效率——国有企业与非国有企业比较研究. 昆明：云南人民出版社, 1997.

[128] 林毅夫, 蔡昉, 李周. 中国的奇迹: 发展战略与经济改革（增订版）. 上海：上海三联书店, 上海人民出版社, 1994.

[129] 林毅夫. 关于我国城市发展和农村现代化的几点意见. 北京大学中国经济研究中心政策性研究简报, 2001 (35)（总257）.

[130] 林毅夫. 关于制度变迁的经济学理论: 诱致性变迁和强制性变迁, 载财产权利与制度变迁. 上海：上海三联书店, 上海人民出版社, 1994.

[131] 林毅夫. 再论制度、技术与中国农业发展. 上海：上海三联书店, 1992.

[132] 林毅夫. 制度、技术与中国农业发展. 上海：上海三联书店, 1992.

[133] 林毅夫. 自生能力、经济转型与新古典经济学的反思. 北京大学中国经济研究中心政策性研究简报, 2002 (47).

[134] 刘安国, 杨开忠. 新经济地理理论与模型评介. 经济学动态, 2001 (12): 67—72.

[135] 刘佛丁. 制度变迁与中国近代的工业化. 南开经济研究, 1999 (5): 64—72.

[136] 刘福垣. 推进城市化战略的主要切入点. 光明日报, 2000/12/5.

[137] 刘健. 巴黎地区区域规划研究. 北京规划建设, 2002 (1): 67—71.

[138] 刘江涛. 中国城市边缘区土地利用的规制研究. 北京大学博士学位论文, 2003.

[139] 刘荣增, 朱传耿. 20世纪后期美国城市空间发展演变的理性思考. 南都学坛（哲学社会科学版）2001, 21 (5): 69—72.

[140] 刘盛和, 吴传钧等. 评析西方城市土地利用的理论研究. 地理研究, 2001, 20 (1): 111—119.

[141] 刘盛和. 城市土地利用扩展的空间模式与动力机制. 地理科学进展, 2002, 21 (1): 43—50.

[142] 刘世定. 乡镇企业发展中对非正式社会关系资源的利用. 改革, 1995 (2): 62—68.

[143] 刘天泽, 黄代东. 城市经营与城市规划. 城市发展研究, 2002, 9 (3): 57—61.

[144] 刘维新. 城市发展土地利用与房地产. 北京: 中国大地出版社, 1996.

[145] 刘卫东. 大城市郊区土地非农开发及其合理利用模式. 城市规划, 1999, 23 (4): 8—13.

[146] 刘易斯 (1954). 二元经济论. 北京: 北京经济学院出版社, 1989.

[147] [美] 刘易斯. 芒福德著, 倪文彦, 宋峻岭译. 城市发展史——起源, 演变和前景. 北京: 中国建筑工业出版社, 1989.

[148] 刘勇. 加快城市化进程钱从哪儿来. 经济日报, 2000-9-12.

[149] 刘源. 对城市发展战略若干代表性观点的评析. 理论前沿, 1996 (6): 23—25.

[150] 柳思维. 关于发展农村小城镇与加快中国城市化的若干问题. 湖南商学院学报, 1999, (5).

[151] 柳新元. 利益冲突与制度变迁. 武汉: 武汉大学出版社, 2002.

[152] 卢现祥. 西方新制度经济学. 北京: 中国发展出版社, 1996: 10—11.

[153] 陆大道. 区域发展及其空间结构. 北京: 科学出版社, 1999: 127—129.

[154] 陆志明, 黄文中, 王志波. 从科斯到诺思看新制度经济学的发展. 中州学刊, 1997 (4): 29—31.

[155] M. G. Lloyd, J. Mc Carthy, S. Mc Greal, J. Berry著, 易海贝译. 美国城市更新中的财政奖励措施. 国外城市规划, 2002 (3): 14—17.

[156] [美] M. P. 托达罗著, 于同中, 苏蓉生等译. 第三世界的经济发展. 北京: 中国人民大学出版社, 1988.

[157] Manfred Sinz著, 聂晓阳译. 关于大都市区的中心—边缘问题——以德国柏林为例. 国外城市规划, 1997 (4): 36—42.

[158] 马广奇. 产业经济学在西方的发展及其在我国的构建. 外国经济与管理, 2000, 25 (10): 8—15.

[159] 马润潮, 范明. 自下而上城市化: 中国江苏小城镇的成长. 城市研究, 1994, 31 (10): 1625—1645.

[160] 迈克尔·波特. 竞争优势（中译本）. 北京：华夏出版社, 1997.

[161] 迈克尔·波特著, 陈小悦译. 竞争战略. 北京：华夏出版社, Simon & Schuster, 1997

[162] 曼昆著, 梁小民译. 经济学原理. 北京：北京大学出版社, 1999.

[163] 毛寿龙. 中国政府功能的经济分析. 北京：中国广播电视出版社, 1996.

[164] 孟延春. 旧城改造过程中的中产阶层化现象. 城市规划汇刊, 2000（1）：48—51.

[165] 苗长虹. 区域发展理论：回顾与展望. 地理科学进展, 1999, 18（4）：296—305.

[166] 南开大学课题组. 未来15年深圳经济发展战略研究. 南开经济研究. 1996（6）：9—19.

[167] 宁可主编. 中国经济发展史. 北京：中国经济出版社, 1999.

[168] 牛慧恩. 美国对棕地的更新改造与再开发. 国外城市规划, 2001（2）：30—32.

[169] 潘天群. 博弈生存——社会现象的博弈论解读. 北京：中央编译出版社, 2002.

[170] 裴小林. 集体土地制：中国乡村工业和渐进转轨的根源（天则内部论文稿）1999 (10), 来自北京天则经济研究所 http：// www. unirule. org. cn, 源于 Pei, Xiaolu, The Institutional Root of China's Rural Industry and Gradual Reform，Lund University Press. 1998.

[171] 彭飞飞. 美国的城市区划法. 国外城市规划, 1987（2）.

[172] 齐红倩, 刘力. 城市化：解决我国有效需求不足的关键. 管理世界, 2000,（2）：10—14, 33.

[173] 钱文荣. 中国城市土地资源配置中的市场失灵、政府缺陷与用地规模过度扩张. 来自卡特动态 http：// www. card. zju. edu. cn/data/2000-4. doc.

[174] 钱颖一, 车家华. 乡镇企业的比较分析, 中国乡镇企业研究. 北京：中华工商联合出版社, 1997.

[175] 乔安·罗宾逊, 陈良璧译. 不完全竞争经济学. 北京：商务印书馆, 1961.

[176] 丘海雄, 张应祥. 理性选择理论述评. 中山大学学报（社会科学版）, 1998（1）p118—119.

[177] 任彪. 市区还是郊区：规划与建设的两难选择——新都市主义的理论与实践. 城市开发, 2002（4）：7—8.

[178] 任致远. 21世纪城市规划管理. 南京：东南大学出版社, 2000：59—60.

[179] 阮学金. 香港规划制度探讨. 北京大学硕士学位论文, 1999.

[180] 商渝. 我国城市郊区化与城市体系分析. 武汉大学学报（工学版）, 2002, 35（2）：76—79.

[181] 沈体雁. 基于知识的区域发展. 北京大学博士学位论文, 2000.

[182] 沈玉麟. 外国城市建设史. 北京：中国建筑工业出版社, 1989.

[183] 盛洪主编. 中国的过度经济学. 上海：上海三联书店, 上海人民出版社, 1994.

[184] 石成球. 关于我国城市土地利用问题的思考. 城市规划, 2000, 24（2）：11—15.

[185] 石楠.zoning区划,控制性详规.城市规划,1992(2).
[186] 石晓平.土地资源可持续利用的经济学分析.南京农业大学博士学位论文,2001.
[187] 斯蒂格利茨.政府为什么干预经济.北京:中国物资出版社,1998.
[188] 斯拉恩·埃格特森著,吴经邦等译.新制度经济学.北京:商务印书馆,1996.
[189] 斯密.国民财富的性质和原因的研究(中译本).北京:商务印书馆,1979.
[190] 宋启林.从宏观调控出发解决容积率定量问题.城市规划,1996,20(2):21—23.
[191] 宋启林.21世纪——中国文化与中国城市历史发展长河的第四个黄金时代.华中建筑,2000,18(3):1—5.
[192] 孙骅声,蔡建辉.美国纽约市区划决议(1993年修订本)的几个特点.国外城市规划,1998(4):41—42.
[193] 孙晖,梁江.控制性详细规划应当控制什么——美国地方规划法规的启示.城市规划,2000,24(5):19—21.
[194] 孙良,伍裴.放松经济管制——中国渐进式改革的基本脉络.当代世界与社会主义,2002(2):60—62.
[195] 孙荣,许洁.政府经济学.上海:复旦大学出版社,2001.
[196] 孙施文.城市规划实施的途径——《建设美国城市》一书评介.城市规划汇刊,2000(1):77—78.
[197] 孙施文.美国的城市规划体系.城市规划,1999(7):44—47,53.
[198] 孙一飞,马润潮.边缘城市:美国城市发展的新趋势.国外城市规划,1997(4):28—35.
[199] 孙一飞.房地产权与美国城市规划中的几个问题.国外城市规划,2002(1):38—40.
[200] 孙永正.城市化滞后的八大弊端.城市问题,1999,(6):2—4,8.
[201] 孙永正.城市经营的五项风险.摘自商道资讯网 http://www.sttt.net/show.asp?id=1100.
[202] 孙佑海.土地流转制度研究.南京农业大学博士论文,2000.
[203] 谭崇台主编.发展经济学的新发展.武汉:武汉大学出版社,1999.
[204] 谭术魁.中国城市土地市场化经营研究.中国经济出版社,2001.
[205] 唐·埃思里奇著,朱钢译.应用经济学研究方法论.北京:经济科学出版社,1998.
[206] 唐代盛,李春兰,胡豪.土地"撂荒"的制度分析及对策.财经科学,2002(2):116—120.
[207] 唐隆华,宋劲松.西方经济学中的企业规模理论.当代经济研究,2000(3):52—58.
[208] 陶志红.中国城市土地集约利用研究.北京大学博士论文,2001.
[209] 陶然,刘明兴,章奇.中国农村税费负担:一个政治经济学的考察.北京大学中国经济研究中心关于中国农村发展与税费摊派改革系列报告之三,http://jlin.ccer.edu.cn/article/article.asp?id=162.

[210] 同济大学，李德华．城市规划原理（第三版）．北京：中国建筑工业出版社，2001：42．

[211] V. 奥斯特罗姆，D. 菲尼，H. 皮希特编，王诚等译．制度分析与发展的反思．北京：商务印书馆，2001．

[212] [美] W. 阿瑟·刘易斯著，梁小民译．经济增长理论．上海：上海三联书店，上海人民出版社，1994．

[213] 瓦里安（Varian，Hal R.）著，周洪，李勇译．微观经济学（高级教程）．北京：经济科学出版社，1997．

[214] 汪承杰．城市土地管理．南京：南京大学出版社，1994．

[215] 汪丁丁．经济发展与制度创新．上海：上海人民出版社，1995．

[216] 王朝晖．"精明累进"的概念及其讨论．国外城市规划，2000（3）：33—35．

[217] 王春霞．城市公共管理模式改革的思考．城市问题，2000（5）：46—49．

[218] 王纯．城市空间发展方向规划的博弈问题，北京大学硕士学位论文（初稿），2004．

[219] 王建．不搞城市化，农业问题讲不清——"中国宏观经济形势世纪论坛"专家发言十四．来自中宏网 http：//www.macrochina.com.cn/（2001/01/20）．

[220] 王金虎．论美国城市政治集团的兴衰．史学月刊，2000（3）：116—122．

[221] 王俊豪．中国政府管制体制改革研究．北京：经济科学出版社，1999．

[222] 王凯．从广州到杭州：战略规划浮出水面．城市规划，2002，26（6）：57—62．

[223] 王琳等．新城市主义对我国郊区城市化的借鉴．世界地理研究，2001，10（4）：81—86．

[224] 王玲，王伟强．城市公共空间的公共经济学分析．城市规划汇刊，2002（1）：40—44．

[225] 王前福等．世界城市化研究．西北人口，2002（2）：60—62．

[226] 王胜才，柴修发．德国城市化的经验与启示．决策咨询，2002（1）：42—43．

[227] 王思远，刘纪城等．中国土地利用时空特征分析．地理学报，2001，56（6）：631—639．

[228] 王嗣均主编．中国城市化区域发展问题研究．北京：高等教育出版社，1996．

[229] 王小鲁，夏小林．中国需要发展大城市．http：//www.macrochina.com.cn/gov/35/3518.htm．

[230] 王旭．90年代美国城市发展的四大趋势——《城市状况年度报告：2000》述评．美国研究，2001（3）：127—132．

[231] 王旭．郊区化与美国购物城的兴起．史学月刊，2001（2）：120—125．

[232] 王学真，郭剑雄．刘易斯模型与托达罗模型的否定之否定——城市化战略的理论回顾与现实思考．中央财经大学学报，2002（3）：77—80．

[233] 王一鸣，杨宜勇等．关于加快城市化进程的若干问题研究．宏观经济研究，2000（2）：3—11．

[234] 王颖，孙斌栋．运用博弈论分析和思考城市规划中的若干问题．城市规划汇刊，

1999 (3): 61—63.

[235] 王跃生. 没有规矩不成方圆: 新制度经济学漫话. 北京: 生活·读书·新知三联书店, 2000.

[236] 王远征. 中国城市化道路的选择和障碍. 战略与管理, 2001 (1).

[237] 王志波. 新制度经济学述评. 经济评论, 1998 (2) pp23—26.

[238] 魏莉华. 美国土地用途管制制度及其借鉴. 中国土地科学, 1998, 12 (3): 42—46.

[239] 魏埙. 马克思地租理论的新发展——评《垄断足够价格论》. 南开经济研究, 1998 (3): 78—79.

[240] 温铁军. 中国的城镇化道路与相关制度问题. 开放导报, 2000, (5): 21—23.

[241] 温铁军. 中国农村基本经济制度研究 "三农" 问题的世纪反思. 北京: 中国经济出版社, 2000.

[242] 文贯中. 中国的农村土地制度、就业与城市化. 来源中评网 http://home.jsinfo.Net/kexie/2002/0425/171.htm.

[243] 沃纳·赫希 (Hirsch, Wemer Z. 1984). 城市经济学 (译本). 中国社会科学出版社, 1990.

[244] 吴良镛. 关于北京市旧城区控制性详细规划的几点意见. 城市规划, 1998 (2): 6—9.

[245] 吴林海, 刘荣增. 从"边缘城市主义"到"新城市主义": 价值理性的回归与启示. 科学技术与辩证法, 2002, 19 (3): 16—18.

[246] 吴友仁. 关于我国社会主义城市化问题. 人口与经济, 1980 (2): 19—26.

[247] 武力主编. 中华人民共和国经济史. 北京: 中国经济出版社, 1999.

[248] 夏小林, 王小鲁. 中国的城市化进程分析. 改革, 2000, (2): 33—38.

[249] 限制发展地区划设与成长管理策略研拟. 修订台北县综合发展计划. 台湾大学, 2001.

[250] 谢承华. 城市化与发展中国家的经济发展——对刘易斯两部门模型的评价. 兰州商学院学报, 1999, 15 (2): 12—15.

[251] 谢刚. 我国城市土地租赁制度的探讨. 北京大学硕士论文, 2000.

[252] 谢景锋. 新经济时代美国城市的发展趋势与理论. 城市规划汇刊, 2001 (2): 26—31.

[253] 邢福俊. 试论城市地租的界定、存在形式与运营管理. 江汉论坛, 2000 (2): 19—22.

[254] [澳] 休·史卓顿、莱昂内尔·奥查德, 公共物品、公共企业和公共选择, 经济科学出版社, 2000.

[255] 徐春秀. 城市化——动因、机制与条件的经济理论分析. 北京大学博士学位论文, 2001.

[256] 肖耿. 产权与中国的经济改革. 北京: 中国社会科学出版社, 1997.

[257] 徐海贤, 庄林德, 肖烈柱. 国外大都市区空间结构及其规划研究进展. 来自广东建设信息网 http://www.gdcic.net/xwzx/just_asp/infoshow.asp?infoid=17481

(2003-1-15).

[258] 徐庆. 中国二元经济演进与工业化战略反思. 清华大学学报（哲学社会科学版），1997，12（2）：37—40.

[259] 徐玉德. 我国城市化发展的现状及对策. 西北人口，2000（4）：13—15，20.

[260] 薛领. 基于多主体的城市空间演化模拟研究. 北京大学博士学位论文，2002.

261. [美] Y. 巴泽尔著，费方域，段毅才译. 产权的经济分析. 上海：上海三联书店，上海人民出版社，1997.

[262] 杨保军. 珠江三角洲区域成长与协调发展研究，北京大学博士学位论文（初稿），2004.

[263] 阳建强. 中国城市更新的现况、特征及趋向. 城市规划，2000，24（4）.

[264] 杨开忠. 二元区域结构理论的探讨. 地理学报，1992，47（6）.

[265] 杨开忠. 迈向空间一体化——中国市场经济与区域发展战略. 成都：四川人民出版社，1993.

[266] 杨开忠. 区域发展研究的兴起与演变. 经济地理，1990，10（3）：7—149.

[267] 杨开忠. 区域科学学科地位、体系和前沿. 地理科学，1999（4）：358—363.

[268] 杨开忠. 中国区域发展研究. 北京：海洋出版社，1989.

[269] 杨开忠，陶然，刘明兴. 解除管制，分权与中国经济转轨. 内部讨论稿.

[270] 杨遴杰. 我国城市土地储备制度研究. 北京大学博士学位论文，2001.

[271] 杨瑞龙，周业安. 一个关于企业所有权安排的规范性分析框架及其理论含义. 经济研究，1997（1）.

[272] 杨吾扬，梁进社. 高等经济地理学. 北京：北京大学出版社，1997.

[273] 杨云彦，陈浩等. 乡村工业嬗变与"自下而上"城镇化. 广东社会科学，2000（1）：107—113.

[274] 杨云彦. 中国人口迁移与城市化问题研究. 来自中国人口信息网 http：//www.cpirc.org.cn/paper14.htm.

[275] 杨治，杜朝晖. 经济结构的进化与城市化. 中国人民大学学报，2000，(6)：82—88.

[276] 姚洋. 中国农村土地制度安排与农业绩效. 中国农村观察，1998（6）：1—10.

[277] 姚洋. 中国农地制度：一个分析框架. 中国社会科学，2000（2）：54—65.

[278] 姚洋，支兆华. 政府的角色与改制的成败. 中国经济研究中心讨论稿，No. C1999022，1999；简要本刊政府角色转换与企业改制的成败. 中国经贸导刊，1999（23）：20.

[279] 姚愉芳，贺菊煌等. 中国经济增长与可持续发展. 北京：社会科学文献出版社，1998.

[280] 叶剑平，罗伊. 普罗斯特曼，徐孝白，杨学成. 中国农村土地农户30年使用权调查研究——17省调查结果及政策建议. 管理世界，2000（2）：163—172.

[281] 叶南客，唐仲勋. 区域发展研究的理论进程. 经济地理，1990，10（4）：610.

[282] 叶裕民. 中国城市化滞后的经济根源及对策思路. 中国人民大学学报，1999（5）：

1—6.

[283] 易晓峰,唐发华. 西方城市管治研究的产生、理论和进展. 南京大学学报（哲学·人文科学·社会科学）. 2001, 38 (5)：117—122.

[284] 余晖. 受管制市场的政企同盟. 载张昕竹等. 中国规制与竞争：理论和政策. 北京：社会科学文献出版社, 2000：23—34.

[285] 余晖. 政府与企业——从宏观管理到微观管制. 福州：福建人民出版社, 1997.

[286] 俞世恩. 芝加哥崛起的基石"1909 年计划". 国外城市规划, 2001 (4)：39—41.

[287] 袁利平. 中国城市土地使用效率研究. 北京大学博士学位论文（初稿）, 2002.

[288] 袁铁声. 美国购物中心从郊区到市中心的转变. 国外城市规划, 2001 (4)：42—44.

[289] 袁智德,宣国良. 企业核心能力理论发展评述. 上海交通大学学报（社科版）, 2000, 8 (2)：82—87.

[290] 约翰·F. A. 泰勒. 市场的伦理基础, 制度分析与发展的反思. 北京：商务印书馆, 2001.

[291] 曾昭宁. 公平与效率——中国走向现代化的抉择. 东营：石油大学出版社, 1994.

[292] 詹姆斯·E. 安德森, 唐亮译. 公共决策. 北京：华夏出版社, 1990.

[293] 张波,费向克. 延长先期开发地域的生命周期, 实现开发区的持续发展. 重庆建筑大学学报, 2001 (23)：79—83.

[294] 张建华. 罗默的内生增长论及其意义. 华中理工大学学报·社会科学版, 2000, 14 (2)：73—76.

[295] 张建伟. 新法律经济学：理论流派与反思性评论. 财经研究, 2000, 26 (9)：3—9.

[296] 张进. 美国的城市增长管理. 国外城市规划, 2002 (2)：37—40.

[297] 张京祥,刘荣增. 美国大都市区的发展及管理. 国外城市规划, 2001 (5)：6—8.

[298] 张培刚. 微观经济学的产生与发展. 长沙：湖南人民出版社, 1997.

[299] 张平宇. 英国城市再生政策与实践. 国外城市规划, 2002 (3)：39—41.

[300] 张仁寿,李红. 温州模式研究. 北京：中国社会科学出版社, 1990.

[301] 张善余. 20 世纪 90 年代美国城市人口发展的新特点——2000 年美国人口普查数据初析, 城市问题, 2002 (3)：69.

[302] 张庭伟. 对城市化发展动力的探讨. 城市规划, 1983 (5)：47, 59—62.

[303] 张庭伟. 控制城市用地蔓延：一个全球的问题. 城市规划, 1999, 23 (8)：44—48.

[304] 张维迎. 博弈论与信息经济学. 上海：上海三联书店, 上海人民出版社, 1996.

[305] 张维迎. 政府管制的陷阱——产权、政府与信誉. 北京：生活·读书·新知三联书店, 2001.

[306] 张卫宁,李保峰. 城市结构形态变化的新问题——德国城市结构形态变化的启示. 城市问题, 1998 (4)：62—63.

[307] 张五常. 经济解释. 北京：商务印书馆, 2002.

[308] 张五常. 企业的契约性质, 载企业制度与市场组织——交易费用经济学文选. 上海: 上海三联, 上海人民出版社, 1996.

[309] 张昕竹主编. 中国规制与竞争: 理论和政策. 北京: 社会科学文献出版社, 2000.

[310] 张岩. 竞争活力、经济规模与产业组织合理化. 经济科学, 1994 (6): 30—32.

[311] 张毅, 焦秀红. 迈克尔·波特的"国家竞争优势"理论. 商业研究, 1998 (3) 7—10.

[312] 张毅. 中国乡镇企业: 历史的必然, 中国乡镇企业: 灵活的机制, 中国乡镇企业: 艰辛的历程. 法律出版社, 1990.

[313] 张宇星. 空间蔓延和连绵的特性与控制, 新建筑, 1995 (4): 29—32.

[314] 张宇燕著. 经济发展与制度选择——对制度的经济分析. 北京: 中国人民大学出版社, 1992.

[315] 张忠伟. 土地有偿使用对城市土地利用的影响分析, 北京大学硕士学位论文, 2000.

[316] 赵美玲. 我国现行农地制度的弊端和新农地制度研究. 南开经济研究, 1998 (6): 15—20.

[317] 赵尚朴主编. 城市土地使用制度研究. 北京: 中国城市出版社, 1996.

[318] 赵晓. 竞争、公共选择与制度变迁——从"抓大放小"看体制转轨中政策效率改善的原因. 中国经济研究中心讨论稿. No. C1999025, 1999.

[319] 赵晓. 企业成长理论研究. 北京大学博士学位论文, 1999.

[320] 赵燕菁. 从城市管理走向城市经营. 城市规划, 2002, 26 (11): 7—15.

[321] 赵燕菁. 高速发展条件下的城市增长模式. 国外城市规划, 2001 (1): 27—33.

[322] 折晓叶. 村庄的再造——一个"超级村庄"的社会变迁. 北京: 中国社会科学出版社, 1997.

[323] 甄峰, 朱传耿, 穆安宏. 全球化、信息化背景下的新区域城市现象. 现代城市研究, 2002 (2): 56—60.

[324] 郑凤田著. 制度变迁与中国农民经济行为 (中国人民大学农业经济博士论丛). 北京: 中国农业科技出版社, 2000.

[325] 中国 (海南) 改革发展研究院. 新形势下赋予农民长期而有保障的土地使用权尤为重要. 中国农村经济, 2001 (10): 4—10.

[326] 中国城市规划学会主编. 五十年回眸——新中国的城市规划. 北京: 商务印书馆, 1999.

[327] 中国市长协会, 中国城市发展报编辑委员会. 中国城市发展报告 (2001—2002). 北京: 西苑出版社, 2003.

[328] 中国城镇化道路轨迹: 从吃饭农业向市场农业转变, 刊于中国青年报, 来自新华网 (2002/12/01).

[329] 中国社会科学院人口研究中心编. 中国人口年鉴. (1985, 1990, 1995) 北京. 中国社会科学出版社.

[330] 中国台湾省《国土综合发展计划法草案》, 行政院九十一年 (2002 年) 三月六日第

二七七六次会议通过，九十一年（2002年）三月十一日院台内字第九一一六三号函送立法院审查．载 http：// www.cpami.gov.tw/law/law/lawa-0.htm.

[331] 中日地理代表团考察组．中国城市建设中的几个重要问题．城市发展研究，1998（5）：2—4，7．

[332] 钟京涛．划拨土地使用权必须全面流转．中外房地产导报，2001（19）：19—20．

[333] 周其仁．农村变革与中国经济（1978—1989）．香港：牛津大学出版社，1994．

[334] 周其仁．农地征用垄断不经济．中国改革，2001（12）：28—29．

[335] 周其仁．产权与制度变迁：中国改革的经验研究．北京：社会科学文献出版社，2002．

[336] 周其仁．中国农村改革：国家和所有权关系的变化，载于张曙光编，中国经济学，1994．上海：上海人民出版社，1995．

[337] 周叔莲，郭克莎．中国城乡经济及社会协调发展研究．北京：经济管理出版社，1996．

[338] 周素红，周冰艳．城市土地市场的"蛛网"分析及其在用地管理中的借鉴初探．现代城市研究：67—70．

[339] 周铁训．论城市经济增长过程中的效率问题．1997（4）：19—23．

[340] 周小亮．产权、竞争、协调配置与企业绩效——兼评产权论与超产权论．经济评论，2000（3）：27—31．

[341] 周业安．90年代中国的新制度经济学研究评介．教学与研究，2000（12）：51—56．

[342] 周一星，孟延春．北京的郊区化及其对策．北京：科学出版社，2000．

[343] 周一星．城市地理学．北京：商务印书馆，1995．

[344] 朱宝树．上海人口：从控制中发展到发展中控制．社会，2001（7）：19—21．

[345] 朱才斌．城市总体规划与土地利用总体规划的协调机制．城市规划汇刊．1999（4）：10—13．

[346] 朱介鸣．模糊产权下的中国城市发展．城市规划汇刊，2001（6）：22—25．

[347] 朱丽英，黄婉霜．全港发展策略．城市规划，1996，20（6）：4—9．

[348] 朱少春，桑金权，吴璀平．走集约型城镇化之路．江淮论坛，1999，（1）：18—24．

[349] 朱霞．美国城市规划发展及其启示．武汉城市建设学院学报，1998，15（3）：53—57．

[350] 朱选功．城市化与小城镇建设的利弊分析．理论导刊，2000，（4）：29—32．

[351] 朱勇，徐广军．现代增长理论与政策选择．北京：中国经济出版社，2000 宗跃光，周尚义．北京城郊化空间特征与发展对策．地理学报，2000，57（2）：135—142．

[352] 株洲市总体规划纲要、专题报告（2001—2020）．中国城市规划设计研究院，株洲市规划设计院，2001．

[353] 淄博新区发展规划国际咨询（评审第一名之参与方案）．德国 D&J（地杰）建筑规划设计事务所，2001．

[354] 邹兵．交易成本理论：一个研究乡镇企业空间布局的新视角．城市规划汇刊，2001（4）：8—11．